MACHIAVEL

MARIE GAILLE

# MACHIAVEL

TALLANDIER

Normalienne, agrégée et docteur en philosophie, Marie Gaille est chargée de recherche au CERSES (Centre de recherche sens, éthique et société, CNRS-Université Paris Descartes). Elle a publié, entre autres, plusieurs articles et ouvrages sur Machiavel, et parmi ceux-ci une traduction du *Prince* (2000), *Liberté et conflit civil, la politique machiavélienne entre histoire et médecine* (2004), *Machiavel et la tradition philosophique* (2007). Elle a également codirigé *Lectures de Machiavel* (2006) avec Th. Ménissier.



ISBN : 978-2-253-12756-7 – 1re publication LGF

# SOMMAIRE

Je dédie ce travail à mon père qui a toujours suivi, sans le savoir, le conseil de Machiavel : « Espérer, ne jamais se relâcher[1] » (*Discours sur la première décade de Tite-Live*, II, 29). Il l'attend depuis longtemps déjà.

1. Machiavel (N.) *Discours sur la première décade de Tite-Live*, II, 29, trad. de A. Fontana et X. Tabet, Paris, Gallimard, 2004 (les écrits de Machiavel sont désormais indiqués par leur titre, sans nom d'auteur qui les précède ; l'édition dans laquelle ils sont cités est donnée lors de la première occurrence).

# PRÉFACE

> « Puisque les écrivains sont vivants avant que d'être morts[1]... »

Jusqu'à ce jour, l'œuvre de Nicolas Machiavel n'a pas connu le sort des religions, des langues ou des peuples qu'il évoque dans ses *Discours sur la première décade de Tite-Live* : l'oubli que causent la destruction humaine ou « l'avènement des déluges ou de la peste[2] ». Ses écrits, sa pensée, sa personne et même son personnage, un être doté de toute la puissance dont le leste notre imagination, hantent nos esprits et ne connaissent guère les frontières culturelles ou de langue. Il a pénétré dans les années 1510 le labyrinthe de nos réflexions politiques et n'en est jamais sorti, élargissant peu à peu le cercle de son audience. Fascinés par son portrait – un visage long et fin, les traits en lame de couteau, presque émaciés, un sourire aussi énigmatique que celui de Monna Lisa –, nous sommes devenus les captifs de Machiavel.

1. SARTRE (J.-P.), « Qu'est-ce que la littérature ? », in *Situations II*, Paris, NRF Gallimard, 1975, p. 83 [1re éd., 1948].

2. *Discours sur la première décade de Tite-Live*, II, 5, *op. cit.*, p. 277.

### *L'impossible biographie de l'homme privé*

Il n'en reste pas moins qu'écrire une biographie de Machiavel est une entreprise suspecte. Elle l'est tout d'abord si l'on entend y trouver le « je » psychologique de Machiavel, ce moi livré à l'introspection. Non que le récit de vie autobiographique soit un genre inconnu en Italie à son époque[1], mais Machiavel ne s'est guère livré. Il n'a pas laissé, tel Montaigne un demi-siècle plus tard, une description de ses « conditions et humeurs » permettant à sa famille et à ses amis d'avoir une connaissance « plus entière et plus vive[2] » de lui. Il n'a pas non plus rédigé de notes autobiographiques (*Ricordanze*), ni d'histoire de sa famille (*Memorie di famiglia*), ni même de *Ricordi*, sortes de notes relatant les événements jugés importants de la vie familiale, sociale, professionnelle et, au-delà, politique. Le *Libro di ricordi*, sorte de journal de bord avant tout familial dans son contenu comme dans sa destination, que l'on retrouve chez nombre de familles bourgeoises et nobles, n'a certes rien du journal intime ou de l'autobiographie qui nous sont aujourd'hui familiers. Grâce à celui du père de Machiavel, Bernardo, nous obtenons cependant quelques informations brèves et éparses sur Nicolas Machiavel : à quel âge il fut scolarisé et quelles études il fit. Mais ce livre est avant tout un livre de comptes, où sont consignés avec soin les dépenses et les recettes de la maisonnée, les incidents de la vie urbaine et campagnarde des Machiavel, un agenda dans lequel Bernardo indique pour son propre usage quel livre il a emprunté, à qui et quand, afin de le rendre en temps voulu. Des sentiments, de l'évolution d'une personnalité, des aspirations du jeune Machiavel, il n'est pas question.

---

1. Cf. à ce propos GUGLIELMINETTI (M.), *Memoria e scrittura. L'autobiografia da Dante a Cellini*, Turin, Einaudi, 1977.

2. MONTAIGNE (M. de), *Les Essais*, éd. de P. VILLEY, Livre I : *Au lecteur*, 2ᵉ éd., Paris, PUF, 1992, p. 3 [1588].

Machiavel ne décrit qu'une seule fois sa nature, dans une lettre à son ami Francesco Vettori, ambassadeur florentin à Rome. Ce qu'il en dit, beaucoup pourraient l'affirmer également : « Qui verrait nos lettres, honorable compère, et en noterait la diversité, serait fort étonné, car il verrait que nous sommes des hommes graves, tout occupés de grandes choses, et que de nos esprits ne peuvent venir que des pensées honnêtes et grandes. Mais, tournant ensuite la page, on verrait que nous sommes légers, inconstants, lascifs, et occupés de choses vaines. Si cette manière de faire peut sembler honteuse à certains, elle me semble louable, car nous imitons la nature, qui est variée. Quiconque l'imite ne saurait être réprimandé[1]. » Le titre attribué à la traduction française de sa correspondance, les *Lettres familières*, ne doit tromper personne : si elles témoignent parfois d'événements privés, de ses préoccupations de mari, de père et de chef de propriété agricole, ses lettres sont avant tout celles d'un homme préoccupé par le sort de sa cité et de l'Italie : ce sont les dépêches et les comptes-rendus qu'il envoyait au gouvernement florentin lorsqu'il était sur son territoire ou à l'étranger, envoyé en mission. Sur l'épisode peut-être le plus éprouvant de son existence, son arrestation par les Médicis en 1513 et la torture à laquelle il fut alors soumis, il ne laissera que quelques vers et un récit bref et elliptique dans sa correspondance.

Tout au plus connaît-on quelques épisodes privés de sa vie sentimentale et sexuelle, cités d'autant plus volontiers qu'ils sont rares et relatés avec verve. Emblématique est sa rencontre à Vérone avec une femme qui s'avère être d'une laideur et d'une puanteur insoutenables. Elle est racontée sur le mode d'une piquante autodérision dans

1. Lettre à Francesco Vettori, 31 janvier 1515, in *Œuvres*, trad. de Ch. Bec, Paris, Robert Laffont, 1996, p. 1224.

une lettre à Luigi Guicciardini du 8 décembre 1509 : « Quant à moi, arrivé ici depuis quelques jours, n'y voyant plus tant j'étais en manque, j'ai trouvé une vieille qui lavait mes chemises et habite dans une maison plus qu'à demi enterrée, où la lumière n'entre que par la porte. Comme je passais par là un jour, elle me pria d'entrer un instant chez elle, car elle voulait me montrer de belles chemises, pour le cas où je voudrais en acheter. Alors, comme un con, je la crus. J'entrai et vis à la lueur une femme avec une serviette sur la tête et sur le visage, qui faisait la mijaurée et était blottie dans un coin. La vieille garce me prit par la main et me conduisant vers elle : "Voici la chemise que je veux vous vendre, mais essayez-la d'abord, puis vous la paierez." Timide comme je suis, je fus tout effrayé. Pourtant, resté seul avec elle dans le noir (car la vieille était sortie aussitôt et avait fermé la porte), pour abréger, je la baisai une fois. Bien que je lui aie trouvé les cuisses molles, le con humide et l'haleine empestée, mon envie était si forte que j'y parvins. » Ayant découvert sa laideur – cheveux blancs et rares, figure ridée et visage déformé, bave coulant de sa bouche dépourvue de dents, etc., Machiavel conclut son récit sur l'espoir que Dieu lui épargne le « déplaisir » d'avoir à nouveau « à baiser » en Lombardie[1].

On peut s'amuser de connaître ce détail croustillant sur la vie privée d'un homme qui a, dit-on souvent, fondé la science politique moderne. Mais il révèle moins sur Machiavel qu'on ne le croit : une tradition littéraire florentine remontant à un roman anonyme du XV$^{e}$ siècle, le *Grasso legnaiuolo*[2], avait fait de ce type de narration sentimentale et érotique un genre à part entière, où il

1. Lettre à Luigi Guicciardini, 8 décembre 1509, in *Œuvres*, *op. cit.*, pp. 1230-1231.

2. *La novella del Grasso legnaiuolo*, éd. de P. Procaccioli et prés. de G. Manganelli, Parme, Fondazione P. Bembo / U. Guanda, 1990.

s'agit moins de se raconter que de divertir ses amis et soi-même.

*Les écueils d'une biographie de l'auteur Machiavel*

Face à ce constat d'une époque et d'un homme qui ne se racontent guère sur le mode de l'introspection, sinon à travers des récits ou des scènes littéraires codifiés, le biographe a tout intérêt à renoncer à la prétention de faire découvrir Machiavel, l'homme privé, dont le portrait sera nécessairement plus fantasmatique, anecdotique et parcellaire que documenté, pour s'intéresser à Machiavel, l'auteur. Cependant, le biographe de Machiavel tombe alors de Charybde en Scylla. Entreprendre la biographie d'un auteur, n'est-ce pas en effet vouloir éclairer le sens de l'œuvre par la vie de son auteur, expliquer la présence de certains événements dans une œuvre, son évolution, sa trajectoire individuelle et son appartenance sociale[1] ?

Réaliser un tel projet n'est pas aisé à propos de Machiavel. Il faut parvenir à appréhender l'auteur Machiavel indépendamment de trois mythes auxquels il est associé : celui de la Renaissance, « civilisation qui est la mère de la nôtre, qui représente toujours une force vivante avec nous[2] », « guide de notre ère[3] », celui de « l'esprit italien moderne, auquel était réservé l'honneur de servir de modèle à l'Occi-

1. FOUCAULT (M.), « Qu'est-ce qu'un auteur ? », in *Bulletin de la Société française de philosophie*, 63e année, n° 3, juillet-septembre 1969, pp. 73-104. Publié in *Dits et écrits*, t. I : *1954-1975*, Paris, Gallimard, 2001, p. 830 [1re éd., 1994].

2. BURCKHARDT (J.), *Civilisation de la Renaissance en Italie*, t. I : *L'État considéré comme création d'art. Développement de l'individu*, trad. de H. SCHMITT, revue et corrigée par R. KLEIN, préf. de R. KLEIN, Paris, Le Livre de Poche, 1958, p. 1.

3. BURCKHARDT (J.), *Civilisation de la Renaissance en Italie,* t. III : *Mœurs et religion*, trad. de H. SCHMITT, revue et corrigée par R. KLEIN, préf. de R. KLEIN, Paris, Le Livre de Poche, 1958, p. 215.

dent[1] » et celui de Florence, « la ville du mouvement, qui nous a légué le souvenir de toutes les idées, de toutes les aspirations individuelles ou générales qui, pendant trois siècles, se sont fait jour dans ce centre intellectuel[2] ». Ces trois mythes, constitués et véhiculés par l'œuvre de Jacob Burckhardt, l'historien de l'art suisse qui publia en 1860 sa *Civilisation de la Renaissance en Italie*, traduisent encore notre perception la plus commune de cette période tant du point de vue politique qu'artistique. Ils sont le reflet et le vecteur de l'opinion sur le génie créateur italien du *Quattrocento*. Dans une telle représentation de l'histoire et de la pensée, Machiavel est le Florentin par excellence, tout comme il y incarne la pensée politique de la Renaissance à son plus haut degré d'expression.

Si l'on parvient à l'isoler de ces mythes, l'auteur Machiavel semble encore échapper au biographe, happé par la foule immense de ceux qui l'ont lu et commenté, pour en faire leur ennemi juré ou leur porte-parole. On ne peut qu'être ébaubi en sortant de la galerie des glaces qui reflètent les portraits de Machiavel, des plus difformes aux plus grotesques. Rares sont les écrits dont l'auteur s'est vu autant dépouillé, tirés si souvent à hue et à dia. Un accès direct à Machiavel semble de ce fait impossible. C'est même devenu un lieu commun de la critique érudite. Il y a un siècle, Oreste Tommasini citait en exergue à sa biographie de Machiavel ce propos d'Ernest Renan : « Tout homme dont le nom devient, à tort ou à bon droit, l'étiquette d'un système, cesse de s'appartenir, et sa biographie indique bien plus les fortunes diverses du système avec lequel on l'a identifié, que sa propre indi-

---

1. Burckhardt (J.), *Civilisation de la Renaissance en Italie*, t. II : *La Résurrection de l'Antiquité. La découverte du monde et de l'homme. La sociabilité et les fêtes*, trad. de H. Schmitt, revue et corrigée par R. Klein, préf. de R. Klein, Paris, Le Livre de Poche, 1958, p. 16.

2. Burckhardt (J.), *Civilisation de la Renaissance en Italie*, t. I, *op. cit.*, pp. 95-96.

vidualité[1]. » Plus proche de nous dans le temps, le philosophe Claude Lefort a appliqué cette idée au commentaire de l'œuvre machiavélienne. Celui-ci devrait, indique-t-il, commencer par l'analyse de sa postérité, parce « qu'en dépit des apparences », nous en sommes « toujours investis », et « qu'à feindre à son égard une liberté qui nous est interdite, nous ne faisons qu'accroître le tribut dont nous charge cet héritage[2] ».

## *Le retour à l'écrivain « en situation »*

Comment retrouver Nicolas Machiavel, en son temps et en ses lieux, Florence et sa campagne, la Toscane et l'Italie, l'Allemagne et la France où il séjourna ? Comment faire retrouver au lecteur les traces des mauvais chevaux, ces rosses qu'il monta infatigablement pour accomplir ses missions au service du gouvernement florentin ? Comment lui faire éprouver la frustration que Machiavel dut ressentir, après avoir été écarté des affaires de la cité ? Comment se déprendre de ces mythes (Renaissance, esprit italien, Florence) et de son écrasante postérité pour lire un texte du XV^e^ siècle ou du XVI^e^ siècle avec les yeux, une âme, des sens du XV^e^ siècle ou du XVI^e^ siècle, le laisser baigner dans cette eau mère que sont les faits contemporains, et écarter s'il se peut toutes les idées, tous les sentiments accumulés par couches successives entre ces siècles et le nôtre[3] ?

1. TOMMASINI (O.), *La vita e gli scritti di Niccolò Machiavelli nella loro relazione col machiavellismo*, Bologne, Il Mulino, 1994 (le propos d'Ernest Renan est tiré d'*Averroès et l'averroisme*).

2. LEFORT (Cl.), *Le Travail de l'œuvre Machiavel*, Paris, Gallimard, 1972, pp. 22-23.

3. Cf. à ce propos YOURCENAR (M.), « Carnets de notes de "Mémoires d'Hadrien" », in *Mémoires d'Hadrien*, Paris, Folio Gallimard, 1974, p. 332 [1re éd., Plon, 1958].

À écouter Oreste Tommasini et Claude Lefort, la biographie de l'auteur Machiavel est une entreprise impossible et désespérée. Et pourtant, elle a un sens : faire en sorte qu'on ne puisse plus déclarer qu'avec une ironie toute flaubertienne : « MACHIAVEL – Ne pas l'avoir lu, mais le regarder comme un scélérat ; MACHIAVÉLISME – Mot qu'on ne doit prononcer qu'en frémissant[1]. »

Lecteur, oublie le conseiller « machiavélique » de tous les grands crimes de l'histoire – de la Saint-Barthélemy aux révolutions française, communiste, fasciste –, en passant par le schisme anglican. Oublie le précepteur des tyrans perfides et des athées de tous bords. Oublie *Old Nick*. Oublie aussi le défenseur de la patrie et de la république. Oublie San Machiavelli, le protecteur des débrouillards. Oublie ses incarnations politiques, de Catherine de Médicis à François Mitterrand[2]. Ne fais pas comme ces habitants de San Casciano, observés par V. Gaspare Amico au XIXe siècle, qui refusaient de vivre dans la maison de Machiavel, croyant qu'il s'agissait de la demeure du diable[3].

---

1. FLAUBERT (G.), *Dictionnaire des idées reçues*, Paris, Mille et une nuits, p. 64. Dans son récit introduisant l'édition Barincou des *Lettres familières* de Machiavel (Paris, Gallimard, 2 vol., 1955), J. Giono fait écho à l'ironie flaubertienne : « C'est l'époque [vers 1850] où un homme d'État interrogé sur le machiavélisme répond : "le machiavélisme est révoltant" (comme l'instrument est contondant, la nature indifférente et l'économiste distingué). », p. VII.

2. L'habileté manœuvrière de François Mitterrand, président de la République française de 1981 à 1995, lui a valu d'être plus d'une fois surnommé « le Florentin ». Comme pour nourrir et accompagner cette représentation du président Mitterrand, diverses biographies de Machiavel sont publiées durant son premier septennat : on recense ainsi deux *Machiavel*, aux éditions Balland (par Ch. BEC, 1985) et aux éditions Fayard (par J. HEERS, 1985), tandis que les éditions Payot publient la biographie romancée rédigée dans les années 1920 par G. PREZZOLINI et les éditions Complexe, celle de M. BRION, initialement publiée en 1948 par Albin Michel.

3. GASPARE AMICO (V.), *Vita di Niccolò Machiavelli*, Florence, 1875, p. 409, cité par TOMMASINI (O.), *La vita e gli scritti di Niccolò Machiavelli nella loro relazione col machiavellismo*, *op. cit.*, note p. 7.

Machiavel apparaîtra alors aux prises avec la réalité historique de son temps. Ses écrits, des rapports de chancellerie aux œuvres devenues canoniques, *Le Prince*, les *Discours sur la première décade de Tite-Live*, *L'Histoire de Florence*, sans oublier les textes moins connus du grand public, des *Décennales* à la *Vie de Castruccio Castracani*, se montreront dans toute leur actualité pour ses contemporains. Sa pensée, dans ses méandres et ses apparentes inconséquences, se révélera nourrie, suscitée par les événements d'alors et la manière dont les hommes du XVIe siècle avaient coutume de les envisager et de les interpréter.

Sans être prise au piège par la fiction de l'auteur forgée par notre civilisation, qui en a fait le moment fort de l'individualisation dans l'histoire des idées[1], afin de pouvoir regrouper ensemble des écrits, fussent-ils contradictoires, ou d'attribuer un statut à certains textes, la biographie de l'écrivain Machiavel peut contribuer à comprendre le processus décrit par Hannah Arendt à propos de la formation de la plupart des concepts des sciences historiques et politiques. Ils ont, dit-elle, leur source dans un événement historique particulier et c'est ensuite que nous entreprenons de les rendre « exemplaires » – de saisir dans le particulier ce qui vaut au-delà de l'unicité de l'événement[2]. À notre tour, saisissons comment Machiavel a fait de son particulier notre universel.

Il ne s'agit pas, ici, d'appréhender un homme qui s'est voulu l'auteur d'une œuvre. L'édition des *Œuvres complètes* de Machiavel, actuellement en cours en Italie, ne doit pas, là encore, induire en erreur. Sous ce nom est publié un ensemble de textes hétéroclites quant à leur

1. FOUCAULT (M.), « Qu'est-ce qu'un auteur ? », in *Dits et écrits*, t. I, *op. cit.*, p. 820.

2. ARENDT (H.), *Juger – Sur la philosophie politique de Kant*, trad. de M. REVAULT D'ALLONNNES, Paris, Seuil, 1991, p. 126.

nature, à leur usage ou à leur destination. Outre les vers et les pièces de théâtre, on relève ainsi des textes rédigés dans un cadre professionnel : ce sont les rapports envoyés au gouvernement florentin. Un autre groupe d'écrits le fut dans une sorte d'entre-deux, à mi-chemin entre vie privée et vie politique : sa correspondance. D'autres encore, qui relèvent de la théorie politique et militaire, ont été conçus dans la période où il fut contraint de se retirer du gouvernement florentin. L'usage auquel les destinait Machiavel demeure pour nous inconnu : *Le Prince*, les *Discours sur la première décade de Tite-Live* et *L'Art de la guerre*. Certains enfin sont des ouvrages de commande, privée ou publique : la *Vie de Castruccio Castracani* et *L'Histoire de Florence*. Pour lire cette biographie, il faut non seulement oublier *Old Nick*, mais aussi l'idée d'une « œuvre » et garder présentes à l'esprit les postures variées adoptées, bon gré mal gré, par Machiavel au cours de son existence et de son travail d'écriture.

De Machiavel, on ne peut donc écrire la biographie de l'homme privé, ni celle de l'auteur, ni même la biographie intellectuelle[1], mais seulement la biographie d'un écrivain « en situation ». En effet, si l'époque de Machiavel n'a pas constamment été « sa chance unique », il n'aurait certainement pas renié le regard que Sartre a porté sur les écrivains au lendemain de la Seconde Guerre mondiale : « L'écrivain est "dans le coup", quoi qu'il fasse, marqué,

1. La biographie intellectuelle correspond à un travail différent. C'est celui qu'a mené récemment D. Tanguay à propos de Leo Strauss : « Ce travail est ainsi un essai de biographie intellectuelle, parce que nous tentons à travers l'analyse du thème du problème théologico-politique de présenter la cohérence de la pensée straussienne dans son développement sur près de cinquante ans. Même si nous nous référons à l'occasion à des éléments de la biographie de Strauss, il ne s'agit pas toutefois ici d'une biographie au sens strict de Strauss. » (in *Leo Strauss, une biographie intellectuelle*, Paris, Le Collège de philosophie / Grasset, 2003, pp. 16-17.)

compromis, jusque dans sa plus lointaine retraite[1]. » Par avance, dans les premières décennies du XVI^e siècle, Machiavel a répondu au désir sartrien de voir l'écrivain embrasser son époque. Faisons face, à ses côtés, à l'âpre réalité politique et militaire des années 1490-1530, et voyons comment sont nées, au contact de celle-ci, une pensée et une écriture politiques parmi les plus stimulantes qui soient, même si, polarisé sur la situation de l'Italie, Machiavel a manqué de commenter un événement majeur pour l'histoire politique et culturelle de l'humanité : les grandes explorations et la découverte de nouvelles terres sur la surface du globe terrestre.

1. SARTRE (J.-P.), présentation des « Temps modernes », in *Situations II*, *op. cit.*, p. 12.

[illegible] dans une perspective [illegible]
[illegible]
[illegible]
[illegible] 1880-1890, [illegible]
[illegible] culture politique [illegible]
[illegible] qui aurait voulu [illegible]
[illegible]
pour l'histoire politique [illegible]
[illegible]
[illegible] du globe [illegible]

# Chapitre premier
# UNE ENFANCE FLORENTINE

« Machiavel : un homme qui n'est pas sans lettres, mais pas un lettré[1]… »

« A di 4 di letto (maggio 1469), Niccolo, Piero e Michele, di m. Bernardo Machiavelli, p. di Santa Trinita, nacque a di 3 a hore 4, battezato a'di 4[2]. »

Nicolas Machiavel voit le jour le 4 mai 1469 à Florence. Ses parents se nomment Bernardo Machiavelli et Bartolomea de' Nelli. Deux sœurs l'ont précédé : Primavera et Ginevra. Il aura un frère, baptisé Totto, en souvenir d'un oncle bienfaiteur.

## *Histoire des Machiavel*

La famille Machiavel a un passé politique qui ancre son histoire personnelle dans celle de l'Italie tout entière et de Florence en particulier. Les ancêtres de Nicolas ont sans doute été des nobles gibelins qui ont quitté leur château de Montespertoli, bourg situé dans le Val di Pesa, entre Florence et Sienne, pour s'établir à Florence.

1. VARCHI (B.), *Storia fiorentina*, éd. G. MILANESI, Florence, Le Monnier, 1857, I, p. 199, IV, p. 14.

2. TOMMASINI (O.), *La vita e gli scritti di Niccolò Machiavelli nella loro relazione col machiavellismo*, *op. cit.*, p. 77.

Au fil des années, ces nobles gibelins sont devenus guelfes et ont appris des métiers urbains[1]. En 1260, le nom de Machiavel est cité par le chroniqueur Villani comme l'une des principales familles du parti guelfe contraintes de s'exiler hors de Florence. Alexandre Machiavel, l'un de ces guelfes exilés, ira mourir en Terre sainte.

En Italie, les guelfes sont dans un premier temps les partisans de l'autonomie des villes libres. Ils s'opposent aux gibelins, qui sont le plus souvent de grands seigneurs en lutte contre cette autonomie. Les guelfes sont à l'origine les ennemis de l'empereur germanique. Leur nom renvoie à celui de la famille des ducs de Bavière, hostile à la maison impériale des Hohenstaufen. Leur alliance avec le pape se cristallise au moment de la querelle des Investitures, qui opposa à la fin du XIe siècle l'empereur et le pape Grégoire VII, désireux d'ôter aux souverains d'Occident le pouvoir de choisir et de nommer des membres de l'Église. Les guelfes s'opposent alors aux gibelins, eux-mêmes partisans de l'empereur et nommés d'après le château de Waiblingen, berceau de la famille impériale. L'Italie est touchée par ce conflit lorsque l'empereur Frédéric Ier Barberousse (1122-1190), cherchant à rétablir l'autorité impériale dans le nord de l'Italie, s'oppose aux villes libres. Il est défait par la Ligue lombarde en 1176, qui lui impose la paix. Mais son action est poursuivie au XIIIe siècle par ses successeurs, d'Othon IV à Conradin. Cependant, lorsque Naples est conquise par Charles d'Anjou (1266-1268), les guelfes nouent une alliance avec les Français. Charles d'Anjou, appelé par Urbain IV, s'empare du royaume de Sicile. Conradin, le dernier descendant des Hohenstaufen, est tué au combat en 1268. Les guelfes l'emportent définitivement à partir de cette date. La victoire

1. BARINCOU (E.), *Machiavel par lui-même*, Paris, Seuil, 1978, p. 11 [1[re] éd., 1957].

guelfe au milieu du XIIIe siècle permet le retour des familles exilées à Florence, dont celle des Machiavel.

Malgré cette victoire, l'opposition entre guelfes et gibelins ne s'éteint pas en Italie. À partir de cette date, elle continue à avoir un sens, dans des conflits entre communes ou familles d'une même cité. Les guelfes florentins s'opposent ainsi jusque dans la première moitié du XIVe siècle aux gibelins, en particulier contre les Visconti de Milan et les Della Scala de Vérone. L'opposition se développe également au sein même de Florence. C'est pourquoi l'on retrouve ce conflit dans *L'Histoire de Florence* composée par Machiavel dans les années 1520. Son incidence dépasse de loin l'histoire de sa famille. Selon lui, le conflit entre guelfes et gibelins à Florence inaugure en effet dans la cité l'ère des conflits civils meurtriers et destructeurs. C'est la maladie mortelle dont elle ne parvient jamais à guérir : à Florence, l'on combat de nombreuses années sans trouver d'issue définitive au conflit et les dissensions sont seulement suspendues par des trêves[1]. Cette maladie florentine s'enracine dans la dispute entre les Buondelmonti et les Uberti autour d'un mariage, se cristallise au fil du temps dans l'opposition entre les familles marchandes guelfes et les familles nobles gibelines, et finit par embraser toutes les couches sociales de la cité : « À l'un et à l'autre des partis, formés de familles nobles, s'ajoutèrent de nombreuses familles du peuple, de sorte que presque toute la ville fut touchée par cette division[2]. »

Le conflit entre guelfes et gibelins n'épuise pas le passé politique de la famille Machiavel à Florence. Au XIVe siècle, un autre membre de la famille est l'un des soixante-quatre cavaliers de la plèbe armé par la Com-

1. *Histoire de Florence*, II, 3, in *Œuvres*, *op. cit.*, p. 704.
2. *Ibid.*, II, 4, p. 705.

mune au moment du tumulte des *Ciompi* (1378), les ouvriers cardeurs de la laine qui se révoltèrent pour réclamer la création d'un art propre à leur métier. Enfin, vingt ans avant la naissance de Nicolas, Jérôme Machiavel s'oppose au régime de Cosme de Médicis. Il est arrêté avec ses compagnons. Tous sont exilés avec leur famille, en particulier leurs fils et leur descendance, selon une pratique courante à l'époque qui consiste à interdire aux ennemis du régime l'accès de la cité, voire du territoire qui lui est soumis. Durant l'été 1460, Jérôme est capturé à Lunigiana, où il préparait une conspiration contre les Médicis. Emprisonné à Florence, il meurt en juillet de la même année, « sous l'effet des privations ou des tortures[1] », provoquant l'exil de vingt-cinq autres citoyens par sa confession. Dans son *Histoire de Florence*, une fois n'est pas coutume, Machiavel mêle l'histoire de sa famille à celle de la cité, en évoquant son ancêtre Jérôme. Ces quelques lignes en disent long sur la manière dont les Médicis et leurs alliés ont tenu la ville de Florence et les citoyens susceptibles de mettre leur pouvoir en danger : « Ayant donc repris le pouvoir et nommé la commission, puis les premiers magistrats au gré d'un petit nombre, afin de faire suivre la terreur à la force, on exila messire Jérôme Machiavel et quelques autres citoyens et on en priva de nombreux d'accès aux charges. Messire Jérôme n'ayant pas observé son ban, fut déclaré rebelle. Comme il parcourait l'Italie en soulevant les princes contre sa patrie, il fut arrêté en Lunigiana du fait du manque de parole de l'un des seigneurs du pays, conduit à Florence et exécuté en prison[2]. »

---

1. RUBINSTEIN (N.), *The Government of Florence under the Medici (1434 to 1494)*, Oxford, Clarendon Press, 1966, p. 127.
2. *Histoire de Florence*, VII, 3, in *Œuvres*, *op. cit.*, p. 920.

## *Une famille ni puissante ni mésestimée*

Florence accueille donc la famille Machiavel depuis plusieurs générations. Ce n'est pas une grande et puissante famille de l'aristocratie. La première lettre que nous conservons de Machiavel en constitue un témoignage direct : « Pygmées que nous sommes, nous attaquons des géants », déclare le jeune Machiavel en évoquant un conflit qui oppose sa famille à celle, puissante, des Pazzi, à propos du droit de juspatronat à exercer sur une propriété foncière[1]. Mais plusieurs membres de la famille ont exercé des charges publiques et le père de Nicolas est lui-même juriste. On lui donne du « messer » et sa réputation de juriste lui permet de figurer dans le dialogue sur la nature de la loi composé par Bartolomeo Scala, chancelier de Florence (*De legibus et iudiciis*). L'assise économique des Machiavel est relativement modeste. Leur maison se situe dans l'Oltrarno, près du Ponte Vecchio, via Guicciardini, partie de l'ancienne via Romana, qui traverse tout le quartier jusqu'à la Porta San Meo, au sud de la ville. Mais ils sont demeurés des propriétaires terriens. Lorsque naît Nicolas, les Machiavel tirent même l'essentiel de leur revenu de la terre : Bernardo est relativement pauvre et il administre les biens de la famille plus qu'il n'en augmente le patrimoine. On ne trouve guère de trace de son activité comme juriste dans les archives de la cité. Machiavel ne grandira ni ne vivra dans une grande aisance financière et s'en plaindra de manière récurrente. La question pécuniaire aura toujours une grande importance pour les Machiavel, même s'il ne faut pas exagérer leur pauvreté : à l'époque, ce n'est pas rien d'avoir des terres et pignon sur rue à Florence.

1. Lettre de Machiavel, 1497, in *Lettres familières*, I, trad. de E. Barincou, Paris, Gallimard, 1955, p. 9.

## *La « belle Florence »*

Une cité, Florence, et pas des moindres. Lorsque Machiavel naît, Florence est plus qu'une ville, c'est une cité-État, dotée d'un territoire conséquent : la république de Florence est l'un des cinq centres principaux du pouvoir sur le territoire italien, avec celle de Venise, le duché de Milan, les États pontificaux et le royaume de Naples. Son territoire s'étend sur une surface de 15 000 km$^2$, de l'Ombrie jusqu'aux environs de Bologne, acquis au gré des conquêtes, comme San Miniato ou Pise, et des achats, tels Arezzo, Livourne ou Borgo San Sepolcro. Sa domination n'est pas totale sur cet espace, puisque Sienne et Lucques ne sont pas ses sujettes ; mais en revanche, elle dispose d'un accès indépendant à la mer Tyrrhénienne. C'est aussi, aux yeux de ses habitants, une magnifique cité, couverte de palais, d'églises, de cloîtres, de places, de boutiques, la « *Firenze belle* » selon l'expression de l'un des agents commerciaux des Médicis, Benedetto Dei[1].

La cité est densément bâtie comme en témoigne la *Veduta della catena* attribuée à Francesco Rosselli (1492). Elle est enserrée dans une enceinte qui date de la fin du XIIIe siècle, succédant à l'enceinte romaine et à celle qui fut édifiée au XIIe siècle. La cité s'étale, presque en forme d'amande, sur les deux rives de l'Arno. Les bâtiments religieux et politiques se concentrent sur l'une des deux rives : le palais de la Seigneurie et celui du *podestà*, les églises ou couvents d'Orsanmichele, de Santa Maria del fiore, de Santa Croce, de Santa Verdiana, des Murate, de Santa Maria Maddalena dei Pazzi,

1. Il emploie cette expression dans sa *Cronaca Fiorentina*, éditée par G. C. Romby, *Descrizioni e rappresentazione della città di Firenze nel XV secolo, con la trascrizione inedita dei manoscritti di Benedetto Dei e un indice ragionato dei manoscritti utili per la storia di Firenze*, Florence, 1976 [1[re] éd., 1472].

de l'Ospedale degli Innocenti, d'Annunziata, de San Marco, de Santa Lucia di Camporeggi, de San Lorenzo, de Santa Maria Novella, de San Jacopo a Ripoli. Ces édifices ont été en partie bâtis dans les dernières années du XIII^e^ siècle, au moment où la construction de la troisième enceinte a été décidée : Santa Maria Novella s'élève en 1283, Santa Croce en 1295, la nouvelle cathédrale de Santa Reparata en 1296. C'est aussi à cette époque, en 1285, que l'on commence à discuter de l'édification d'une résidence destinée au gouvernement, car le palais du *podestà* n'est pas en mesure d'accueillir l'ensemble de l'appareil gouvernemental. Le choix du lieu importait pour une telle résidence. Ce devait être un lieu ouvert, permettant le rassemblement des assemblées populaires. L'édifice lui-même devait pouvoir accueillir les prieurs, le gonfalonier de justice ainsi que leur personnel et leur garde armée. L'architecture du palais de la Seigneurie témoigne du fait qu'il fut aussi conçu comme un lieu de défense militaire. Au début, sa taille devait largement excéder les besoins, mais ce n'est plus le cas au milieu du XV^e^ siècle : le développement et la spécialisation de la fonction exécutive ont peuplé le palais de fonctionnaires de plus en plus nombreux. Diverses commissions temporaires sont devenues permanentes. Le développement des activités diplomatiques a également conduit à augmenter le nombre de fonctionnaires nécessaires. Ce palais de la Seigneurie, de « pallatio novo », deviendra le Palazzo vecchio lorsque Cosimo s'en ira vivre dans l'Oltrarno, dans un palais édifié pour lui et sa famille à partir de 1444, le Palazzo Pitti.

*La vie économique de Florence*

La cité florentine s'est développée jusqu'au XIV^e^ siècle grâce à la forte croissance de l'art de la laine, à un commerce international dynamique et une activité bancaire et financière qui dépassait les frontières du territoire italien : les étoffes, lavées dans l'Arno, étaient ensuite expédiées à l'étranger par bateaux depuis Pise qui, alors, avait un port et constituait une place stratégique pour l'économie florentine. Les marchands florentins circulaient dans tout l'Occident médiéval pour vendre ces laines épaisses et rouges, tandis que les banquiers investissaient les places d'échange au point de faire du florin, monnaie florentine, quelque chose comme une devise internationale avant l'heure.

Le XIVe siècle est un siècle difficile pour la cité. La moitié de sa population est emportée par la peste noire de 1348, qui tue des personnes jusqu'en 1417, ainsi que par d'autres épidémies qui se succèdent tout au long du XIVe siècle et dans le premier quart du XVe siècle. La récession économique touche Florence et contribue à provoquer la révolte des ouvriers de la laine, les *Ciompi* en 1378. En outre, les guerres se multiplient sur le territoire italien. Le gouvernement de Florence est favorable à une Italie partagée entre différents centres de pouvoir, susceptibles de servir les intérêts commerciaux de la cité. Or, d'Avignon, les papes entendent reconstituer le domaine pontifical et portent leur prétention sur l'arrière-pays adriatique du territoire florentin. De 1376 à 1378, Florence est en guerre contre Grégoire XI. En outre, Jean-Galéas Visconti tente de conquérir des cités et des seigneuries proches de Florence. Celle-ci a pour allié Robert de Bavière, l'empereur rival de Venceslas. Mais il est battu dans les alentours de Brescia, tandis qu'en 1402 Alberico de Barbiano, *condottiere* employé par les Visconti, vainc les Bolonais. Bologne, Pise et Pérouse sont aux mains de Milan lorsque Jean-Galéas meurt à Marignan le 3 septembre 1402.

De ce fait, Florence est momentanément tirée d'affaire. C'est aussi à ce moment qu'aboutit sa conquête de Pise. Florence a déjà été en guerre avec cette cité de 1313 à 1364. Treize mois de siège très dur ont été nécessaires pour faire tomber cette ville qui commande l'embouchure de l'Arno et une partie des liaisons avec la mer, si importantes pour le commerce florentin. En octobre 1406, Pise devient donc la sujette du gouvernement florentin. Ce sera une sujette rebelle, que Machiavel cite, dans *Le Prince*, en exemple de ville qu'il faut détruire pour la posséder sûrement : « Parce qu'en vérité, il n'y a pas de manière sûre de les posséder sinon la ruine ; et qui devient patron d'une cité accoutumée à vivre libre, s'il ne la détruit pas, qu'il s'attende à être détruit par elle, parce qu'elle a toujours pour abri, dans la rébellion, le nom de la liberté et ses ordres anciens, qui jamais, ni par la longueur du temps, ni les bienfaits, ne s'oublient. Et quoi qu'on en fasse ou qu'on y pourvoie, si les habitants ne se désunissent ou ne se disputent pas, ils n'oublient pas ce nom ni ces ordres et ils y recourent tout de suite lors de chaque accident, comme fit Pise après avoir été placée cent ans sous la servitude des Florentins[1]. » Forte de cette nouvelle conquête, la cité florentine retrouve par ailleurs au XV$^{e}$ siècle les conditions de sa puissance et de sa prospérité, notamment grâce au développement de l'art de la soie.

### *Un centre artistique*

Au moment où naît Machiavel, Florence est un centre artistique de premier ordre. Elle s'est remplie de palais privés, celui des Médicis, en premier lieu, mais aussi ceux des Strozzi, des Spini, des Tornabuoni, des Rucellai. On en dénombre une centaine via Tornabuoni et via

1. *Le Prince*, 5, trad. de M. GAILLE-NIKODIMOV, Paris, Le Livre de Poche, 2000, p. 75.

Ginori, qui manifestent dans l'espace urbain la puissance des grandes familles. Florence est aussi, au sens propre, le berceau de nombreux artistes ou l'un des lieux où ils séjournent de manière privilégiée. Certes, on ne peut sans doute prendre pour argent comptant les propos de Giorgio Vasari, peintre et architecte très lié aux Médicis, qui souligne à l'envi cette profusion d'artistes et leur talent extraordinaire, estime que la ville tout entière aime l'art[1], considère que Raphaël d'Urbin a fait beaucoup de progrès lors de son séjour florentin[2], et raconte le désintérêt que Cosme de Médicis éprouva pour le Titien tant de nobles artistes se trouvaient déjà à Florence[3]. Cependant, de Filippo Brunelleschi à Gianbattista di Jacopo dit Rosso, en passant par Lorenzo Ghiberti, Fra Angelico da Fiesole, Paolo Uccello, Tommaso Masaccio, Sandro Botticelli, Domenico Ghirlandaio, Léonard de Vinci, Filippino Lippi ou encore Raphaël d'Urbin, beaucoup sont nés dans l'un des quartiers de Florence ou dans la campagne environnante, ou y ont séjourné[4].

De fait, certaines grandes familles florentines se conduisent en mécènes pour les artistes et les intellectuels. Marsile Ficin, philosophe et traducteur des œuvres de Platon, se voit offrir par Cosme de Médicis la villa Careggi, rénovée par l'architecte Michelo di Bartolomeo, pour y fonder en toute quiétude une académie néo-

---

1. VASARI (G.), *Vies des peintres*, t. I et II, choix et notes de C. MEYER, trad. de L. LECLANCHÉ revue par Ch. WEISS, Paris, Les Belles Lettres, 2001, p. 114.

2. *Ibid.*, p. 265.

3. *Ibid.*, p. 366.

4. Filippo Brunelleschi (1377-1446), Lorenzo Ghiberti (1378-1455), Fra Angelico da Fiesole (1387-1455), Paolo Uccello (1397-1475), Tommaso Masaccio (1401-1428), Sandro Botticelli (v. 1445-1510), Domenico Ghirlandaio (1449-1494), Léonard de Vinci (1452-1519), Filippino Lippi (1457-1505), Raphaël d'Urbin (1483-1520), Gianbattista di Jacopo dit Rosso (1494-1540).

platonicienne. C'est là, « entre le printemps et l'été, parmi les fleurs dans la villa de Careggi » qu'il a « composé un livre sur la vie de la nature[1] » : le *De triplice vita*, dans lequel il évoque les plantes médicinales que l'on peut trouver dans les jardins de la villa. Les jardins de cette villa avaient, auparavant, accueilli les jeux d'enfance de Laurent de Médicis et inspiré l'arrière-plan botanique du *Printemps* de Botticelli. Cosme de Médicis constitue par ailleurs une importante bibliothèque, fait reconstruire le couvent San Marco et l'église San Lorenzo. Son petit-fils, Laurent de Médicis, poursuivra cette action de mécène, commandant des fresques à Botticelli, Filippino Lippi, Ghirlandaio et le Pérugin pour décorer sa villa de Spedaletto, enrichissant la collection d'objets précieux commencée par son père, Pierre de Médicis. L'exemple même de la famille Médicis n'est pas isolé. D'autres familles puissantes et riches – les Tornabuoni, les Portinari, les Strozzi et les Pitti – font également des commandes aux artistes, architectes, peintres, céramistes, sculpteurs, etc. Certaines œuvres témoignent avec éclat de cette imbrication de l'art et de la puissance politique et économique : ainsi le David que Michel-Ange réalise à partir d'un bloc de marbre abîmé, dans l'intention explicite de sculpter « un David jeune, la fronde à la main, voulant dire par là que de même que David avait défendu son peuple et l'avait gouverné avec équité, ceux qui étaient à la tête de la ville devaient la défendre vigoureusement et la gouverner équitablement[2] ». Ainsi, le XV^e siècle apparaît être pour Florence un siècle d'or. La cité de Machiavel devient au cours de ce « siècle d'or » un modèle artistique pour le continent

1. FICIN (M.), *Epistolae*, lettre du 28 avril 1490, traduite en langue vulgaire par F. FIGLIUCCI, in *Divine lettere del gran Marsilio Ficino*, Venise, 1546-1548, t. II, p. 144.

2. VASARI (G.), *Vies des peintres*, *op. cit.*, p. 150.

européen tout entier, ses commerçants soutenant activement ses artistes et ses lettrés humanistes.

Le développement artistique et humaniste à Florence ne sera pas sans incidences sur la pensée de Machiavel. Il lui a notamment inspiré l'une de ses rares considérations épistémologiques : « Et je ne veux pas que l'on impute à la présomption qu'un homme de bas et infime état s'enhardisse à discourir et réduire à des règles les gouvernements des princes, parce que, comme ceux qui dessinent les pays s'établissent dans la plaine pour considérer la nature des montagnes et des autres lieux hauts et, pour considérer celle des lieux bas, s'établissent en haut sur les montagnes, de même, pour connaître bien la nature des peuples il faut être prince, et pour connaître bien celle des princes, il convient d'être du peuple[1]. » À l'arrière-plan de cette déclaration singulière, il faut peut-être voir la carte d'Imola réalisée par Léonard de Vinci, témoignage de son habileté à peindre d'en haut un « pays ». Sans doute faut-il aussi songer au souci du (bon) point de vue exprimé dans les premières expérimentations sur la perspective en peinture menées à Florence par Filippo Brunelleschi.

Au-delà de cette image, la connivence entre artistes, écrivains et penseurs politiques se noue aussi à cette époque autour d'une identité et un projet avant tout culturels : la Renaissance. Ce terme – que nous employons aujourd'hui pour parler de l'époque à laquelle Machiavel a vécu – est une invention des hommes de lettres du XV^e^ siècle. Il manifeste un idéal et une prétention à la nouveauté – ce pour quoi ces mêmes hommes inventent, par contraste, le « Moyen Âge ». Or, cette nouveauté est pensée comme une rénovation, une redé-

1. *Le Prince*, *op. cit.*, dédicace, p. 56.

couverte, ou encore une réactualisation de l'Antiquité. Les hommes de lettres n'ont de cesse de retrouver, de transcrire, de traduire, d'éditer et de commenter les œuvres antiques, grecques et romaines. Les peintres suivent la même inspiration : l'aspect le plus remarquable de la peinture à cette époque est la profusion de sujets mythologiques, dont *Le Printemps* et *La Naissance de Vénus* de Botticelli sont sans doute les plus célèbres exemples.

Les penseurs politiques, Machiavel comme les autres, puisent aussi dans le legs antique. Pour comprendre ses écrits et juger de son originalité en connaissance de cause, il faut donc d'abord prendre acte du fait qu'à son époque l'on pense à travers le filtre de l'antique : « J'ai jugé, dit-il lui-même, nécessaire d'écrire sur tous les livres de Tite-Live qui n'ont pas été détruits par la malignité des temps, ce que – d'après les choses anciennes et modernes – j'estimerai nécessaire pour mieux les comprendre, afin que ceux qui liront mes discours puissent en tirer plus aisément ce profit pour lequel il faut recourir à la connaissance des histoires[1]. » Œuvre radicalement nouvelle par sa liberté de ton et d'intention, Les *Discours sur la première décade de Tite-Live* composés dans les années 1510 se présentent aussi comme le commentaire d'un écrit antique. Les Romains, mais aussi Alexandre le Grand, Cyrus, Agathocle de Sicile, le peuple d'Israël, les Perses, Thésée, tous les personnages qui peuplent son œuvre, sans oublier les cités comme Athènes ou Sparte, sont des exemples mille fois commentés par ses prédécesseurs et ses contemporains, des lieux communs de la réflexion politique en son temps.

1. *Discours sur la première décade de Tite-Live*, *op. cit.*, I, p. 52.

### *Latin, grammaire et calcul : l'éducation de Machiavel*

Avec ses deux sœurs, Primavera et Ginevra, et son frère cadet Totto, Machiavel grandit entre ville et campagne, entre une cité prestigieuse, puissante et embellie par ses multiples artistes et le bourg de Sant'Andreà in Percusina, où la famille possède une maison entourée de deux domaines (les *poderi*), il Borgo et il Poggio, et où lui-même sera assigné à résidence après avoir été licencié de sa charge publique en 1512 lors du retour des Médicis au pouvoir.

C'est à la ville qu'il fait, à partir de 1476, son éducation dans l'une des multiples écoles latines qui, gérées par la municipalité ou par des individus privés, sont présentes dans toutes les villes italiennes. Elles ne préparent pas aux hautes études, mais enseignent le latin qui, à l'époque, vient immédiatement après la lecture, l'écriture et le calcul et se trouve éventuellement complété par la logique[1]. Machiavel étudie d'abord sous la direction de Matteo, un maître de grammaire résidant au pied du pont de Santa Trinità. Celui-ci, moyennant rémunération, lui enseigne le *donatello*, manuel de grammaire qui tire son nom de Donatus. Battista di Filippo da Poppi sera le second maître de Machiavel, à l'école de l'église de San Benedetto dallo Studio[2]. Vient enfin le temps du calcul (l'*abaco*), à partir de 1479, sous la houlette de Piero Maria, puis de la grammaire latine, en 1481, avec Pagolo da Ronciglione.

Machiavel reçoit une éducation moyenne, celle que peuvent lui offrir ses parents : la grammaire et les lettres

---

1. BURCKHARDT (J.), *Civilisation de la Renaissance en Italie*, t. II : *La Résurrection de l'Antiquité. La découverte du monde et de l'homme. La sociabilité et les fêtes*, *op. cit.*, p. 72.

2. MACHIAVELLI (Bernardo), *Libro di ricordi di Bernardo Machiavelli*, éd. de C. OLSCHKI, Florence, F. Le Monnier, 1954, 9 r° et 14 r° [1re éd., 1476].

latines, ainsi que les mathématiques appliquées à la comptabilité. Elle correspond sans doute aussi aux ambitions qu'ils nourrissent pour lui. Il n'apprend pas à lire le grec, fort en vogue en Italie jusque vers 1520. En effet, son enseignement, bien développé à Florence, est réservé aux fils des grandes familles. Machiavel ne va pas non plus à l'université étudier l'une des disciplines enseignées à l'époque (droit canon, droit civil, médecine, rhétorique, philosophie et astronomie). Enfin, il ne fait pas partie des particuliers privilégiés qui reçoivent, en privé, des leçons de philologie et de philosophie. Peut-être cela explique-t-il sa réputation d'homme peu cultivé auprès de certains de ses contemporains ou le jugement un peu perfide de Giovo qui s'étonne de ses qualités d'écriture et affirme qu'il n'a appris le latin qu'à partir de 1498[1].

Si l'éducation de Machiavel n'est incontestablement pas celle d'un lettré florentin, il vit dans un univers peuplé de livres. Alors même que l'imprimerie a été depuis peu introduite à Florence, son père consacre une partie non négligeable de ses revenus à l'achat d'ouvrages ou à leur reliure ; il en emprunte et en prête beaucoup, comme en témoigne son *Livre de souvenirs*. C'est dans la bibliothèque familiale que Machiavel trouve la première *Décade* de Tite-Live dont il fera son miel dans les années 1510. Son père l'a obtenue en échange de la constitution d'un index des noms de lieux contenus dans la *Décade* pour l'imprimeur Nicolas della Magna. Lui-même réalise une copie, à l'âge de dix-huit ans, du *De natura rerum* de Lucrèce, transcrit ou résume des pièces issues du théâtre latin antique. Une fois atteint l'âge adulte, comme son père, il se met en quête de livres, employant au besoin ses collègues, comme pour les *Vies*

1. GIOVO, *Elogia virorum litteris illustrium*, Basilea, 1577, pp. 162-163. Cf. document en annexe.

de Plutarque que Biagio Buonacorsi commande pour lui à Venise en 1502[1].

Son œuvre, à travers des références explicites et implicites, témoigne d'une vie enrichie par de nombreuses lectures, celle de la Bible et d'un chapelet d'auteurs latins – César, Cicéron, Flavius Josèphe, Hérodien, Horace, Justin, Juvénal, Lucrèce, Ovide, Quinte-Curce, Salluste, Suétone, Tacite, Térence, Tibulle, Tite-Live, Virgile. Il faut ajouter à cette liste déjà longue celle des auteurs grecs accessibles en latin ou en toscan : Aristote, Diogène Laërce, Platon, Plutarque, Polybe, Thucydide, Xénophon. Enfin, Machiavel a lu certains de ses contemporains ou des auteurs du *Trecento* et du *Quattrocento*, historiens, chroniqueurs, hommes de lettres et traducteurs : Giovanni Villani, Poggio Bracciolini, Leonardo Bruni, Flavio Biondo pour les premiers et Dante Alighieri, Francesco Petrarca, Giovanni Boccacio, Luigi Pulci, Lodovico Ariosto, pour les seconds.

Une telle culture classique constitue un fonds commun dans lequel Machiavel et ses contemporains puisent, souvent de façon implicite, pour développer leurs arguments. Que Machiavel se sente membre d'une communauté culturelle est d'ailleurs manifeste. On lit sous sa plume des images, celle du livre « mangé » par exemple, ou une mise en scène, comme celle du dialogue du lecteur avec son livre : « Le soir venu, je retourne chez moi et j'entre dans mon cabinet ; sur le seuil, j'enlève mes vêtements quotidiens, couverts de boue et tout crottés, et je revêts des habits dignes de la cour d'un roi ou d'un pape ; et vêtu comme il se doit, j'entre dans les antiques cours des Anciens, où, reçu par eux avec amour, je me repais de ce mets qui solum est mien et pour lequel je naquis ; et là je n'ai pas honte de parler

1. Lettre du 21 octobre 1502 à Machiavel, in *Lettres familières*, I, *op. cit.*, p. 216.

avec eux et de leur demander les raisons de leurs actes ; et eux, par humanité, ils me répondent ; et pendant quatre heures de temps, je ne ressens aucun ennui, j'oublie tout tracas, je ne crains pas la pauvreté, la mort ne m'effraie pas : je me transporte tout entier en eux[1]. » Or, à son époque, cette image et cette scène sont de véritables lieux communs de la littérature, présents par exemple chez Cicéron, Pétrarque, Dante, Boccace, Alberti et jusque dans les écrits de certains marchands écrivains du XVe siècle.

### *Laurent de Médicis, homme de lettres et « prince » de la cité*

1469 n'est pas seulement l'année de naissance de Machiavel. C'est aussi celle où Laurent de Médicis succède à son père défunt, Pierre de Médicis, dit le Goutteux. Laurent de Médicis a alors vingt ans. Son existence, sa personnalité apparurent contrastées à ses contemporains. Machiavel lui-même y distingue une vie de plaisir et une vie de gravité, « deux personnes différentes comme unies en une impossible jointure[2] ». Laurent de Médicis a été, tout au long de son existence, gouvernant de Florence et écrivain.

Laurent le Magnifique est, avec son grand-père Cosme, le plus célèbre des Médicis. Comme lui, il a poursuivi tout au long de sa vie une politique de mécénat artistique envers les peintres, les sculpteurs, les orfèvres et les architectes. Son action la plus cohérente et la plus soutenue en la matière concerne cependant le

---

1. Lettre du 10 décembre 1513 à Francesco Vettori, in *Le Prince*, trad. de J.-L. FOURNEL et J.-Cl. ZANCARINI, Paris, PUF, 2000, p. 531.

2. *Histoire de Florence*, *op. cit.*, VIII, 36, p. 1000.

monde de l'écrit. Il prête une attention particulière aux écrivains, protégeant Marsile Ficin, Luigi Pulci, Angelo Ambrogini dit Poliziano et Platina. C'est aussi un amateur de livres. La bibliothèque familiale compte plus de mille volumes à sa mort, en 1492, contre seulement deux cent cinquante en 1459. Il soutient les recherches de manuscrits rares menées par les humanistes, ainsi que les travaux du précepteur de son fils, Poliziano, sur la langue et la littérature florentines. Enfin, il favorise le développement de l'université de Pise en finançant en 1472 la venue de juristes et de médecins de renom. Lui-même est écrivain. Il est l'un des seuls gouvernants de l'histoire occidentale qui peut se vanter d'avoir sa place dans les rayonnages d'une bibliothèque de la littérature italienne. Dans son œuvre, la poésie occupe une place de choix : *Canzionere e comento*, *Nencia da Barberino*, *Ambra*, *Apollo e Pan*, *Corinto*, *Uccellagione*, *Simposio*, *Altercazione Laudi*, sans oublier ses *Chansons pour le carnaval*.

Le *Canzionere* est un recueil composé tout au long de sa vie. Il réunit des sonnets, des chansons, des sextines et des ballades, c'est-à-dire tous les types de compositions alors en usage dans la poésie lyrique. Poésie carnavalesque, poésie marquée par l'influence du néoplatonisme ficinien, poésie bucolique, poésie religieuse. Laurent de Médicis a touché à de nombreux genres, au gré des influences qui l'ont marqué, de Marsile Ficin à Jérôme Savonarole – qu'il appelle à Florence à la fin de sa vie – en passant par Poliziano. Il compose aussi à l'intention de Frédéric d'Aragon un florilège d'œuvres de poètes siciliens et stilnovistes, accompagnées de quelques-unes de ses propres œuvres, connu sous le nom de *Raccolta aragonese* (1477), dans lequel il témoigne de sa considération pour la poésie toscane, et florentine en particulier.

*La domination médicéenne*

Comme gouvernant, Laurent de Médicis a poursuivi et renforcé la politique de domination personnelle de sa famille et de ses alliés sur la cité, dans un contexte politique, international, italien et florentin de plus en plus troublé. Lorsqu'il accède au pouvoir, les citoyens florentins représentent une minorité à l'intérieur de la ville. Les habitants de la campagne et des villes soumises à Florence ne peuvent prendre part à sa vie politique. Les citoyens eux-mêmes sont regroupés dans des corporations, les Arts (*Arti*), distinguées en deux groupes, les Arts majeurs et les Arts mineurs. Les premiers incluaient, par exemple, les métiers de la banque et du change, la soierie, les fourreurs, les notaires, les juges ou encore les médecins ; les seconds regroupaient les fripiers et les lingers, les bouchers, les marchands de vin ou de bois en gros. La vie politique elle-même était structurée par cette organisation en corporations, puisque seuls les membres des Arts pouvaient être éligibles et électeurs. Il était donc indispensable de faire partie d'un Art pour participer au processus de délibération et de décision à Florence.

À la fin du XIV^e^ siècle, Florence était gouvernée selon les principes suivants : les charges étaient assumées de manière brève ; les citoyens éligibles devenaient magistrats selon un double système d'élection et de tirage au sort ; le pouvoir était exercé de manière collégiale.

La Seigneurie (*Signoria*) était composée de neuf membres des Arts (dont deux seulement des Arts mineurs) et des prieurs. Élus pour deux mois, ils avaient l'initiative des lois et la charge de les faire exécuter. Parmi les membres issus des Arts, un avait des fonctions particulières : le gonfalonier de justice, chargé de porter l'étendard de la cité, de commander la force armée citadine et de présider le Conseil des prieurs.

Les lois faisaient l'objet d'une délibération qui impliquait, à titre consultatif, la participation de deux conseils créés en 1329, le Conseil de la commune (trois cents membres dirigés par le capitaine du peuple) et le Conseil du peuple (deux cent cinquante membres sous la direction d'un *podestà*, étranger à la cité). Deux autres conseils assistaient la Seigneurie dans ses fonctions : le Conseil des douze *buoni uomini* contrôlait le fonctionnement des institutions ; le Conseil des seize gonfaloniers de compagnie assurait pour sa part la représentation au gouvernement des quartiers de la cité, s'occupait des prélèvements fiscaux et jouait un rôle d'intermédiaire entre le peuple et la Seigneurie. Les décisions étaient prises à la majorité des deux tiers.

D'autres conseils remplissaient des fonctions spécifiques. Le Conseil des Huit (*Otto di guardia*, puis *Otto di guardia e balìa*) était chargé d'assurer la sécurité de l'État. Les affaires militaires relevaient quant à elles d'un conseil spécifique, initialement provisoire, le Conseil des Dix (*Dieci di guerra* ou *Dieci di libertà e di pace*). Enfin, des instances (*pratiche* ou *consulte*) permettaient, en cas de décision importante, de consulter les citoyens les plus qualifiés. Une commission composée de quelques citoyens (la *balìa*) pouvait, en cas de crise politique, disposer provisoirement des pleins pouvoirs dans la cité.

En 1378 éclate la révolte des ouvriers cardeurs de la laine, les *Ciompi*, au lendemain d'un conflit extérieur contre le pape, qui a lourdement pesé sur les conditions de vie des habitants de Florence, notamment sur le petit peuple. Les *Ciompi* réclament la création d'un Art qui les représente et défende leurs intérêts économiques et politiques. Machiavel en fera un épisode essentiel de l'histoire institutionnelle et du conflit civil qui oppose à Florence le peuple aux puissants insolents. Cette révolte conduit le peuple au palais. Cependant, un an plus tard, les réformes suscitées par cette révolte sont remises en cause. L'Art des *Ciompi* est supprimé ; les institutions sont réformées au profit des Arts majeurs. En bref, l'oligarchie gouvernementale renforce de manière décisive son assise au pouvoir. La moitié des prieurs et le gonfalonier de justice sont désormais issus des Arts majeurs. Ils disposent, à partir de 1382, des deux tiers du Conseil du peuple et du Conseil du *podestà*. Le Conseil des Huit perd en outre son caractère provisoire en 1380 ; ses membres sont choisis par la Seigneurie, et non plus élus pour quatre mois, comme précédemment, et leur pouvoir de police est constamment accru à partir de ce moment. En 1387, un nouveau système de tirage au sort est mis en place pour les plus hautes charges, au détriment des Arts mineurs. Un conseil *ad hoc*, une *balìa* de dix citoyens, est créé en 1393, qui émet de nouvelles règles d'admission aux charges politiques et n'hésite pas à bannir ou à exclure de toute fonction politique les ennemis des nouveaux oligarques. En 1396, une nouvelle loi évince de la charge de prieur tous ceux qui ne sont pas politiquement agréés par les oligarques. Cette loi permet d'admettre un certain nombre de grands dans les magistratures. Par la suite, la Seigneurie s'appuie sur deux nouveaux conseils respectivement créés en 1411 et en 1429 : le Conseil des Deux Cents, réunissant les citoyens qui ont occupé des magistratures importantes depuis 1382, et le Conseil des Cent Trente et Un, qui regroupe des membres des grandes familles dominantes. Ils ne signent pas l'abolition des deux anciens conseils du *podestà* et du capitaine du peuple. Mais ceux-ci perdent de leur influence, leurs décisions devant être sanctionnées par les deux nouveaux conseils.

Quelques familles dominent le jeu politique. Les Médicis en font partie, mais leur mainmise sur le gouvernement de Florence ne s'accomplit pas avant l'entrée en scène de Cosme et leur investissement politique n'est pas plus notable que celui d'autres familles, les Strozzi, les Albizzi ou encore les Alberti. C'est en 1434 que Cosme prend le dessus dans le contexte de nouveaux affrontements avec Milan (1392-1447). Le duc Philippe-Marie s'était engagé en 1422 à ne pas s'immiscer dans les affaires de l'Italie centrale, mais cherchait en réalité à conquérir la Romagne. Il s'empare dans un premier temps d'Imola et de Forlì. Florence tente alors de faire alliance avec Venise, qui y trouve son compte en s'emparant de Vérone, Brescia et Bergame. La paix de Ferrare est signée en 1428. Les Florentins croient voir s'éloigner la menace milanaise et attaquent Lucques. Un nouveau traité, signé par Cosme en 1433, contraint cependant la cité florentine à renoncer à toute acquisition territoriale. Cosme se retire dans ses terres du Mugello après la signature de ce traité. Convoqué à Florence, officiellement pour participer au gouvernement, mais en réalité pour être arrêté par les Albizzi et envoyé pour dix ans en exil à Padoue, il voit se mobiliser ses partisans, le pape Eugène IV ainsi que certaines grandes familles florentines. Ils l'emportent sur ses ennemis et lui permettent de faire un retour triomphant à Florence le 5 octobre 1434. Il exile alors ses ennemis.

Dès lors, Cosme n'aura de cesse de combattre ceux qui s'opposent à la domination de la famille Médicis et de renforcer les mécanismes institutionnels qui assoient sa puissance. Ainsi, il établit la prééminence du gonfalonier sur le *podestà* et le capitaine du peuple. Les *accopiatori* (accoupleurs), choisis parmi les plus anciens partisans des Médicis, désignent directement les prieurs. Un Conseil des Cent est créé, dont les membres sont également choisis par les *accopiatori*, et non plus élus : il devient le premier conseil législatif et a aussi pour fonction d'élire les membres du Conseil des Huit de la garde, dont les pouvoirs sont renforcés pour lutter contre les opposants au régime. Cosme gouverne parfois de chez lui. Ainsi, en 1459 et 1463, la rencontre des *accopiatori* a lieu à son palais de la via Larga, et non au palais de la Seigneurie. De nombreuses affaires sont traitées chez lui. Mais Cosme a le souci constant d'apparaître, malgré tout, comme un simple citoyen et non comme le chef du gouvernement. Il use au besoin de cette identité, refusant par exemple à Pius II de l'argent pour la croisade : un citoyen privé ne peut rien, lui dit-il, dans une République libre et populaire. Mais la domination médicéenne est bien réelle : les surnoms dont on affuble successivement Cosme de Médicis sont là pour en témoigner : on l'appelle d'abord *civis togatus*, puis on le compare à Auguste, et à sa mort on lui décerne le titre de « *pater patriae* ».

### *Le durcissement de la politique médicéenne*

Laurent de Médicis, entouré d'un cercle de favoris tels que Bernardo Buongirolami, Bartolomeo Scala, Bernardo del Nero, Girolami Morelli, Pier Filippo Pandolfini ou Piero Alamanni, poursuit la politique de centralisation du pouvoir politique développée par son puissant et prestigieux grand-père, puis par son père. Il hérite d'une immense fortune, et s'allie aux anciennes familles aristocratiques de Florence grâce à son mariage avec Clarisse Orsini. Il semble de ce fait avoir toutes les cartes en main pour parachever l'œuvre de son grand-père. Pourtant la domination de Laurent le Magnifique sur Florence n'est pas sans faille, notamment parce qu'il échoue dans la gestion des fonds privés et publics : il laisse aller à la faillite quelques filiales de la maison Médicis, qui disparaîtra deux ans après sa mort ; il est en outre accusé d'avoir détourné l'argent public du *Monte*, cette institution essentielle de Florence qui, depuis 1345, permet de doter les jeunes filles pauvres, propose des prêts à taux d'intérêt limité et finance les dépenses publiques sur la base d'une épargne, plus ou moins volontaire, des citoyens florentins.

Lorsque la cité, dont les échanges commerciaux avaient été fragilisés par la prise de Constantinople en 1453, est atteinte par la crise économique qui touche l'Europe dans les années 1480 et menacée par de nouveaux conflits avec Milan, Naples et Rome, le pacte tacite passé entre les Médicis et les autres grandes familles florentines est remis en cause. L'accession au pouvoir de Laurent de Médicis avait été relativement peu discutée, car les opposants à sa famille n'entendaient pas mettre fin à la structure oligarchique du pouvoir. Lorsque Pierre de Médicis était mort, sept cents citoyens s'étaient réunis à l'église de San Antonio pour discuter de l'avenir du gouvernement florentin et avaient décidé de préserver la position des Médicis « *in reputatione e grandeza* », tout en entourant et en guidant Laurent et son frère Julien, encore jeunes et inexpérimentés. Peut-être l'alliance des Médicis avec Milan que Cosme était parvenu à établir a-t-elle joué un rôle en faveur du soutien, plus ou moins entier, accordé à ce moment aux jeunes Médicis. De fait, Laurent et Julien de Médicis ne s'étaient pas fait faute d'écrire à leur allié, Galeazzo Maria Sforza, le 4 décembre 1469 pour renouveler leur amitié et s'assurer de son soutien[1].

Par la suite, cependant, ressurgissent les tentatives de conspiration. En 1471, l'une d'entre elles, menée par les familles Pazzi et Salviati, échoue. En 1478, les Pazzi, famille rivale des Médicis tant sur le plan politique

---

1. Lettre n° 24 de Laurent et Julien de Médicis à Galeazzo Maria Sforza, duc de Milan, 4 décembre 1469, in *Lettere*, éd. par R. FURBINI, Istituto Nazionale di Studi sul Rinascimento, Florence, Giunti-Barberà, 1977, I, p. 54.

qu'économique, soutenus par le pape Sixte IV et ses neveux, tentent de mettre fin aux jours de Laurent et de son frère cadet Julien. Laurent échappe au complot, mais Julien est assassiné pendant l'office à l'église Santa Reparata.

Machiavel a alors neuf ans. Quarante ans plus tard, il relatera en des termes très vifs l'épisode de cet assassinat : « Julien et Laurent connaissaient les mauvaises dispositions des Pazzi à leur égard et savaient qu'ils désiraient leur ôter le pouvoir. Mais ils ne craignaient pas pour leur vie, car ils croyaient que, si leurs adversaires devaient tenter quelque chose, ils le feraient par des voies légales et non par la violence. Aussi, ne se souciant pas de leur vie, ils feignaient d'être de leurs amis. Les meurtriers étant donc prêts, à cause de la foule qui était présente dans l'église, ceux qui étaient proches de Laurent pouvaient s'y tenir aisément et sans susciter le moindre soupçon, alors que les autres se trouvaient auprès de Julien. Ainsi arriva l'heure fixée. Avec une arme courte choisie à cet effet, Bernardo Bandini transperça la poitrine de Julien, qui tomba à terre après avoir fait quelques pas. Se jetant sur lui, Francesco de' Pazzi le couvrit de blessures et le frappa avec un tel acharnement qu'aveuglé par la fureur, il se blessa lui-même gravement à la jambe[1]. »

Sur le moment, Laurent de Médicis écrit en urgence au duc de Milan, Galeazzo Maria Sforza, pour demander de l'aide[2]. Puis il reprend lui-même les choses en main, réprimant dans la violence ceux qui ont conspiré. Il renforce ensuite toujours plus son pouvoir sur les institutions de la cité. Après la conspiration de 1471, les Huit de la garde avaient intensifié leur action ; le Conseil des

1. *Histoire de Florence*, VIII, 6, *op. cit.*, p. 963.

2. Lettre n° 272 de Laurent de Médicis à Galeazzo Maria Sforza, duc de Milan, in *Lettere*, *op. cit.*, III, p. 3-4.

Cent avait été renouvelé par l'entremise d'*accopiatori* dévoués à la cause médicéenne. Le Conseil majeur, composé de deux cents membres, avait été mis en place pour traiter des affaires de l'État. En 1480, Laurent de Médicis crée en outre le Conseil des Soixante-Dix, dont les membres ne sont pas élus, mais nommés à vie. Ils sont chargés de choisir les magistrats les plus importants, des Huit de la garde jusqu'aux douze procureurs qui s'occupent des affaires économiques et financières de la cité. Laurent de Médicis s'accorde le droit de nommer lui-même certains des magistrats aux charges importantes ou de désigner les noms des personnes éligibles, susceptibles d'être tirées au sort dans les *borse*. En 1490, il institue une commission restreinte, dont il est membre de droit, pour choisir les membres de la Seigneurie. Enfin, il s'assure la maîtrise de la politique étrangère, confiée en théorie aux Huit de la pratique. C'est dans ce contexte d'un durcissement de la domination médicéenne sur la cité que survient le temps des « calamités » et commencent les « guerres d'Italie ».

# Chapitre II

# LE TEMPS DES « CALAMITÉS »

> « Il pourra sembler étranger à mon propos – qui était de ne pas aborder les choses qui s'étaient passées hors d'Italie – de faire mention de ce qui arriva cette année-là en France ; mais comme celles-là dépendaient de ceci et comme ce qui advenait ici était lié, souvent, aux décisions prises là-bas et à ce qui s'y déroulait, je me vois contraint à ne pas les passer entièrement sous silence[1]. »

La nuit tombée, dans le cabinet de sa maison à San Casciano où il est assigné à résidence à partir de 1512, Machiavel dialogue avec les Anciens. L'objet de leur conversation n'est cependant ni la rhétorique ni la poésie, mais la politique. Machiavel dit s'interroger : qu'est-ce qu'un principat ? Combien de principats différents y a-t-il ? Comment s'acquiert un principat ? Comment le conserver… ou le perdre ? Pour comprendre la teneur de ces échanges avec les auteurs antiques, il ne suffit pas de rappeler que Machiavel n'avait pas l'âme d'un marchand et éprouvait une véritable passion pour le gouvernement

---

1. GUICHARDIN (Fr.), *Histoire d'Italie*, trad. de l'atelier de traduction du CERPPI, dirigée par J.-L. FOURNEL et J.-CL. ZANCARINI, Paris, Robert Laffont, 1996, XI, 6, p. 841.

des affaires publiques. Si la réflexion politique est au premier plan de ses préoccupations, c'est que la cité et l'Italie tout entière ont connu de dramatiques bouleversements depuis 1494. La relative quiétude qui a caractérisé la période d'enfance de Machiavel a fait long feu.

## *La fragmentation de l'espace italien*

Lorsque Machiavel naît en 1469, l'Italie est un espace politiquement fragmenté. Trois États territoriaux se sont constitués : les papes ont quitté Avignon et sont revenus à Rome. Ils s'efforcent de soumettre à leur pouvoir les communes et les princes dans les alentours de la cité vaticane. Au sud, le royaume de Naples s'est étendu en 1442, sous le règne d'Alphonse d'Aragon, au royaume de Sicile. Enfin, au nord-ouest, s'est développé l'État du Piémont-Savoie. Certaines cités ont également assis leur domination sur des territoires plus modestes mais non négligeables. Florence figure parmi elles, ainsi que Milan, dont l'emprise s'étend au-delà de la Lombardie, Venise et Gênes, Mantoue et Ferrare. Si l'on voulait dessiner une carte de l'Italie à cette époque, il faudrait encore d'autres couleurs pour y faire figurer des entités de petite importance, tant du point de vue géographique que politique : marquisats de Saluces et de Montferrat et comté d'Asti, au sein du duché de Savoie-Piémont ; duchés de Modène et de Reggio, dominé par Ferrare ; principautés de Bénévent et de Pontecorvo situées dans les États de la papauté ; république de Saint-Marin dans le royaume de Naples ; duché de Piombino sur la côte toscane ; Sardaigne.

Si Lucques, Sienne et Gênes demeurent des républiques, de nombreuses cités-États connaissent, au cours du XV^e^ siècle, une histoire politique relativement similaire, passant d'un gouvernement communal au gouvernement d'un seul homme, prince ou *condottiere*. Le cas des Médicis à Florence, même si le gouvernement conserve des apparences républicaines, n'a rien d'exceptionnel. Mantoue a eu les Gonzague, et Ferrare les Este, tandis que Milan a été dominée par les Visconti, puis par les Sforza. Dans cet ensemble composite, Venise, Milan, Florence, la papauté et Naples se distinguent par leur pouvoir, leur puissance économique ou leur prestige culturel.

Jusqu'à la fin du *Quattrocento*, les relations entre ces différentes entités territoriales se développent sans intrusion extérieure. Aucune puissance étrangère n'intervient alors dans le jeu diplomatique : le territoire italien est aux Italiens. La maison d'Anjou est entrée dans sa phase de déclin ; les Aragonais lui succèdent dans l'Italie du Sud ; la guerre de Cent Ans mobilise presque exclusivement le royaume de France ; l'Empire germanique, enfin, n'est pas en mesure de faire revivre le rêve de l'unité impériale.

En 1454 a été signée la paix de Lodi, en grande partie à l'initiative de Cosme de Médicis. Au cours des XIV^e^ et XV^e^ siècles, Florence s'était battue contre la papauté au cours de la guerre des huit saints. Elle avait dû faire face aux velléités expansionnistes de Milan. Jean-Galéas puis Philippe-Marie Visconti nourrissaient en effet l'ambition de conquérir un vaste territoire, du nord de l'Italie à la Toscane. Dans le contexte de cet affrontement, Florence s'était alliée à Venise. Lorsque Francesco Sforza prend le pouvoir au milieu du siècle, après s'être marié avec Bianca Maria, fille unique de Philippe-Marie, le jeu des alliances se modifie. Cosme défait la coûteuse alliance avec Venise, sa rivale commerciale, et se rapproche de Milan, Venise et Naples se situant désormais dans le camp adverse. En 1452, Venise provoque un nouveau conflit, mais la prise de Constantinople par les Turcs l'année suivante la contraint à s'entendre avec Milan et à signer cette paix de Lodi, voulue par Cosme en vue de favoriser le commerce florentin.

Cette paix marque le début d'une ère de relative stabilité et d'une politique d'équilibre entre les principaux acteurs politiques, Venise, Milan, Florence, la papauté et Naples, fondée sur le désir de chacun d'empêcher les autres d'acquérir une puissance trop grande : « Mû par les rivalités et la jalousie, chacun ne cessait d'observer attentivement les mouvements de l'autre, sapant mutuellement tous les desseins qui auraient permis à l'un d'eux d'accroître sa puissance ou sa réputation, ce qui ne rendait pas la paix moins stable, mais, au contraire, éveillait en chacun la prompte volonté de faire en sorte d'éteindre diligemment toutes les flammèches qui auraient pu être à l'origine d'un nouvel incendie[1]. » C'est le moment où certains écrivains humanistes précèdent Machiavel sur la voie du réalisme politique, reconnaissant que les princes suivent avant tout leurs intérêts propres[2]. Les conflits ne sont pas absents de cette période : Florence est en guerre contre Naples entre 1472 et 1474, et contre Volterra, en 1482, Ferrare s'oppose à Venise entre 1482 et 1484. Cependant, sans faire de la seconde moitié du XV^e^ siècle, par une illusion rétrospective, une ère de paix et de prospérité, force est de constater qu'elle constitue, au moins pour les États régionaux, un temps de consolidation.

De même qu'il a poursuivi la politique de son grand-père et de son père au sein de Florence, accroissant les moyens de sa domination personnelle, Laurent de Médicis est resté fidèle à la politique d'équilibre promue par Cosme. Toutefois, ce dernier avait pu éprouver la fragilité de la paix de Lodi, avec le conflit survenu en 1458-

---

1. *Ibid.*, pp. 6-7.
2. Cf. GILBERT (F.), « Le concept humaniste du prince et *Le Prince* de Machiavel » [1^re^ éd., 1939], trad. de M. Gaille-Nikodimov, in *Cahiers philosophiques*, dossier Machiavel, avril 2004, n° 97, pp. 89-115.

1462. Laurent en fait à son tour l'expérience à plusieurs reprises. La conjuration des Pazzi elle-même, qui a conduit à la mort de son frère Julien, était appuyée par le pape Sixte IV. Puis Laurent entre en conflit avec Innocent VIII pour soutenir son allié napolitain, Ferrante d'Aragon, en butte à une révolte de ses barons soutenue par la curie romaine. En 1480, cependant, il renouvelle la paix de Lodi pour vingt-cinq ans et élargit l'accord aux puissances mineures. Il s'efforce de mettre fin aux différends avec la papauté. Afin d'établir des relations avantageuses pour Florence avec la papauté, il marie sa fille Madelaine à Franceschetto Cybo, fils naturel du souverain pontife. Son fils cadet Jean, futur Léon X, est, à l'âge de quatorze ans, nommé cardinal. Les relations entre gouvernement florentin et curie romaine demeurent malgré tout, au cours de cette période, très fragiles.

Cette configuration diplomatique est marquée par un événement important : l'avènement du métier d'ambassadeur. Dans le cadre d'une *respublica* chrétienne unifiée ou conçue comme telle, le métier d'ambassadeur a une importance relative. À partir du moment où cette *respublica* se fragmente, l'ambassadeur joue un rôle de plus en plus grand. Comme précédemment, l'ambassadeur porte des messages, représente son prince, conclut éventuellement des traités. En outre, il doit désormais s'efforcer de comprendre la réalité qu'il observe, dans le pays étranger où il séjourne ou réside et relater à son gouvernement le fruit de ses observations. Les premiers signes de cette nouvelle activité diplomatique sont perceptibles chez les ambassadeurs vénitiens et florentins, qui répondent aux exigences de leur gouvernement, mais aussi à celles des marchands, très présents dans ces cités. Machiavel lui-même ne sera pas à proprement parler un ambassadeur. Il n'a pas le rang social nécessaire pour remplir cette fonction. Cependant, il accompagnera à diverses reprises des ambassadeurs et effectuera de multiples missions à caractère diplomatique. Avec les ambassadeurs, il partage la tâche d'informer son gouvernement, de raconter ce qu'il a vu et entendu : les premiers écrits politiques que nous conservons de lui aujourd'hui sont ses rapports de missions.

## *L'Italie convoitée par ses voisins*

Un nouvel ordre géopolitique s'est organisé autour de l'Italie dans le dernier quart du XV$^{e}$ siècle. Les Ottomans sont aux portes de l'Italie et de l'Europe. Machiavel lui-même parle peu du « Turc ». Il n'ignore pas l'existence de l'Empire ottoman, comme en témoigne la comparaison qu'il développe entre le roi de France, entouré par de nombreux et puissants seigneurs ancrés dans leurs fiefs, et le Turc, qui a divisé son royaume en sandjaks et placé à leur tête des administrateurs sur lesquels il a toute autorité[1]. Mais il ne dit rien de l'incidence, en matière de politique internationale, du débarquement des Ottomans dans le sud de l'Italie, à Otrante, en 1480. Elle s'avère pourtant décisive dans la période qui va suivre.

En 1483, à l'âge de treize ans, Charles VIII a hérité de son père Louis XI le royaume de France. Des mesures ont été prises pour que le royaume s'agrandisse grâce à la succession de Bourgogne et de celle d'Anjou. La Provence est incorporée sans difficulté au royaume. Il n'en va pas de même pour Naples. Or, le pape Innocent VIII demande son aide à Charles VIII contre Ferrante de Naples, qui refuse de payer son tribut annuel à Rome. Charles VIII accepte de l'aider, peut-être sensible aux discours des nombreux barons napolitains présents à la cour et décide de faire valoir ses droits sur le

---

1. *Le Prince*, *op. cit.*, 4, p. 71.

royaume de Naples. Afin, peut-être, que son entreprise n'apparaisse pas seulement comme une récupération d'héritage, il affirme qu'en conquérant Naples, il entend préparer une croisade destinée à contenir les progrès ottomans en Méditerranée.

La descente de Charles VIII en Italie, si brutale qu'elle ait été aux yeux des Italiens, a été préparée de longue date par le roi de France. Celui-ci ne peut en effet entreprendre une telle guerre sans s'assurer que ses voisins n'en profiteront pas pour attaquer son royaume ou ne s'opposeront pas à lui sur le territoire italien. Aussi a-t-il signé le traité d'Étaples avec Henri VII, roi d'Angleterre, qui renonce à attaquer la Bourgogne et assure Charles VIII de sa neutralité en échange d'une somme d'argent (1492). Il a également signé le traité de Barcelone avec Ferdinand d'Aragon, qui stipule son abandon du Roussillon et de la Cerdagne (1493). La relation avec l'Espagne est particulièrement importante pour Charles VIII tant d'un point de vue militaire que politique. L'Espagne, en effet, a tout autant que la France intérêt à conquérir l'Italie et elle est dotée d'une armée puissante et organisée. Enfin, la même année, il a signé avec l'Empereur Maximilien le traité de Senlis par lequel il restitue à ce dernier la dot de Marguerite d'Autriche qu'il va épouser, c'est-à-dire l'Artois, la Franche-Comté et le Charolais.

Tout est donc en place, dans la dernière décennie du XVe siècle, pour une intervention armée : Charles VIII peut se prévaloir d'un principe de légitimation (les droits hérités sur le royaume de Naples) et avancer une cause à poursuivre (la croisade contre les Ottomans). Il a fait en sorte, au début des années 1490, de supprimer les obstacles qui auraient pu s'opposer à son entreprise, en signant ces trois traités. Il a enfin des alliés sur le territoire italien, et non des moindres : au nord, Ludovic le More a en effet besoin de son intervention à Naples. Il tient à l'écart du pouvoir le vrai duc de Milan, Gian Galeazzo, son neveu, marié à Isabelle d'Aragon, petite-fille du roi Ferrante, et s'attire donc l'hostilité des Aragonais de Naples. Venise a également besoin de l'appui français contre son voisin Maximilien d'Autriche et parce qu'elle convoite les Pouilles napolitaines. À Florence, les choses sont plus ambiguës, car les Médicis et leur clientèle sont obligés de maintenir de bonnes relations commerciales de part et d'autre. En revanche, il semble que l'alliance pontificale soit acquise au roi de France, puisque le pape cherche à briser les alliés du roi de Naples, les barons romains Orsini et Colonna, et à contrecarrer les ambitions du cardinal Giuliano della Rovere.

Laurent de Médicis avait témoigné, dans son *Canzionere*, d'une vive conscience de l'inconstance de la fortune. Il ne vivra pas assez longtemps pour la voir « tourner son manteau » et détruire son ouvrage politico-diplomatique[1]. Il meurt en 1492. Selon François Guichardin, ce décès fut dommageable non seulement pour Florence, mais aussi pour l'Italie tout entière, en raison de l'activité qu'il « déployait sans cesse en faveur de la sécurité de tous » et parce qu'il « était un facteur de modération[2] ». Les faits semblent confirmer ce diagnostic. Deux ans plus tard, au début de l'été 1494, Charles VIII prend la tête de son armée dans l'intention de conquérir le royaume de Naples, en principe soutenu par le gouvernement des Médicis et le pape Alexandre VI. Charles VIII passe le col du mont Genèvre avec une facilité infiniment plus grande qu'autrefois Hannibal le Carthaginois avait franchi celui du Mont-Cenis, rappelle Guichardin. Traversant le Nord, la Toscane et Rome, il

---

1. LAURENT DE MÉDICIS, *Canzionere*, trad. de Ch. BEC, Imprimerie nationale Éditions, 1990, chant 59, p. 163 ; chant 13, p. 43.
2. GUICHARDIN (Fr.), *Histoire d'Italie*, *op. cit.*, I, 2, p. 7.

atteint Naples en l'espace de quelques mois, en février 1495. Il faut lire l'*Histoire d'Italie* de François Guichardin pour comprendre ce qu'ont pu éprouver Machiavel, alors âgé de quinze ans, et ses contemporains, face à la descente du roi français Charles VIII en Italie. 1494 est le point de départ de cette *Histoire*. C'est le début des guerres d'Italie qui perdurent plus d'un demi-siècle, jusqu'en 1559. Le temps des « calamités » commence. L'expédition française vers Naples ne dure pas plus d'une année et semble se conclure sur un retour à la situation antérieure. Pourtant, elle marque un tournant décisif de l'histoire : on passe de Florence à l'Italie, de l'Italie à l'Europe, et de la diplomatie interne à la guerre contre les « armées barbares[1] ». L'Italie n'est plus aux mains des Italiens, fussent-ils membres de différents États, principats et cités. Désormais, il faut compter avec les puissances étrangères.

## *La « descente » de Charles VIII en Italie*

Avant 1494, tout n'était, selon Guichardin, qu'allégresse, bonheur, prospérité. Ce qui vaut pour l'Italie en général vaut pour Florence en particulier : « La paix et la tranquillité parfaites régnaient partout en Italie : elle était cultivée dans les endroits les plus montagneux et les plus stériles non moins que dans les plaines et les régions les plus fertiles, elle n'était soumise à d'autre empire qu'à celui des siens ; non seulement elle abondait en habitants, marchandises et richesses, mais elle se distinguait superbement par la magnificence de nombreux princes, par la splendeur de nombreuses villes très nobles et très belles, par le siège majestueux de la religion, par la floraison d'hommes excellents dans l'administration de la chose

1. *Ibid.*, p. 46.

publique et d'esprits fort nobles en chaque science, et dans tous les arts éminents et mécaniques ; elle n'était pas non plus, au regard des usages de l'époque, privée de gloire militaire ; ornée à ce point de si nombreux talents, elle jouissait à juste titre auprès de toutes les nations d'une renommée et d'une réputation très éclatantes. Elle était maintenue dans cette heureuse situation, fruit d'occasions variées, par bien des raisons : mais surtout, de l'avis général, on attribuait des louanges non négligeables à l'industrie et à la vertu de Laurent de Médicis, citoyen si élevé au-dessus de la condition privée dans la ville de Florence que c'était suivant son conseil qu'on gouvernait les affaires de cette République, plus puissante par son site favorable, les talents de ses habitants, la quantité d'argent disponible que par l'étendue de son domaine[1]. »

Du jour au lendemain, tout devient confusion : avec le passage de Charles VIII « commencèrent non seulement les mutations d'États, subversions de royaumes, ravages de contrées, ruines de villes, massacres fort cruels, mais aussi nouvelles habitudes, nouvelles mœurs, nouvelles et sanglantes façons de guerroyer, maladies inconnues jusqu'à ce jour[2] ». Les gouvernements italiens auront désormais d'immenses difficultés à inventer un ordre intérieur qui garantisse la paix.

De son côté, Machiavel est moins disert sur le temps du bonheur et sur le temps des troubles que Guichardin. Mais cela ne signifie pas qu'il est moins éprouvé par les événements. Quelques lignes de la *Première décennale*, composée en 1504, dépeignent la descente de Charles VIII en Italie et ses conséquences sur Florence : l'Italie est « piétinée » par les barbares, la Toscane en désordre, et Florence en péril, sous le « fracas des armes

1. *Ibid.*, p. 4.
2. *Ibid.*, I, 9, pp. 63-64.

et des chevaux ». Dans *Le Prince*, il est plus laconique encore, mais le symbole qu'il choisit pour évoquer cette descente est éloquent : l'Italie fut prise avec la craie, dit-il en souvenir des fourriers de Charles VIII qui marquaient sur leur passage les maisons où logeraient les soldats de l'armée française[1].

Dans le camp adverse, la facilité avec laquelle Charles VIII entre en Italie et la traverse ne suscite pas moins l'étonnement. Dans son récit du règne de Charles VIII, Philippe de Commynes met en avant toutes les faiblesses françaises, de l'incompétence royale au manque d'argent, en passant par l'indiscipline de l'armée. Il en conclut que seul Dieu a pu vouloir le succès de la descente de Charles VIII : « Le roi était très jeune, faible personne, plein de son vouloir, peu accompagné de sages gens, ni de bons chefs, et n'avait nul argent comptant ; car avant que de partir ils empruntèrent cent mille francs de la banque de Sauli à Gênes, à gros intérêt pour cent, de foire en foire, et en plusieurs autres lieux, comme je dirai après. Ils n'avaient ni tentes ni pavillons ; et ils commencèrent en hiver à entrer en Lombardie. Une chose avaient-ils bonne, c'était une gaillarde compagnie, pleine de jeunes gentilshommes, mais en peu d'obéissance. Ainsi il faut conclure que ce voyage fut conduit de Dieu, tant à l'aller qu'au retourner ; car le sens des conducteurs, que j'ai dit, n'y servit guère[2]. »

Philippe de Commynes renvoie à la bonne volonté divine pour expliquer la victorieuse descente française en Italie, mais la « gaillarde compagnie » du roi n'y est pas pour rien non plus. Charles VIII arrive en Italie suivie d'une armée nombreuse et puissante pour son époque.

1. *Le Prince*, *op. cit.*, 12, p. 106.
2. COMMYNES (Ph. de), *Charles VIII en Italie, fin du règne, 1492-1498*, extraits publiés par B. ZELLER, Paris, Hachette, 1899, p. 2.

C'est pour une part l'armée française telle que Charles VII l'a réformée entre 1435 et 1450, composée d'une cavalerie d'environ quinze mille hommes, dont la moitié sont des combattants. Ils sont accompagnés de mille deux cents arbalétriers montés et de trois cents chevau-légers armés de javelines, d'une infanterie forte de quatorze mille hommes : des tireurs non-professionnels issus de couches sociales plus modestes, picards, normands, auxquels s'ajoutent des arbalétriers gascons et dauphinois. Des mercenaires français, suisses, italiens et allemands, formés aux nouveaux armements, renforcent ces troupes : arquebusiers, pistoliers, artilleurs, mais aussi hallebardiers et piquiers. L'armée du royaume de France est dotée de quarante pièces d'artillerie, de canons de différentes tailles dont s'occupent près de mille hommes. À cet ensemble déjà conséquent s'ajoute l'armée de mer, composée de quatre cents lances françaises, de deux mille quatre cents cavaliers, dont la moitié sont des combattants et de huit mille gens de pied. Ces quelque quarante mille hommes sont accompagnés de porteurs de bagages, de manutentionnaires, de gens de métier, de cuisiniers, de cantinières, de buandières et de prostituées. Ils déferlent sur l'Italie, suscitant l'effroi par leur nombre et leur force. Les habitants des villes qui résistent, comme Fivizzano, sont massacrés. Nombreuses sont celles qui, de ce fait, préfèrent se rendre à Charles VIII. La « descente » de Charles VIII a bénéficié de plusieurs éléments diplomatiques : en 1494, perçu comme un nouveau Charlemagne ou un libérateur plutôt que comme un envahisseur, il est en outre l'allié du duc de Milan, le protecteur traditionnel des marquisats de Saluce, du Monferrat, du comté d'Asti et de la république de Gênes et peut compter sur la neutralité du duc de Ferrare[1].

1. C'est en ce sens que Fr. VERRIER analyse les guerres d'Italie, in *Les Armes de Minerve – l'humanisme militaire dans l'Italie du XVI^e^ siècle*, Paris, Presses de l'université de Paris-Sorbonne, 1997, pp. 9-10.

Diplomatique ou militaire, la victoire de Charles VIII suscite un véritable traumatisme chez les Italiens. La guerre n'est plus ce qu'elle était : on voit désormais la mort et le sang, alors qu'auparavant les gouvernants italiens avaient accordé un poids prépondérant à la diplomatie et employaient des mercenaires pour mener la guerre à la place de leurs sujets, peu désireux de mourir pour une cité ou un royaume pour lesquels ils ne nourrissaient aucun sentiment patriotique.

La vision d'une Italie mal préparée à la guerre, affaiblie par ses mercenaires, face à une armée française puissante, a eu une portée considérable dans la réflexion de Machiavel. Des mercenaires, il dit le plus grand mal dans *Le Prince*. Les armées « mercenaires » sont désunies, ambitieuses, sans discipline, infidèles et lâches : « La cause de cela est qu'ils n'ont d'autre amour ni d'autre cause qui les tienne au champ qu'un peu de gages, qui ne sont pas suffisants pour faire qu'ils veuillent mourir pour toi. Ils veulent bien être tes soldats tandis que tu ne fais pas la guerre, mais, quand vient la guerre, ou s'enfuir ou s'en aller[1]. » Il n'y a guère plus sévère que Machiavel à l'égard des armées dirigées par des *condottieri* aux ambitions personnelles parfois peu avouables. Mais sa critique est révélatrice de la manière dont ont guerroyé au XV$^{e}$ siècle ces soldats mercenaires, suspendant l'offensive aussi longtemps que possible, faisant des prisonniers plutôt que des morts. Ils ne prennent pas la peine, se scandalise encore Machiavel, de bâtir des palissades ou de creuser des fosses autour de leurs campements et s'épargnent les peines des sièges hivernaux. C'est pour mettre fin à ces armées d'opérette qu'il s'emploiera à partir de 1506 à bâtir une milice florentine et à formuler l'idée d'une armée « propre » à la cité.

---

1. *Le Prince*, *op. cit.*, 12, pp. 105-106.

*L'avènement de la république à Florence*

La vie politique de la cité florentine est bouleversée par l'arrivée de Charles VIII qui, « tel la foudre », parcourt l'Italie « sans résistance aucune[1] ». Lorsqu'il arrive aux portes de la Toscane, il a été précédé par le contingent milanais commandé par Gabriele Malaspino et victorieux à Lunigiana. Florence est alors dirigée par Pierre de Médicis, qui a pris la suite de son père en 1492, accédant comme lui au pouvoir à l'âge de vingt ans. Il refuse dans un premier temps l'accès de la Toscane au roi de France, mais change rapidement d'avis, comprenant sans doute que Charles VIII balayera tout sur son passage. Il se porte au-devant de lui. Le 31 octobre 1494, ils signent un accord : Pierre de Médicis remet à Charles VIII les forteresses de Sarzana, de Sarzanella, de Pietrasanta, Pise et Livourne. Il l'autorise à entrer dans Florence et lui promet un prêt de deux cent mille florins. Lorsqu'il revient à Florence, une semaine plus tard, le jour même où Charles VIII entre triomphalement dans Lucques, il fait face à l'hostilité de la population et des gouvernants. Le 9 novembre, il trouve le palais fermé ; sa tête est mise à prix, comme celle de son frère, le cardinal Jean. Il s'enfuit, tandis que la Seigneurie, après avoir fait préalablement main basse sur la collection médicéenne de médailles, camées et vases précieux, laisse piller le palais des Médicis par les Florentins.

L'explication que propose Guichardin de cette brutale mutation du gouvernement florentin mérite d'être lue : « Dès que parvint à Florence la nouvelle des accords passés par Pierre de Médicis, accords qui causaient une si grande diminution de leur domaine et infligeaient une blessure si grave et si ignominieuse à la république, toute la ville fut soulevée d'une très ardente indigna-

1. GUICHARDIN (Fr.), *Histoire d'Italie*, II, 4, *op. cit.*, p. 124.

tion ; outre une telle perte, ce qui les révoltait était que Pierre, donnant un exemple nouveau jamais vu chez ses ancêtres, eût aliéné, sans l'avis de ses concitoyens, sans aucun décret des magistrats, une partie si considérable du domaine florentin[1]. » Autrement dit, ce soulèvement ne tient pas seulement au fait que Pierre de Médicis a abandonné à Charles VIII une partie du territoire florentin, mais aussi au fait qu'il a pris seul la décision, sans consulter les conseils de la cité. C'est qu'au cours des décennies précédentes, la domination des Médicis semblait n'avoir pu s'établir qu'en raison du soin pris par Cosme, Pierre le goutteux, puis Laurent, de maintenir les apparences d'une vie républicaine à Florence.

Philippe de Commynes rejoint sur ce point la vision de Guichardin en insistant sur la maladresse avec laquelle Pierre de Médicis a gouverné les Florentins, c'est-à-dire sur son incapacité à régner comme l'ont fait son père et son arrière-grand-père, de manière dissimulée, en conservant l'apparence d'une vie républicaine : « Laurent, père de Pierre II, dont nous parlons à cette heure pour le différend qu'il eut contre ceux de Pazzi et autres, dont plusieurs furent pendus, en ce temps-là avait pris vingt hommes pour se garder par commandement et congé de la Seigneurie, laquelle commandait ce qu'il voulait. Toutefois modérément se gouvernait en cette grande autorité (car, comme j'ai dit, il était des plus sages en son temps) ; mais le fils cuidait que cela lui fût dû par raison ; et se faisait craindre, moyennant cette garde ; et faisait des violences de nuit, et des batteries lourdement, abusant de leurs deniers communs. Si avait fait le père, mais si sagement qu'ils en étaient presque contents[2]. » Pierre de Médicis a donc suscité la haine des

1. *Ibid.*, I, 15, p. 80.

2. COMMYNES (Ph. de), *Charles VIII en Italie, fin du règne, 1492-1498*, *op. cit.*, pp. 40-42.

Florentins parce qu'il ne les a pas consultés et a tout cédé aux Français au point que ceux qui traitaient avec lui ont été « ébahis » qu'il accordât « si grande chose et à quoi on ne s'attendait point[1] ».

La suite des événements confirme l'analyse des deux historiens. Dans un premier temps, la fuite de Pierre de Médicis ne semble pas déboucher sur une réforme des institutions. Avec ou sans les Médicis, les grandes familles florentines entendent continuer à gouverner la cité. Le 2 décembre 1494, une assemblée de citoyens, un *parlamento*, se réunit sur la place du Palazzo vecchio, désigne vingt *accopiatori* et leur donne pour tâche de nommer pendant toute l'année suivante les membres de la Seigneurie, du Conseil des Dix et du Conseil des Huit. Les grandes familles florentines souhaitent avant tout la fin de la domination médicéenne. Le *parlamento* qu'elles convoquent, symbole d'une souveraineté assumée en des termes différents de ceux des Médicis, réorganise les magistratures et établit une république présentée comme un retour au « vivre » communal d'avant 1434. Ce « vivre » politique se structure autour de la trilogie liberté-justice-égalité, promue dans les écrits de deux célèbres chanceliers florentins du *Quattrocento*, Coluccio Salutati et Leonardo Bruni : la liberté ne va pas sans la justice et l'égalité, c'est-à-dire sans la soumission de tous les citoyens à une même loi et sans une possibilité identique d'accéder aux charges gouvernementales. Cependant, certains ne se satisfont pas de cette réorganisation dominée par quelques grandes familles florentines ; ils exigent, y compris dans les rangs de l'oligarchie, une ouverture plus large au peuple florentin en matière de participation politique. Ils l'emportent sur les oligarques : le 11 novembre 1494, la république est instaurée à Florence. Ce changement

1. *Ibid.*, pp. 51-52.

brusque et soudain met fin à un peu plus de cent cinquante ans de gouvernement dominé par la famille des Médicis. Pour comprendre la création du Grand conseil, il faut faire entrer en scène, de l'avis des contemporains, un nouveau personnage, Jérôme Savonarole, et ses partisans vite affublés de divers surnoms par leurs ennemis, *Piagnoni* (pleureurs), *Frateschi* (frères), *Collitorti* (hypocrites), *Stropiccioni* (charlatans), *Pinzocheroni* (bigots), etc. Savonarole n'est pas le seul à formuler et à défendre l'institution du Grand conseil à l'époque, mais son argumentation joue un rôle déterminant parce qu'il a donné un sens global aux événements extraordinaires survenus dans la cité et a « mêlé » à son argumentaire « l'autorité divine[1] ».

## *Savonarole, prophète politique*

Savonarole est né seize ans avant Machiavel, en 1453, à Ferrare. Il aurait dû, comme son grand-père Michele, médecin des Este, embrasser la carrière de médecin, mais à vingt-deux ans, il décide d'entrer dans les ordres dominicains. Huit années s'écoulent à Bologne, durant lesquelles il étudie au couvent les écrits des Pères et docteurs de l'Église, notamment ceux d'Augustin, de Thomas d'Aquin, sans oublier Aristote, dont l'œuvre passe à l'époque pour chrétienne. Juste avant son entrée au couvent, en avril 1475, il a rédigé un opuscule intitulé *Le Mépris du monde*, qui promeut une forme de piété mise à la mode par *L'Imitation de Jésus-Christ*, fondée sur le cheminement de l'âme vers Dieu et la vie inté-

1. J'emprunte cette analyse à FOURNEL (J.-L.) et ZANCARINI (J.-Cl.), in *La Politique de l'expérience – Savonarole, Guicciardini et le républicanisme florentin*, Turin, Edizioni dell'Orso, 2002, p. 31. Pour les citations, cf. GUICHARDIN (Fr.), *Histoire d'Italie*, *op. cit.*, II, 2, p. 119.

rieure. C'est au nom de ce mépris, explique-t-il dans une lettre à son père, qu'il entre « dans la religion » et dénonce « la grande misère du monde, l'injustice des hommes, le stupre, les adultères, le brigandage, la superbe, l'idolâtrie et les blasphèmes[1] ». Cette vocation semble ne l'avoir jamais déserté.

En 1482, il se rend à Florence, envoyé par son ordre au couvent San Marco. Sa fonction consiste à exposer les Écritures à ses frères. Sous sa direction, le couvent San Marco, rénové sous Cosme l'ancien et doté d'une riche bibliothèque grâce aux fonds de l'humaniste Niccolò Niccoli, retrouve un dynamisme qu'il avait peu à peu perdu auparavant : Savonarole peut y fréquenter Marsile Ficin, Pico della Mirandola, Oliviero Arduini, Girolamo Benivieni qui viennent au couvent, attirés par la bibliothèque, et forment une *accademia marciana*. Savonarole prêche aussi, dans ces premières années de séjour florentin, hors des murs du couvent, pour les clercs comme pour les laïcs : chez les Bénédictins (couvent des Murate) ou chez les sœurs vallombrosiennes (couvent de Santa Verdiana), à l'église Orsanmichele, située non loin de la place de la Seigneurie, et à l'église San Lorenzo, proche du palais des Médicis. Parfois, son ordre l'envoie hors de Florence, à Bologne, à Ferrare, à San Gimigniano ou en Lombardie, où il prêche durant trois ans, de 1487 à 1490. C'est à la suite d'un conflit avec l'ordre des Franciscains que Laurent de Médicis demande aux Dominicains d'affecter de nouveau Savonarole à Florence. Il veut mettre un point d'arrêt aux critiques dont il fait l'objet depuis qu'il a expulsé un prédicateur franciscain très populaire, Bernardino da Feltre, qui a mené campagne contre les prê-

1. Savonarole, lettre à son père, Bologne, 25 avril 1485, in *Lettere e scritti apologetici, Edizione nazionale delle opere di Girolamo Savonarola*, éd. R. Ridolfi, V. Romano, A. F. Verde, Rome, Belardetti, 1984, pp. 3, 11, 16-19.

teurs juifs. Savonarole s'établit alors définitivement à Florence.

À partir de 1490, le succès de Savonarole va croissant et va se retourner contre le gouvernement de la cité mis en place par les Médicis et leurs alliés. Il prêche désormais face à des publics toujours plus nombreux, dans des lieux toujours plus grands. Son discours est double : il invite à une réforme de l'Église et de l'ordre politique, des mœurs ecclésiastiques mais aussi laïques et place Florence au centre de son projet réformateur. Compte tenu de la limitation du débat politique imposée par la domination des Médicis, il met d'abord l'accent sur la réforme religieuse, imposant une règle de vie monastique très stricte au couvent de San Marco et décrétant son refus de la possession de biens matériels. Devenu entre-temps prieur du couvent, il parvient à lui conférer son indépendance à l'égard de la province dominicaine lombarde en 1493. Lorsqu'il s'adresse aux laïcs, il dénonce la cupidité des citoyens florentins, et lorsqu'il parle aux clercs, l'usage de moyens, comme la censure, l'interdit ou l'excommunication, sans relation avec le salut des âmes. De manière implicite, il accuse les Médicis, partie prenante dans le commerce des bénéfices ecclésiastiques. Mais il a été sans doute protégé, à ce moment, par Laurent de Médicis qui entendait alors se construire une réputation de prince chrétien.

Deux événements vont provoquer une inflexion de sa prédication. Réputé comme saint homme, il est, à partir de 1492, considéré comme un prophète inspiré par Dieu. Les prophéties de Léonard de Vinci sont de facétieuses devinettes[1]. Celles de Savonarole sont politiques, religieuses et associées à des événements dramatiques. Une tempête

1. LÉONARD DE VINCI, *Prophéties facétieuses*, in ALBERTI (L. B.), *Fables sans morale*, trad. et préf. de P. LAURENS, Paris, Les Belles Lettres, 1997.

s'est abattue sur Florence dans la nuit du 5 au 6 avril 1492. La foudre s'abat sur la coupole de Santa Maria del fiore. Le lendemain, Savonarole prédit que Dieu va frapper bientôt, que les tribulations sont en marche et que la réforme de l'Église s'ensuivra. Or, deux jours plus tard, Savonarole bénit Laurent de Médicis sur son lit de mort. Le décès de Laurent est interprété par les Florentins comme un signe divin que Savonarole a su déchiffrer. En 1494, la descente du roi Charles VIII en Italie réalise, selon lui, sa prophétie : « Tu [Florence] sais aussi que deux années ne se sont pas entièrement écoulées depuis que je t'ai dit : "*Ecce gladius Domini super terram cito et velociter*" [voici venir, sur la terre, bientôt et vite, le glaive du Seigneur]. Ce n'est pas moi, mais Dieu qui te l'a fait prédire, et voici qu'il est venu et qu'il vient[1]. » De nombreux Florentins sont alors convaincus par Savonarole.

Après la fuite de Pierre de Médicis, la réputation de Savonarole est telle qu'il fait partie de l'ambassade reçue par le roi de France à Pise. Il salue ce dernier comme « grand ministre de la justice divine ». Grâce à lui, des serments d'alliance sont échangés avec Charles VIII, lorsque celui-ci entre à Florence le 17 novembre. Philippe de Commynes, qui dit l'avoir rencontré, n'a pas sous-estimé son rôle dans la relation que le roi de France a nouée avec les Florentins, malgré le problème pisan. Selon lui, c'est grâce à Savonarole que les Florentins ne se sont pas retournés contre le roi de France : « Il avait toujours assuré la venue du roi (quelque chose que l'on ne dit ni n'écrivit, au contraire), disant qu'il était envoyé par Dieu pour châtier les tyrans d'Italie, et que rien ne pouvait résister, ni se défendre contre lui. Avait dit aussi qu'il viendrait à Pise, et qu'il

1. SAVONAROLE, sermon du 1er novembre 1494, in *Sermons, écrits politiques et pièces du procès*, trad. de J.-L. FOURNEL et J.-Cl. ZANCARINI, Paris, Seuil, 1993, p. 60 (coll. « Libre examen »).

y entrerait, et que ce jour mourrait l'État de Florence ; et ainsi advint ; car Pierre de Médicis fut chassé ce jour ; et maintes autres choses avait prêchées, avant qu'elles advinssent, comme la mort de Laurent de Médicis[1]. »

Quand le roi reprend sa progression vers Naples, Savonarole multiplie les sermons. C'est alors qu'il aborde directement la question de la réforme du gouvernement florentin. Florence est, pour lui, l'élue de Dieu, la nouvelle Jérusalem : « Florence était au milieu de l'Italie, comme le cœur au milieu du corps, [Dieu] a daigné élire cette cité afin que ces choses y soient annoncées et que, grâce à elle, elles se répandent dans les autres lieux, comme nous le voyons présentement par expérience », dira-t-il dans son *Précis de révélations* rédigé en 1495[2]. Le discours de Savonarole se singularise dès lors par cette conception d'un projet de réforme indissociablement religieuse, morale et politique : « Et tu [Florence] comprendras ainsi que Dieu envoie ces tribulations, et que Dieu est le chef de ces armées, et que c'est Lui qui les guide ; aussi, si tu es sage et si tu veux que Dieu t'aide dans ces épreuves, tu feras pénitence de tes péchés ; et puisque je t'ai dit voilà bien longtemps que les tribulations viendraient et que Dieu les enverrait pour purger Son Église de tous ces maux, tu devrais donc me croire désormais, maintenant que tu en vois les effets. [...] Ce sont tes scélératesses, ô Italie, ô Rome, ô Florence, ton impiété, tes fornications, tes usures, tes cruautés, ce sont tes scélératesses qui font venir ces tribulations[3]. » Savonarole entend établir à Florence la

1. COMMYNES (Ph. de), *Charles VIII en Italie, fin du règne, 1492-1498*, *op. cit.*, pp. 112-113.

2. SAVONAROLE, *Compendio di rivelazione*, éd. A. CRUCITTI, Rome, Belardetti, 1974, p. 8. [Cité in *Sermons, écrits politiques et pièces du procès*, *op. cit.*, p. 17].

3. SAVONAROLE, sermon du 1er novembre 1494, *op. cit.*, pp. 58-59.

« république de Jésus-Christ », issue d'une réforme des institutions et des mœurs des citoyens florentins et qui, à terme, rendra possible la réforme de l'Église.

### *Une république chrétienne voulue par Savonarole*

Du point de vue de la réflexion politique, le projet savonarolien présente deux traits originaux : sans doute inspiré par la pensée d'Aristote, il présente une réforme pour un lieu donné à un moment historique spécifique, alors que la pensée politique avait jusqu'à lui développé de manière prédominante une norme du bien-vivre en cité censée valoir en tous temps et en tous lieux. Or, pour lui, Florence doit avoir un régime républicain : « Je t'ai dit, Florence, que le régime d'un chef ne t'est pas naturel, mais te fait violence, et que le régime approprié à ta nature est le vivre populaire et libre, non celui qui repose sur un chef [1]. » D'autre part, sa pensée politique repose sur l'alternative entre république (populaire) et tyrannie, un gouvernement tombant en tyrannie dès qu'il n'est pas républicain. Cette alternative constitue une inflexion importante par rapport au cadre dans lequel la pensée politique s'est développée jusqu'à lui, fondé sur le triptyque des formes de gouvernement distinguées dans l'Antiquité classique (monarchie/aristocratie/démocratie). Tenant compte de la nature de la cité florentine, qu'il considère être propice à un « gouvernement civil », Savonarole prône donc le retour à la forme républicaine de gouvernement et l'ouverture d'un Grand conseil, chargé d'approuver ou de rejeter les lois proposées par

1. SAVONAROLE, prédication VIII, 24 février 1496, in *Edizione nazionale delle opere di Girolamo Savonarola, Prediche sopra Amos e Zaccaria*, éd. de P. GHIGLIERI, vol. 1, Rome, Belardetti, 1971, pp. 216, l, 16-19 [ma trad.].

la Seigneurie, d'élire les principaux magistrats de la cité et de désigner les membres du Conseil des Quatre-Vingts deux fois par an. Ce Grand conseil doit permettre à un nombre plus grand de citoyens florentins de participer à la vie politique et empêcher la formation d'une oligarchie à la manière médicéenne. C'est le garde-fou contre toute dérive vers la tyrannie, comme le souligne le *Traité de frère Jérôme de Ferrare de l'ordre des Prêcheurs sur la façon de régir et de gouverner la cité de Florence*, court traité politique en langue vulgaire rédigé au début de l'année 1498, à la demande du gonfalonier de justice Giuliano Salviati.

Destiné à la diffusion des idées politiques qu'il a développées oralement, dans ses prêches et ses sermons, ce traité explicite son projet de réforme politique, morale et spirituelle pour Florence. Il insiste sur le rôle du Grand conseil, sa composition et son mode de fonctionnement afin qu'aucun citoyen ne puisse se mettre à la tête de la cité et n'ait l'autorité exclusive de distribuer les honneurs et les offices aux autres. La détermination du nombre des membres de ce conseil est délicate : trop petit, il conduirait à la création d'un conseil dont les membres pourraient être corrompus par les liens de la parentèle ou de l'amitié et par l'argent ; trop grand, il déboucherait rapidement sur un désordre licencieux. En outre, le Grand conseil est la garantie essentielle contre la tyrannie, pour autant, ajoute Savonarole, que ses membres y assistent de manière effective. Contre leur possible absentéisme, il recommande un système qui va de l'amende à l'exclusion. À ce discours politique est jointe une recommandation morale et spirituelle de vivre en vue du bien commun, sans cultiver l'amour des richesses, et la conviction, maintes fois répétée, de la destinée exceptionnelle de Florence sous le gouvernement de Dieu.

### *Le discours savonarolien à Florence*

Le succès du discours savonarolien à Florence relève d'un faisceau complexe de causes. Tout d'abord, la réforme de l'Église est un souci partagé par un grand nombre de laïcs et de clercs. Il est formulé bien avant l'entrée en scène de Savonarole. Du côté des laïcs, cette critique est un élément récurrent du discours politique florentin. Plus d'un demi-siècle avant lui, Leon Battista Alberti n'a pas de mots assez durs, dans son *Livre de la famille*, pour critiquer les mœurs des ecclésiastiques : « Les prêtres sont les hommes les plus cupides du monde. Ils rivalisent l'un l'autre à qui aura le plus, non de ce qu'ils devraient avoir, de la vertu et des lettres, mais ils veulent surpasser les autres par la pompe et l'ostentation. Ils veulent de belles montures grasses et ornées ; ils veulent se montrer en public avec une armée de mangeurs ; et de jour en jour, à cause de leur paresse et de leur absence de vertu, leurs penchants se font plus lascifs, plus téméraires et plus inconsidérés. [...] Penses-tu que ce soit royal chez un pontife de se revêtir pour se faire adorer, ainsi qu'un dieu, d'un long manteau de femme, comme en portaient les efféminés et les luxurieux de Babylone ? Penses-tu que ce soit martial de cheminer au milieu d'un bataillon carré escorté d'un long cortège ? Et penses-tu que ce soient des prêteurs véritables, ceux qui, par lucre, s'intéressent aux affaires de parjures, d'usures, de testaments, de mariages, de territoires et d'églises[1] ? » Au début du XV$^{e}$ siècle, après le retour des papes à Rome, la curie est devenue une puissance mondaine. Un siècle plus tard, François Guichar-

1. ALBERTI (L. B.), *I libri della famiglia*, éd. de R. ROMANO et A. TENENTI, revue par Fr. FURLAN, Turin, Einaudi, 1994, Livre II, cité et traduit par A. TENENTI, *Florence à l'époque des Médicis, de la cité à l'État*, Paris, Flammarion, 1968, pp. 115-116 (coll. « Questions d'histoire »).

din écrit qu'elle a oublié le salut des âmes et les préceptes divins, et utilise l'autorité spirituelle à des fins temporelles. Elle vit dans le luxe et la luxure[1].

Du côté des clercs, Savonarole prend aussi appui sur un désir ancien de réforme de l'Église. Ce désir a trouvé un premier lieu d'expression à Florence même, dès le XIe siècle. C'est à Florence que se réunit en 1055 le dernier concile qui réunit le pape, l'empereur, les évêques et les moines réformateurs afin de prendre des mesures concrètes contre les corruptions des ecclésiastiques. C'est encore à Florence, baptisée « nouvelle Bethléem » par Pierre Damien, que l'église de Vallombreuse, liée au mouvement réformateur, est consacrée en 1058, et en Toscane que naît le moine Hildebrand, futur Grégoire VII. La critique du clergé, au XIVe siècle, se nourrit à Florence du danger – réel ou du moins interprété comme tel – d'annexion de la Toscane par la papauté, au moment où celle-ci entreprend de rentrer à Rome. Les Huit de la guerre obligent le clergé florentin à officier, malgré l'interdit du pape, et le contraignent à une forte contribution en argent. Les Franciscains ont été également au XIVe siècle de sévères critiques de la papauté au nom de l'interdit qu'ils s'étaient fixé de posséder des biens propres. Ordre rival des dominicains de San Marco établis à Florence, ils ont donc aussi, bien avant l'arrivée de Savonarole, prêché une réforme profonde des mœurs ecclésiastiques.

Cependant, le succès de Savonarole ne tient pas seulement au fait qu'il partage son souci de réforme de l'Église avec un grand nombre de clercs et de laïcs florentins. Il est aussi dû à sa façon toute personnelle de prêcher. Savonarole cherche avant tout à émouvoir, à ébranler son public à travers des paroles justes et vraies, prononcées sous l'emprise de Dieu et animées par la

---

1. GUICHARDIN (Fr.), *Histoire d'Italie*, *op. cit.*, IV, 12, pp. 330-331.

grâce du Saint-Esprit, la charité et la sagesse divine[1]. C'est pourquoi sans doute les lettrés qui viennent l'écouter à l'église de San Lorenzo, accoutumés à la langue de Dante, de Pétrarque et de Boccace, ne l'apprécient guère : Savonarole prend des libertés avec la grammaire latine classique, il improvise en fonction des réactions de son auditoire, s'attache à rendre clair et simple le texte biblique. À travers ses dialogues et ses mises en scène imaginaires, il entend s'adresser à tous, et non à tel ou tel groupe de clercs et de laïcs. Le plus souvent, il s'adresse à Florence même, l'appelle à la foi dans les épreuves, lui recommande une vie menée selon la loi chrétienne, l'invite à se confier à Dieu, lui rappelle sa destinée spéciale. Il l'interroge, l'interpelle, l'invective, la traite d'ingrate, l'avertit et, au besoin, la menace. Toute la gamme des sentiments est présente dans ses prédications, jusqu'à une véritable déclaration d'amour envers la cité : « Je fais toute chose pour l'amour de toi, Florence, je suis fou de toi et je n'ai cure d'être tenu pour fou parce que je suis amoureux de toi[2]. » Il n'hésite pas alors à évoquer sa propre mise à mort : si Florence ne le croit pas, qu'elle n'hésite pas à le brûler, à le tuer[3].

Enfin, Savonarole affirme quelque chose de familier aux oreilles des Florentins : il n'est pas le premier à dire de Florence qu'elle a une destinée historique spéciale, qu'elle est l'élue de Dieu. La première histoire de Florence, la *Chronica de origine civitatis*, qui compile des

1. FOURNEL (J.-L.) et ZANCARINI (J.-Cl.), présentation de SAVONAROLE, *Sermons, écrits politiques et pièces du procès*, *op. cit.*, p. 9.

2. SAVONAROLE, prédication II, 11 janvier 1495, in *Edizione nazionale delle opere di Girolamo Savonarola, Prediche sopra i salmi*, éd. de V. Romano, vol. 1, Rome, Belardetti, 1969, pp. 33-34.

3. *Ibid.*, cf. aussi la prédication IX, 25 février 1496, in *Edizione nazionale delle opere di Girolamo Savonarola, Prediche sopra Amos e Zaccaria*, éd. de P. GHIGLIERI, vol. 1, *op. cit.*, pp. 249-250.

légendes populaires, des traditions mythologiques et des faits historiques, affirme que Florence est née dans l'Empire romain sous le règne de Jules César, à partir de la fine fleur des Romains. D'emblée, Florence ne se perçoit pas comme une cité parmi d'autres. Au XIVe siècle, les Franciscains contribuent activement à diffuser l'idée que Florence n'est pas, ou pas seulement, l'héritière de Rome, mais qu'elle est par elle-même appelée à jouer un rôle de direction dans l'histoire italienne. Sous Cosme de Médicis, cette vision de Florence fait partie de la rhétorique officielle au XVe siècle, combinée au thème de la concorde civique et du service des citoyens au bien commun.

### *La rébellion de Pise et l'opposition à Savonarole*

L'avènement de la république populaire en 1494 marque le début d'une période riche en événements pour Florence. Charles VIII, après avoir quitté la cité, a repris sa progression vers le sud. Il a atteint Naples sans difficulté. Cependant, Maximilien d'Autriche, l'Espagne, Venise et Milan s'allient contre lui en mars 1495. C'est la Ligue de Venise. Face à cette menace, Charles VIII quitte Naples pour retourner en France, avant de préparer la croisade. Partant en vainqueur, il s'arrête de nouveau à Pise qui le prie de la prendre sous sa protection. Son armée rencontre celle de la Ligue dans le défilé du Taro. Une bataille importante se déroule à Fornoue ; elle tourne à l'avantage de Charles VIII, non sans de nombreuses pertes. Il parvient en France après celle-ci sans autre encombre. Cependant, Charles VIII laisse derrière lui Naples, aux prises avec les Aragonais qui isolent la garnison française par la mer. Celle-ci capitule en juillet 1496. Charles VIII ne peut revenir cette année-là en Italie car Ferdinand d'Aragon le menace en Languedoc.

C'est l'un de ses rivaux qui se rend en Italie au cours de l'été 1496 : Maximilien d'Autriche. Charles VIII finit par établir un accord avec Ferdinand d'Aragon et l'Aragonais de Naples. Il stipule que Charles VIII a la possibilité de faire revenir ses troupes de Naples ou de les y laisser ; mais il n'a pas le droit d'y envoyer du renfort ; les combats sont suspendus jusqu'au 1er novembre 1497. Sa mort, l'année suivante, l'empêche d'entreprendre une autre descente italienne.

L'Italie est pourtant loin d'en avoir fini avec les ambitions françaises. Le cousin de Charles VIII, Louis XII, qui a combattu à ses côtés lors de la campagne de 1494-1495, devient roi de France à sa suite et épouse sa veuve, Anne de Bretagne. Charles VIII, en effet, est mort sans héritier. Petit-fils de Valentine Visconti, Louis XII prend le titre de roi de Sicile et de duc de Milan. Dès 1498, après s'être assuré de l'accord des autres grandes puissances européennes, il organise une nouvelle campagne en Italie, tout aussi rapide et victorieuse que celle de Charles VIII, prenant Venise et Milan, et s'accorde avec l'Espagne pour partager le territoire italien en zones d'influence.

Avant d'affronter cette nouvelle descente française, Florence a fort à faire avec la rébellion de Pise qu'elle tient sous sa coupe depuis presque un siècle. Lorsque la cité a demandé sa protection au roi Charles VIII, il ne l'a pas accordée et a laissé planer le doute. Les Pisans comme les Florentins ignorent, au moment où il remonte en France, qu'il a ordonné à Robert de Balzac d'Entragues, commandant de la garnison française à Pise, de l'abandonner dès qu'il aura quitté l'Italie. C'en est fait, quoi qu'il en soit, de la soumission de Pise à Florence.

Cette rébellion pisane est l'un des motifs sur lesquels l'opposition à Savonarole se cristallise après 1494. Savonarole, qui voit dans le roi de France l'instrument de Dieu pour la réforme de l'Église, tient à maintenir l'alliance avec lui. Aussi n'est-il pas question à ses yeux que Florence se joigne à la ligue antifrançaise. C'est l'occasion pour les *arrabiati*, les enragés, appelés ainsi parce qu'ils refusent la paix et l'union de la cité voulues par Savonarole, de s'opposer ouvertement à lui. Soutenus par les Franciscains, jaloux du succès du prieur de San Marco, ces hommes, la plupart des oligarques privés du pouvoir par l'instauration du Grand conseil et de la possibilité de se venger par la loi sur l'appel de 1495[1], dénoncent en Savonarole le responsable de l'échec florentin à Pise. Ils persuadent le pape Alexandre VI d'empêcher Savonarole de prêcher. Celui-ci se laisse d'autant plus aisément convaincre qu'il cherche à dénouer les alliances italiennes passées par le roi de France et a été irrité par la diffusion d'un résumé des visions savonaroliennes. Dans un premier temps, Savonarole obéit à l'interdit du pape pendant l'hiver 1495-1496. Il substitue cependant au discours oral les écrits de propagande, puis revient à la prédication au moment du carême en 1496.

La position des *arrabiati* conduit toutefois Savonarole à définir une nouvelle conception de la politique : « faire la guerre avec la paix dans le cœur[2] », isoler les ennemis, à défaut de les éliminer, sans abandonner l'espoir de les convaincre. Plus tard, il défend une vision très pragmatique de l'opposition à la république populaire. Ses opposants lui semblent avoir une certaine utilité, car leur simple présence empêche ses propres partisans de

1. Cette loi prévoit la possibilité, pour quiconque se trouve condamné pour des délits politiques, de faire appel devant le Grand conseil, et confère à ce dernier le pouvoir de trancher en dernière instance. Cette loi est destinée à lutter contre les pratiques d'exclusion et de vengeance d'une faction politique à l'égard d'une autre.

2. SAVONAROLE, sermon du 11 octobre 1495, in *Edizione nazionale delle opere di Girolamo Savonarola*, *Prediche sopra i salmi*, V. ROMANO, Rome, Belardetti, 1974, t. II, p. 185.

recomposer de manière insidieuse un parti oligarchique : « J'étais content », affirme-t-il au moment de son procès, « qu'ils restassent un obstacle pour les plus importants de notre parti, car je craignais que, pour finir, ces citoyens importants susnommés ne fussent assez forts pour faire entre eux un gouvernement plus étroit et détruire le conseil commun[1]. »

L'attitude initialement modérée de Savonarole face à ses ennemis politiques s'avère rapidement intenable. En 1497, Pierre de Médicis tente, d'ailleurs en vain, de revenir à Florence et de reprendre le pouvoir. Certains de ses partisans, soupçonnés d'avoir participé à son complot, sont condamnés à mort, bien qu'ils aient fait appel selon la procédure voulue par Savonarole lui-même, mise en place deux années auparavant. La même année, Savonarole est excommunié par le pape qu'il a constamment défié dans ses prêches. L'année suivante, alors qu'à une nouvelle condamnation du pape Savonarole répond par un nouveau bûcher des vanités et appelle les princes chrétiens à organiser un concile pour mettre fin à la corruption de l'Église, les *arrabiati* obtiennent la majorité au Grand conseil en février 1498 et recherchent par tous les moyens l'affrontement violent avec Savonarole.

Ce dernier se dérobe. Plusieurs sermons témoignent de son refus de prendre les armes, de son acceptation d'un échec possible et de sa mort à venir. Au moment où meurt Charles VIII, la domination de Savonarole sur Florence s'achève[2]. Il est arrêté sans résistance dans la nuit du 8 au 9 avril 1498. Soumis au supplice de l'estrapade à plusieurs reprises, il est pendu et brûlé avec deux de ses compagnons, frère Dominique Buonvicini et frère

---

1. SAVONAROLE, cité dans la présentation de J.-L. FOURNEL et J.-Cl. ZANCARINI, in SAVONAROLE, *Sermons, écrits politiques et pièces du procès*, *op. cit.*, p. 28.

2. GUICHARDIN (Fr.), *Histoire d'Italie*, *op. cit.*, III, 15, p. 257.

Silvestre Maruffi le 23 mai 1498 sur la piazza de la Signoria, après avoir affirmé que Dieu lui donnerait la grâce de passer sans blessure au milieu du feu[1]. Une peinture anonyme de son exécution est aujourd'hui exposée au musée San Marco. Elle ne témoigne pas de la foule nombreuse qui y a assisté : autour du bûcher, dont s'échappe une abondante fumée, et sous un ciel chargé, s'affairent quelques porteurs de bois, tandis que discutent, réunis en petits groupes, quelques hommes, parfois attentifs, parfois indifférents, à l'événement qui se déroule sous leurs yeux. Savonarole, l'homme qui a donné à Florence des institutions républicaines, n'est plus. Le régime populaire établi en 1494 va cependant lui survivre quatorze ans.

## *La « ruine » de l'Italie dans l'œuvre de Machiavel*

Machiavel grandit donc en politique dans le double horizon des guerres d'Italie et des prêches de Savonarole. Ces deux aspects sont déterminants pour comprendre son projet politique. Dans le chapitre conclusif du *Prince*, il n'est pas question de Florence, mais de l'Italie et du peuple italien. L'Italie, déclare-t-il dans *Le Prince*, a été, depuis la traversée de Charles VIII, « plus esclave que les Hébreux, plus asservie que les Perses, plus dispersée que les Athéniens, sans chef, sans ordre, battue, spoliée, mise en pièces, courue [...][2]. » Savonarole a accordé à Florence un rôle et un statut particuliers dans sa pensée politique et religieuse et s'adresse le plus souvent à elle. Mais sa prédication du 6 mars 1496 témoigne qu'il nourrissait parfois des vues plus amples, à l'échelle de l'Italie tout entière, et a vu dans son unifica-

1. *Ibid.*, p. 258.
2. *Le Prince*, *op. cit.*, 26, p. 163.

tion la voie de son salut : « Italie, Italie, Italie ! *Omne regnum in se divisum desolabitur* : tout royaume qui est divisé ira à sa ruine. Tu ne veux pas encore comprendre ce que je t'ai dit ; tu veux être divisée ; tu n'as pas encore voulu entendre. Je n'ai pas seulement prêché à Florence, mais à toute l'Italie. Et nous sommes ici établis à Florence parce qu'elle est le cœur de l'Italie ainsi que Dieu l'a voulu, parce que c'est de là que se diffuse la parole qu'entend toute l'Italie, de la même façon que les esprits vitaux se diffusent dans tout le corps à partir du cœur. Je te dis, Italie, je te dis, Italie, tu es divisée ; tu veux demeurer morcelée, et c'est pourquoi tu iras à ta ruine. Rome, Rome ! *Omne regnum in se ipsum divisum desolabitur*. Florence, Florence ! *Omne regnum in se ipsum divisum desolabitur*. Tu ne veux pas encore t'unir, tu ne veux pas faire la vraie paix ; je te dis que tu connaîtras des tribulations[1]. » L'Italie ne correspond à aucune réalité politique à son époque, et pourtant c'est à elle que pensent Savonarole puis Machiavel. Ce dernier, sans partager la dimension religieuse du projet savonarolien, se convainc donc aussi, à cette époque, que seul un territoire unifié sous l'autorité d'un homme, et non un ensemble fragmenté de puissances aux ambitions concurrentes, peut faire face aux invasions « barbares ».

### *Des princes « paresseux »*

De la descente de Charles VIII, Machiavel tire d'autres conclusions. Il réserve un jugement sévère aux princes italiens : s'ils ont perdu leurs royaumes et suscité un tel désastre pour l'Italie tout entière, c'est à cause de

1. SAVONAROLE, prédication XIX, 6 mars 1496, in *Edizione nazionale delle opere di Girolamo Savonarola, Prediche sopra Amos e Zaccaria*, éd. de P. GHIGLIERI, *op. cit.*, pp. 46, 1, 10-24.

leur indolence, de leur paresse, de leur incapacité à vivre ailleurs que dans le présent le plus immédiat et à envisager les temps adverses[1]. Leur politique de l'autruche est cause de la situation présente. Machiavel éprouve alors ce sentiment d'autant plus douloureusement qu'il est convaincu de la vertu du peuple d'Italie, propre à renverser l'ennemi. Le corps est fort : il lui manque un chef pour guider son action. La leçon politique qu'il tire de cet événement complète son analyse militaire : les princes doivent se doter d'« armes propres » et renoncer à l'emploi d'infidèles *condottieri* ; ils doivent aussi apprendre à anticiper les retournements de la fortune et ériger par avance, afin de s'en prémunir, des protections.

Pour formuler une telle leçon, Machiavel se souvient sans doute des expériences menées par Léonard de Vinci au cours des années 1500 en vue de maîtriser et d'infléchir les cours d'eau. Le génial inventeur a en effet cherché à concevoir des barrages destinés à endiguer les crues, et a pu faire des expériences en ce sens en territoire florentin puis à Milan dans la première décennie du XVIe siècle[2]. Machiavel, qui a sans doute rencontré Léonard de Vinci au cours de ses légations auprès de César Borgia lors de ses premières années au service du gouvernement florentin, a suivi personnellement de telles expériences. Pendant l'interminable guerre de reconquête de Pise, Léonard de Vinci avait en effet proposé à Florence de dévier le cours de l'Arno pour le jeter dans le Stagno, ce qui aurait pour effet de mettre Pise à sec et de lui ôter toute communication avec la mer. Machiavel semble s'être laissé convaincre par le projet. Ce dernier ne connut pas de réalisation concrète, mais l'image s'est imprimée dans l'esprit de Machiavel. Lorsqu'il évoque

---

1. *Le Prince*, *op. cit.*, 24, pp. 156-158.
2. LÉONARD DE VINCI, *Le Codex Leicester, l'art de la science*, catalogue établi à partir de la traduction de Carlo Pedretti, Paris, Musée du Luxembourg, 1997.

les mouvements imprévisibles de la fortune, il la compare « à un de ces fleuves dévastateurs qui, quand ils se mettent en colère, inondent les plaines, ruinent les arbres et les édifices, enlèvent un terrain de ce côté, et le placent de cet autre. Chacun fuit devant eux, tous cèdent à leur assaut sans pouvoir y faire obstacle d'aucun côté. Et bien que les choses soient ainsi faites, il n'en reste pas moins que les hommes, quand les temps sont tranquilles, pourraient y pourvoir et avec des abris et des digues, de manière qu'en croissant ensuite, ou ils iraient par un canal ou leur assaut ne serait pas si dommageable, ni licencieux. Il advient de même pour la fortune, qui démontre sa puissance là où on n'a ordonné aucune vertu pour lui résister. Et elle tourne ses assauts là où elle sait qu'on n'a pas fait de digues et d'abris pour la tenir. Et si vous considérez l'Italie, qui est le siège de ces variations et ce qui leur a donné le mouvement, vous verrez qu'elle est une campagne sans digue et sans aucun abri[1] ».

## *Machiavel face à Savonarole*

La pensée de Machiavel est tout aussi marquée par le discours politique et prophétique de Savonarole que par la déroute militaire italienne de 1494. Une lettre du 9 mars 1498, adressée à Riccardo Becchi, l'ambassadeur de Florence à Rome, témoigne de l'analyse politique qu'il développe très tôt, à propos des prêches de Savonarole et de leurs effets sur le peuple florentin. Il a écouté la prédication sur l'Exode des 2 et 3 mars, dans laquelle la nécessité de la prophétie est justifiée par Savonarole au détriment de la raison. Dans cette lettre, Machiavel met en évidence comment, à travers le commentaire de

1. *Le Prince*, *op. cit.*, 25, p. 159.

certains épisodes bibliques, Savonarole met en scène le rapport de forces qui l'oppose à ses adversaires. Il s'intéresse peu à la portée politique de la prédication et semble voir en lui avant tout un manœuvrier : Savonarole s'adapte aux circonstances et compose ses mensonges en fonction de celles-ci, s'attaquant un jour à ses adversaires florentins et le lendemain au pape. Enfin, Machiavel souligne le caractère osé et spectaculaire de ses prêches : prophéties « épouvantables », sermons pleins d'« audace », accusations accablantes[1]. Machiavel ne semble guère avoir d'estime à son égard ; en aucun cas il ne paraît lui accorder un soutien politique.

D'un point de vue personnel, tout oppose sans doute Machiavel à Savonarole. Le premier relate sans vergogne, et pour rire, des aventures érotiques, les siennes ou celles de ses connaissances. Il a recopié, dans sa jeunesse, le poème païen de Lucrèce, *De la nature des choses*, qui invite à n'avoir peur ni des dieux ni de la mort. Bien qu'il soit aujourd'hui enterré dans l'église Santa Croce, aux côtés d'autres Florentins célèbres, il n'est guère réputé pour sa foi. Savonarole, de son côté, invite les Florentins à faire pénitence : « Ô vous qui avez vos maisons pleines de vanités, et d'images, et de choses malhonnêtes, et de livres scélérats, tels le Morgante et d'autres poèmes contre la foi, apportez-les-moi, pour en faire un feu et un sacrifice à Dieu. Et vous, mères, qui parez vos filles, avec tant de vanités, et de superfluités, et de coiffures, apportez-nous tout cela ici, pour le jeter au feu[2]. » En 1497 et 1498, ses « enfants », les *fanciulli del frate*, quêtent de porte en porte cartes et dés, parures et bijoux féminins, livres immoraux, destinés à ali-

1. Lettre du 9 mars 1498, in *Œuvres*, *op. cit.*, pp. 1227-1229.
2. SAVONAROLE, sermon du 1er novembre 1494, in SAVONAROLE, *Sermons, écrits politiques et pièces du procès*, *op. cit.*, pp. 68-69.

menter le bûcher des vanités[1]. Comment Machiavel qui, parmi les burlesques *Statuts d'une société de plaisir* qu'il rédige vers 1504, inclut l'obligation d'« occuper la plupart de son temps à se parer et à se pomponner sous peine pour les contrevenants de n'être jamais regardés par les membres de la société » pourrait se retrouver dans la politique morale de Savonarole ?

Si leurs personnalités semblent fort éloignées l'une de l'autre, le jugement politique que Machiavel porte sur Savonarole s'avère cependant plus complexe que celui formé en 1498. Il est pour une grande part négatif. Alors que Savonarole défend la parole prophétique, qui renforce la croyance en la providence divine et confirme que cette dernière, et non le déterminisme astrologique ou la magie, ordonne le monde et le cours de l'histoire[2], Machiavel déploie une parole politique dans *Le Prince*, les *Discours* et *L'Histoire florentine* aux antipodes de la prophétie. Dans *Le Prince*, c'est sous les traits du vaincu que Savonarole apparaît, à la lumière de sa fin malheureuse sur la piazza della Signoria. Il est un héros négatif : le prophète désarmé. Savonarole est celui qui ne dispose pas ou ne sait trouver la force nécessaire pour mettre en œuvre son projet politique : « [...] tous les prophètes armés vainquirent et les désarmés sont allés à leur ruine. Parce que outre les choses susdites, la nature des peuples varie et il est facile de les persuader d'une chose, mais il est difficile de les faire demeurer en cette persuasion : c'est pourquoi il convient d'être ordonné de manière que, quand ils ne croient plus, on puisse les faire croire de force. Moïse, Cyrus, Thésée et Romulus

---

1. Cf. Plaisance (M.), « Florence : le carnaval à l'époque de Savonarole », in *Les Fêtes urbaines en Italie à l'époque de la Renaissance – Vérone, Florence, Sienne, Naples*, Paris, Presses de la Sorbonne-Nouvelle, 1993, pp. 9-30.

2. Savonarole, prédication du 20 mars 1496, *Edizione nazionale delle opere di Girolamo Savonarola, Prediche sopra Amos e Zaccaria*, éd. de P. Ghiglieri, vol. 2, Rome, Belardetti, 1971, pp. 413-415.

n'auraient pu leur faire longtemps observer leurs constitutions, s'ils avaient été désarmés ; comme il advint dans notre temps à frère Jérôme Savonarole, qui alla à sa ruine avec ses ordres nouveaux, lorsque la multitude commença à ne pas le croire et qu'il n'avait aucune manière pour tenir ferme ceux qui avaient cru, ni pour faire croire ceux qui ne croyaient pas[1]. » Le prince que Machiavel appelle de ses vœux doit tirer les leçons du sort fait à Savonarole et s'inspirer plutôt de César Borgia, dont tous les efforts ont tendu vers la conquête d'une force d'action propre.

Cependant, Machiavel n'a pas toujours mis en doute la dimension prophétique du discours savonarolien. Après la lettre à Riccardo Becchi, Savonarole réapparaît sous la plume machiavélienne dans la *Première décennale*, poème qui fait le récit des événements survenus en Italie et à Florence à partir de la descente de Charles VIII. Machiavel insiste sur l'effet de désunion provoquée par les prêches de Savonarole à Florence, sans nier son inspiration divine[2]. Dans les *Discours*, dont la rédaction croise pour une part celle du *Prince*, Machiavel évoque Savonarole, dont les prêches permettent selon lui d'attester l'existence d'une certaine piété chez les Florentins. Son jugement sur le frère dominicain est, dans ce cadre, extrêmement nuancé puis-

---

1. *Le Prince, op. cit.*, 6, p. 79.

2. *Première décennale* :
*Mais ce qui déplut davantage à un grand nombre*
*et vous jeta dans la désunion, ce fut cette secte*
*qui assujettit votre ville sous son étendard :*
*je veux parler du grand Savonarole,*
*qui, inspiré par la puissance divine,*
*vous enveloppa de ses paroles.*
*Mais, nombre de citoyens craignant*
*De voir peu à peu s'effondrer leur patrie*
*Sous sa doctrine prophétique,*
*On ne trouva d'autre manière de vous réunir*
*Que d'augmenter ou de détruire*
*Ses divines lumières dans un feu plus ardent.*
(Œuvres, op. cit., p. 1016.)

que, après avoir rappelé l'influence qu'il a eue sur le peuple florentin, il affirme ne pouvoir décider si Savonarole s'est en vérité entretenu avec Dieu. Surtout, il en fait un modèle de prédicateur politique, parce qu'il a été capable d'emporter l'adhésion de ce peuple qui « ne se croit ni rustre ni ignorant », afin de réformer les institutions de la cité.

Menteur et dissimulateur, fauteur de désunion, prophète désarmé et immanquablement vaincu, prêcheur charismatique : Savonarole n'a pas une identité stable dans la réflexion de Machiavel. Les différents contextes dans lesquels intervient la figure de Savonarole expliquent pour une part ces variations. Mais elles témoignent surtout qu'au fil des années s'est imposé à l'esprit de Machiavel le critère de la vérité effective de la chose, d'après lequel seuls comptent les effets d'un acte, et non l'intention qui y préside. Ainsi, le sentiment que Savonarole ment lorsqu'il affirme s'entretenir avec Dieu, affirmé en 1498, perd de son importance. Inversement, l'effet politique qu'a sa prédication sur les Florentins acquiert un rôle central. C'est en ce sens que Machiavel peut écrire, dans les *Discours*, que Savonarole persuada le peuple florentin « qu'il s'entretenait avec Dieu » et affirmer renoncer à « décider si la chose était ou non exacte, car on ne doit parler d'un si grand homme qu'avec respect[1] ».

Lorsque Savonarole est brûlé sur la piazza della Signoria, Machiavel a presque trente ans. Sa vie est sur le point de basculer. La famille au sein de laquelle il a grandi est en train de disparaître : sa mère est morte en 1496 ; son père décédera en 1500. Il fondera peu après son propre foyer, en épousant Marietta Corsini. En 1498, un mois après l'exécution publique du frère dominicain, il est élu secrétaire de la seconde chancellerie de Florence, puis secrétaire des Dix de la liberté et de la paix. Machiavel devient alors un observateur actif des « choses modernes ».

1. *Discours*, *op. cit.*, I, 11, p. 215.

## Chapitre III

# AU SERVICE DE LA CHANCELLERIE FLORENTINE (1499-1504)

« Exécuter avec fidélité une mission est facile à quiconque est bon citoyen, mais l'exécuter avec efficacité est plein de difficultés. [...] Font aussi grand honneur à un ambassadeur les dépêches qu'il écrit à ses mandataires : dépêches qui peuvent concerner trois choses : les affaires en cours, les affaires bel et bien conclues et les affaires à survenir, et de celles-ci deviner juste[1]. »

### *L'élection de Machiavel*

Fin 1497, meurt Bartolomeo Scala, grand érudit et secrétaire de la république florentine. Il est remplacé en février 1498 par Marcello Virgilio Adriani à la charge de chef de la première chancellerie. En février 1498, Machiavel fait une première tentative pour être élu et engagé comme fonctionnaire public à Florence. On lui

1. Lettre du 23 octobre 1522 à Raffaello Girolami, à l'occasion de son départ pour l'Espagne auprès de l'empereur, in *Lettres familières*, II, *op. cit.*, pp. 453-454.

préfère alors la candidature d'Antonio della Valle[1]. C'est peu après qu'il écrit à l'ambassadeur florentin à Rome, Riccardo Becchi[2], les récits des prêches de Savonarole, récits qui ont peut-être contribué à le faire connaître et juger favorablement des anti-savonaroliens. Machiavel est en effet plus heureux après l'exécution publique de Savonarole. Parmi les noms présentés au collège des requêtes pour remplacer Alessandro Braccesi, savonarolien élu à la seconde chancellerie, le choix se porte sur celui de Machiavel. Il est élu à la majorité des voix et son élection est confirmée par le Conseil des Quatre-Vingts et le Grand conseil. Le 19 juin 1498, il devient donc secrétaire de la seconde chancellerie. Le 14 juillet, il est en outre nommé par la Seigneurie secrétaire des Dix de la liberté et de la paix, qui supervisent l'activité militaire et diplomatique. C'est le début d'une carrière au service du gouvernement florentin qui dure autant que le régime républicain établi en 1494, jusqu'au retour des Médicis en 1512. Au cours de ces années « ni perdues ni jouées[3] », Machiavel occupe des fonctions relatives aux affaires étrangères, mais aussi au gouvernement intérieur de Florence. Il faut dire qu'à l'époque la division du travail gouvernemental et administratif est moins stricte et compartimentée qu'aujourd'hui. Les départements ne sont pas étanches les uns aux autres, a fortiori à un moment où la politique internationale a des effets directs sur le gouvernement intérieur de la cité.

---

1. Les événements qui conduisirent à l'engagement de Machiavel sont reconstruits par Rubinstein (N.), « The Beginnings of Niccolò Machiavelli's Career in the Florentine Chancery », in *Italian Studies*, 11, 1956, pp. 72-91. Cf. aussi la *Vita di Machiavelli* de R. Ridolfi.

2. Sur R. Becchi et sa position dans la succession des événements qui conduisirent à la mort de Savonarole, cf. Ridolfi (R.), *Vita di Girolamo Savonarola*, Rome, Belardetti, 1952.

3. Lettre à Francesco Vettori, 10 décembre 1513, in *Le Prince*, trad. de J.-L. Fournel et J.-Cl. Zancarini, *op. cit.*, p. 533.

L'élection de Machiavel est dans une certaine mesure inattendue car il est alors un homme peu connu et jeune. En devenant secrétaire de la seconde chancellerie, il prend sous sa direction des hommes plus mûrs, qui ont aussi plus d'expérience que lui dans les affaires publiques. En outre, son bagage culturel contraste fortement avec celui des hommes qui ont occupé ou occupent des charges gouvernementales. Par exemple, le chancelier Marcello Virgilio Adriani, né en 1464, a été le disciple de Poliziano et de Landino. Il connaît le grec, le latin, la médecine et les sciences naturelles. C'est un bon orateur, capable d'improviser en latin. Malgré ses responsabilités à la chancellerie, il ne quittera d'ailleurs jamais sa fonction de professeur de littérature au Studio fiorentino[1]. Machiavel est le fils d'un homme de loi, mais il est lui-même dépourvu de formation juridique. Il est choisi au détriment d'un notaire et d'un maître à l'Université, orateur et professeur d'éloquence, pour occuper un poste généralement réservé aux humanistes ou aux notaires. Toutefois, le poids de l'origine sociale et de l'éducation ne doit pas être surestimé dans ces élections : Bartolomeo Scala, chancelier de Florence de 1465 à sa mort en 1497, était lui-même le fils d'un meunier de province. Il avait certes fait quelques études (poésie, art oratoire, droit), mais ce qu'il déclara à Poliziano en 1494, Machiavel aurait pu tout aussi bien le dire : « Je suis venu à la république nu, pourvu d'aucun avantage, issu de basse extraction, très confiant mais sans argent, sans réputation, sans patron ou clientèle[2]. » Dans cette élection, Machiavel a sans doute bénéficié d'une réputation antisavonarolienne et de l'image d'un homme sérieux, fiable et compétent. Certains appuis, notamment de celui

1. Son travail majeur est la traduction de l'*Ars medica* de Dioscoride, publiée en 1518 et dédiée à Léon X.

2. POLIZIANO, *Opera omnia*, Lyon, 1533, pp. 393-394.

de Marcello Virgilio Adriani, ont pu également jouer leur rôle. Les réformes du fonctionnement de la chancellerie menées par Bartolomeo Scala, qui estimait que deux hommes étaient nécessaires au gouvernement des Florentins : le premier chancelier, « un homme prudent et érudit », et un « scribe » notaire en charge de proposer et de rédiger avec des assistants les réformes (réforme de 1483), ont également rendu possible une telle élection : Machiavel était tout à fait susceptible de remplir le second rôle.

*Premières missions en Italie*

En entrant chaque jour dans la cour du palais de la Seigneurie, Machiavel pouvait admirer le *David* de Verrocchio et les statues installées avant l'avènement du régime républicain, désormais ornées de messages politiques, comme la *Judith* de Donatello, devenue sous la république un « *exemplum salutis publicae* ». L'intérieur du palais était lui aussi chargé de symboles politiques et religieux : la salle de la Seigneurie, ou « *sala dei Gigli* », redécorée par Ghirlandaio, était ornée de rosettes de fleur de lis, symbole de la maison des Anjou, d'une frise représentant les lions de Florence tenant des couronnes qui entourent la cité, le peuple et le parti guelfe, ainsi que saint Zenobius, l'un des patrons de la ville, entouré de saint Eugène et de saint Crescientius. Le premier consul Brutus, Mucius Scaevola, Camille, Decius Mus, Scipion l'Africain, Cicéron, plusieurs citoyens romains considérés comme des exemples de vertu civique apparaissaient également sur ses murs. La chambre d'audience reprenait partiellement ce symbolisme, à la fois politique et religieux, offrant de nouveau aux regards des têtes de lion et la croix du peuple, tout comme la salle du Dugento, où figuraient, outre les têtes de lion et la croix du peuple, le lis florentin et les clés de saint Pierre. Cette salle accueillait également un autel sur lequel Filippino Lippi représente la Vierge avec les patrons de Florence, saint Jean-Baptiste, saint Victor, saint Zenobius et saint Bernard. Le mur qui séparait la salle de la Seigneurie et la salle du Dugento accueillait quant à lui une représentation de la justice, de saint Jean-Baptiste, de Dante et Pétrarque avec leurs œuvres.

Machiavel n'aura cependant guère le loisir de contempler ces fresques, tableaux et statues. Son secrétariat consiste d'abord en un travail de bureau : lire les lettres, les classer, préparer et copier les réponses. Cependant, moins d'une année après son élection, Machiavel quitte cette position sédentaire et commence, envoyé par son gouvernement, à chevaucher l'Italie pour remplir des missions diplomatiques qui se succèdent presque sans interruption à partir de 1499. À ce moment-là, le gouvernement florentin cherche avant tout à soumettre la rébellion de Pise. Mais cette rébellion a lieu dans un contexte où les menaces se multiplient de part et d'autre : si Lucques demeure neutre, Gênes et Sienne lui sont hostiles ; Venise, Milan et la papauté ne sont pas sans prétention territoriale. En particulier, Venise, véritable vainqueur de Fornoue, parvient à occuper au cœur du territoire florentin Bibbiena et plusieurs châteaux, et renie rapidement le compromis établi avec Florence sous l'égide du duc de Ferrare après cette occupation, pour s'engager dans une autre opération. La Sérénissime s'allie en février 1499 à la France (ligue de Blois), pour la conquête de Milan, alors dirigée par Ludovico Sforza. Enfin, la révolte pisane s'inscrit dans un contexte d'internationalisation des conflits : Louis XII réitère le geste de Charles VIII. À sa suite, Ferdinand le Catholique, Henri VIII, les cantons suisses et Maximilien de Habsbourg cherchent à pénétrer dans le territoire italien.

Au cours de ces mois d'inquiétude et d'incertitudes, Machiavel est d'abord envoyé en mars 1499 auprès de Jacopo d'Appiano, seigneur de Piombino, *condottiere* au service de Florence qui réclame une augmentation de solde et des troupes plus nombreuses. Machiavel a pour mission de lui rappeler ses engagements envers Florence et de l'assurer de la fidélité de la cité. Les instructions qui lui sont données témoignent de manière éloquente de l'art diplomatique florentin pratiqué ces années-là, tout en demi-teintes et vérités voilées : « Tu lui exposeras ainsi que notre plus cher désir est de satisfaire en toutes choses Sa Seigneurie ; tu lui diras que nous savons bien la fidélité et l'affection qu'elle a toujours montrées pour notre République et que nous en faisons le plus grand cas. Tu useras alors de belles paroles pour le convaincre de nos bonnes intentions [...] mais cela avec des mots assez vagues pour qu'ils n'engagent à rien[1]. »

Machiavel est ensuite envoyé en juillet 1499 auprès de Caterina Sforza, comtesse d'Imola et de Forlì. Il était en effet essentiel à Florence de s'assurer de sa neutralité, voire de son alliance, dans la mesure où son territoire était traversé par des axes stratégiques conduisant du nord au centre et au sud de l'Italie. Charge à lui de négocier aussi avec cette forte personnalité l'achat de munitions, le recrutement de fantassins et le maintien de son fils Riario comme *condottiere* au service de Florence. Sa seconde mission est un échec : Catherine subordonne en effet son alliance à une *condotta* pour son fils Ottaviano et la garantie territoriale de son État par Florence. Cette dernière lui accorde la *condotta*, mais refuse d'accorder la garantie, susceptible de déplaire au pape. Machiavel revient à Florence le 1er août. Tandis que les négociations se poursuivent avec la belle Catherine et aboutissent peu après à un accord, Machiavel est absorbé par

1. *Lettres familières*, *op. cit.*, I, 24 mars 1499, p. 12.

une autre affaire : la reconquête de Pise et l'attitude du *condottiere* Paolo Vitelli qui, alors qu'il semblait être sur le point de reconquérir la ville, n'a pas donné l'assaut final. La Seigneurie florentine le soupçonne de trahison ; Machiavel lui-même en est convaincu. Vrai ou faux, le *condottiere* est décapité sur ordre des Dix le 27 septembre 1499 et ces derniers, complètement déconsidérés par l'échec du siège de Pise, sont dissous.

Quand il écrit *Le Prince*, Machiavel passe sous silence cette décision du gouvernement florentin. Mais l'exemple n'a pas été oublié. Il apparaît, au chapitre 12, sous les traits d'un *condottiere* au service de Venise : Carmagnola. Ce dernier est mis à mort peu ou prou pour les mêmes raisons que Paolo Vitelli : « Et au début de leur expansion en terre ferme [...] ils [les Vénitiens] n'avaient pas beaucoup à craindre de leurs capitaines. Mais comme ils s'étendirent, ce qui fut fait sous Carmagnola, ils aperçurent cette erreur : parce que l'ayant vu très vertueux, pour avoir battu sous son gouvernement le duc de Milan, et ayant d'autre part connaissance qu'à la guerre il allait refroidir, ils jugèrent ne plus pouvoir vaincre avec lui, parce qu'ils ne voulaient pas, ni ne pouvaient lui donner congé, pour ne pas reperdre ce qu'ils avaient acquis : c'est pourquoi ils furent dans la nécessité, pour s'en assurer, de le tuer[1]. »

De Paolo Vitelli, il est également question : Machiavel ne regrette aucunement la décision des Dix, jugeant qu'en s'emparant de Pise, le capitaine de guerre aurait eu les cartes en main pour soumettre Florence à son pouvoir[2]. La deuxième mission, auprès de Caterina Sforza, est le début d'une longue réflexion sur la reconquête de Pise. On en connaît généralement l'ultime formulation, froide et implacable, c'est-à-dire la recommandation de

1. *Le Prince*, *op. cit.*, 12, pp. 108-109.
2. *Ibid.*, p. 108.

détruire les cités conquises qui ont vécu, auparavant, dans la liberté et selon leurs propres lois : la liberté, en effet, ne se laisse jamais oublier ; elle est un ferment puissant de soulèvement, dès que ses habitants entrevoient une possibilité de se rebeller[1]. En 1499, Machiavel est encore loin de tirer une leçon aussi épurée et générale. La reconquête de Pise n'est pas encore un exemple ou un cas d'école, mais un problème particulièrement épineux pour le gouvernement florentin. Elle le restera encore dix ans.

## *Des rapports remarqués*

Dès ce moment, Machiavel fait plus que répondre aux interrogations de son gouvernement en envoyant missives et rapports depuis le lieu de ses missions. Il rédige un *Discours sur les affaires de Pise destiné aux Dix*, véritable discours de la méthode politico-militaire en vue de la reconquête de Pise[2]. Son esprit d'analyse s'y déploie déjà de manière subtile. Passant sur la nécessité – évidente à ses yeux – de la sujétion de Pise à Florence, il en vient à la description des moyens de sa reconquête : Pise reviendra à Florence par la force ou l'amitié. L'expérience montre, selon lui, que la seconde option est peu probable. L'usage de la force s'impose donc à Florence. Dans cette optique, Florence doit de nouveau effectuer un choix : siège ou assaut. Afin d'évaluer les avantages de chaque voie, Machiavel estime les forces en présence, celles de Florentins et de leurs alliés, la topographie, le type d'armes utilisées, les dépenses envisageables, considère l'avis des *condottieri*, pour aboutir

1. *Ibid.*, 5, pp. 74-75.
2. Ce discours est traduit sous le titre de *Discours aux Dix sur les affaires de Pise*, in *Œuvres*, *op. cit.*, pp. 15-17.

à la conclusion suivante : Pise se rendra si, dans un premier temps, les Florentins l'assiègent et vident la cité de ses hommes en autorisant à sortir quiconque le désire, voire en payant les habitants pour qu'ils sortent et, dans un second temps, assaillent la cité affaiblie par le siège et le départ de nombreux défenseurs. Machiavel raisonne déjà selon un mode que l'on retrouvera de manière récurrente dans les œuvres écrites au cours des années 1510 : proposant des alternatives, examinant, branche par branche, les options possibles pour aboutir, de manière apparemment nécessaire, au choix de l'une d'entre elles.

C'est aussi à cette époque que Machiavel franchit pour la première fois les frontières de la Toscane et de l'Italie. Il est envoyé en mission en France, au début de l'été 1500. À la demande des prieurs, il y part en compagnie de Francesco Della Casa, tous deux au titre de légats extraordinaires, afin d'obtenir une aide effective de la France dans la reconquête de Pise. C'est qu'un nouvel assaut a échoué, sous les yeux mêmes de Machiavel, de manière pitoyable : l'armée florentine, renforcée par des troupes du roi de France, a assiégé la cité rebelle ; les mercenaires suisses et gascons ont réclamé une augmentation de leur solde et ont fait prisonnier leur capitaine, au moment même de lancer l'assaut.

Une fois arrivés à Lyon, Machiavel et Della Casa sont informés des humeurs de la cour et des manières à y adopter par les ambassadeurs florentins déjà présents en France, Francesco Gualterotti et Lorenzo Lenzi. Puis, le 30 juillet, ils partent à la recherche de la cour qui se déplace au sein du royaume de France, en tentant d'éviter les zones atteintes par la peste. Ils la rejoignent à Nevers et, à partir de là, sillonnent le territoire avec elle. À partir du 20 septembre, Della Casa se plaint d'être indisposé et quitte la cour pour Paris, laissant Machiavel négocier seul. Le roi et le cardinal de Rouen, l'un des conseillers du roi, se montrent peu sensibles au récit des Florentins. C'est un dialogue de sourds : du côté florentin, on accuse la France de ne pas respecter ses engagements d'alliée ; du côté français, on accuse Florence d'être responsable de l'échec militaire à Pise, de ne pas avoir correctement payé les mercenaires et de les avoir insuffisamment ravitaillés, de n'avoir pas accepté le capitaine choisi par la France ; l'on se plaint aussi de ne pas recevoir un véritable ambassadeur.

Florence, cependant, change bientôt de politique vis-à-vis du roi de France. César Borgia, grâce à l'argent du pape, son père, commence en effet ses menées militaires en Italie. Au début du mois de novembre, face à la nouvelle menace qu'il représente, Florence décide d'envoyer en France Francesco Tosinghi, comme ambassadeur, pourvu que Louis XII intime à Borgia l'ordre de ne rien faire au détriment des Florentins. Machiavel peut donc revenir à Florence en janvier 1501. Entre-temps, les Dix ont été reconstitués et il entre de nouveau à leur service. Machiavel et Della Casa ne sont pas parvenus à fléchir le roi de France. Mais sa mission n'est pas perçue pour autant comme un échec : Florence n'est pas, de toute façon, en position de force ; les rapports de Machiavel ont été appréciés pour leur finesse et leurs qualités d'analyse et de jugement.

### *La rencontre avec César Borgia*

Pendant la légation de Machiavel en France, les partis adverses des *Panciatichi* et des *Cancellieri* sont entrés en lutte à Pistoia, au point de rendre la situation difficilement contrôlable par les Florentins. Pise résiste encore et toujours. L'entreprise de conquête menée par César

Borgia suit son cours victorieux. Dans ce contexte, le gouvernement florentin trouve rapidement à employer les qualités de Machiavel en mission. Deux semaines après son retour, au début de l'année 1501, il est envoyé à Pistoia. Il y reviendra en juillet, lorsque la cité, après avoir été soumise par la force en avril, s'embrasera de nouveau en profitant du passage de César Borgia en Toscane, parvenu jusque sous les murs de Florence[1]. En 1502, il est encore mobilisé sur le territoire toscan : en février, il est envoyé quelques jours non loin de Florence, près de Carmignagno, pour mater des compagnies rebelles. Il revient à Pistoia et voit la cité se déchirer sous l'opposition des factions et l'agitation gagner son territoire. Au cours de l'été, on lui confie, aux côtés de l'évêque de Volterra, Francesco Soderini, une mission importante : rencontrer César Borgia.

César Borgia a six ans de moins que Machiavel. Fils de Vannozza Cattanei et de Rodrigo Borgia, il est né en 1475. Son père a été élu pape sous le nom d'Alexandre VI l'année où est mort Laurent de Médicis, en 1492. La famille aragonaise des Borja, puis Borgia, selon la manière italienne, est bien installée dans l'Église depuis l'élection de l'oncle d'Alexandre VI, Alonso, comme cardinal en 1444. Alexandre VI, au cours de ses onze années de règne, assume le rôle de représentant de Dieu sur la terre, tout en développant une intense action politique et militaire destinée à asseoir le pouvoir temporel de la papauté. Ce n'est pas une politique inédite de la part de la papauté. Toutefois, selon Machiavel, les papes précédents n'étaient jamais parvenus aussi bien à cette fin. Jusqu'en 1492, personne ne craignait le pouvoir du pape. Tout change avec lui : « Ensuite surgit le pape Alexandre qui, de tous les pontifes qui ont jamais été,

1. *Rapport sur les actions entreprises par la république de Florence pour pacifier les factions de Pistoia*, in *Œuvres*, *op. cit.*, p. 19.

montra combien un pape, et avec de l'argent et avec les forces, pouvait l'emporter[1]. »

Lorsque Louis XII accède au trône de France, César Borgia, alors archevêque de Valence, demande à son père – et l'obtient – son retour à l'état laïque. Il se rend en France au cours de l'été 1498, y reçoit le titre de duc du Valentinois et épouse la sœur du roi de Navarre, Charlotte d'Albret. À partir de là, « instrument » d'Alexandre VI[2], il entreprend de rétablir la domination de son père dans les territoires pontificaux. Cette première entreprise militaire est un succès : en 1500, il a reconquis l'ensemble de ces territoires, ainsi que la Romagne, et se voit décerner par son père, en récompense, le titre de gonfalonier de l'Église romaine, capitaine général du Saint-Siège, et la rose d'or. L'année 1500 est pour Rome celle du jubilé, prolongé jusqu'en 1501 en raison de l'affluence des pèlerins. En juin 1501, après que son père a autorisé la campagne de Naples menée par les Français et les Espagnols, César Borgia s'est lancé à l'assaut de Faenza, Elbe et Piombino. Ce faisant, il a provoqué la révolte d'Arezzo, aidé par Vitelozzo Vitelli, le frère de Paolo Vitelli, le *condottiere* que Florence a décapité. Puis César s'est rendu maître de Cortone et de Borgo San Sepolcro. Enfin, il s'est emparé d'Urbino au début de l'été 1502.

Lorsque Francesco Soderini et Machiavel rencontrent ce prince conquérant, fort de ses multiples succès, ils s'entendent dire que Florence devrait changer de gouvernement. Les émissaires sont dans une position de faiblesse. Leur cité est entourée d'ennemis, d'alliés peu sûrs et de rebelles. Toutefois, face à Borgia, l'alliance de Florence avec la France remplit son rôle : Louis XII exige que Vitellozzo Vitelli, alors au service de Borgia,

1. *Le Prince*, *op. cit.*, 11, p. 103.
2. *Ibid.*

se retire d'Arezzo et ne soutient pas le désir de Borgia de voir le gouvernement florentin changer. Machiavel effectue alors des allers-retours entre Urbino et Florence pour rendre compte des négociations à son gouvernement, puis est envoyé à la fin du mois d'août à Arezzo pour maîtriser la rébellion.

## *Une carrière bien lancée*

Au cours de cette période, pendant l'été de 1501, Machiavel a épousé Marietta Corsini, dont la famille, bien établie et influente à Florence, connaît la sienne depuis plusieurs décennies. La famille Corsini possède également des terres à San Casciano, et se dit, comme celle des Machiavel, du *popolo* de San Felice in piazza. Machiavel trouve par ailleurs, du point de vue professionnel, un appui solide en la personne du nouveau gonfalonier. La Seigneurie a décidé de pérenniser la fonction du gonfaloniérat et l'attribue à Piero Soderini, frère de l'évêque avec lequel Machiavel a accompli plusieurs missions pour Florence. Le nouveau gonfalonier apprécie Machiavel, ses qualités de jugement et d'homme d'action. Le 18 octobre 1502, l'ami et collègue de Machiavel, Biaggio Buonacorsi, lui écrit pour témoigner de l'affection et de l'estime du gonfalonier à son égard : « Tous les jours, quatre ou six fois, je rends visite au nouveau gonfalonier qui nous semble bien acquis ainsi que monseigneur son frère ; aujourd'hui, il m'a demandé de vos nouvelles et m'a dit vous aimer plus que tous[1]. » Ainsi la carrière de Machiavel semble-t-elle assurée, pour autant que le gouvernement républicain parvienne à faire face aux velléités de retour des Médicis et aux ambitions des Borgia.

1. *Lettres familières*, I, *op. cit.*, p. 211.

### *Échec de la reconquête de Pise et succès de Borgia*

Cette période est riche d'enseignements politiques pour Machiavel en matière d'action contre les sujets insoumis. Pise tout d'abord : les échecs répétés de Florence dans sa tentative de reconquête ont fini de le convaincre de la nécessité d'une armée propre. Les mercenaires ont été, à plusieurs reprises, cause de l'impuissance florentine face à l'insoumission de Pise. Ces épisodes s'ajoutent à l'expérience des années précédentes et déboucheront quelques années plus tard sur un projet d'organisation d'une milice florentine. Pistoia et Arezzo ensuite : il faut à tout prix éviter qu'elles ne deviennent pour Florence d'autres Pise.

À Pistoia, en particulier, le danger est d'autant plus pressant qu'à nouveau en 1502 des désordres sont survenus, contraignant les Florentins à intervenir par la force au cours du printemps. Machiavel s'est tout d'abord efforcé de rendre compte des événements de manière aussi précise que possible dans un *Rapport sur les actions entreprises par la république de Florence pour pacifier les factions de Pistoia*[1]. Il a aussi, dès 1502, suggéré des mesures à prendre pour soumettre la ville de manière définitive et rétablir l'ordre d'un bon gouvernement : réintégrer dans la ville ceux qui souhaitent la paix, bannir les autres, anéantir les factions en lutte et éliminer toute trace les rappelant au souvenir des habitants de Pistoia, « qu'elles changent d'armoiries et de nom, au prix des peines que l'on jugerait adéquates[2] », condamner sévèrement tout désordre, organiser un gou-

---

1. *Rapport sur les choses faites par la république florentine pour pacifier les factions dans Pistoia*, sans date ni signature, mais de la main de Machiavel, peut-être de mai 1502. Cf. *Lettres familières*, I, *op. cit.*, pp. 155-157.

2. *Des affaires de Pistoia* [*De rebus Pistoriensibus*, 1502], in *Œuvres*, *op. cit.*, p. 21.

vernement populaire, rendre les biens spoliés, faire administrer par des personnes fidèles à Florence le territoire de Pistoia. Enfin, selon Machiavel, tous les habitants de Pistoia et de son territoire devraient être impliqués dans cette politique : « Que l'on condamne quiconque donnerait abri à un quelconque banni, exilé ou rebelle de la ville, du territoire, de la montagne et du district de Pistoia, et que l'on oblige pour cela la commune de ceux qui donneraient cet abri, afin que chacun soit vigilant et attentif en cette affaire[1]. » Ce sont là, déjà formulées et appliquées à une situation concrète, des idées qu'il développera, en des termes plus généraux, dans les œuvres rédigées au cours des années 1510.

La réflexion politique et militaire de Machiavel, sans cesse sollicitée au début de ce siècle, va franchir une nouvelle étape à la fin de l'année 1502. Un facteur majeur de cette évolution est la seconde légation auprès de César Borgia, longue de plusieurs mois, qui commence après les missions à Arezzo et s'achève au début de l'année 1503. Elle lui permet de côtoyer celui qui, seul, sera présenté dans *Le Prince* comme un homme capable de libérer l'Italie des barbares[2]. Tout comme les petits seigneurs dont Borgia a usé jusqu'à maintenant, le gouvernement de Florence craint ses menées, bien que Borgia ne se dise pas ennemi de Florence. Machiavel est envoyé à ses côtés afin de surveiller ses faits et gestes et de percer à jour ses intentions. Il s'installe donc à Imola auprès de Borgia, auquel Louis XII vient de donner son accord pour poursuivre son entreprise militaire.

Au cours de cette légation, Machiavel est témoin de deux actions spectaculaires. Il en fera de véritables cas d'école politique dans *Le Prince*. Borgia avait placé à la

1. *Ibid.*, p. 23.
2. *Le Prince*, *op. cit.*, 26, p. 163.

tête de la Romagne, récemment conquise, Remirro d'Orca, chargé d'y rétablir la paix civile, l'ordre et l'obéissance aux lois. Peu regardant sur les moyens de sa politique, ce gouverneur, doté des pleins pouvoirs, s'était attiré une réputation de cruauté. Afin de ne pas payer les conséquences de la politique d'Orca et de démontrer à la fois sa fermeté et sa bonté d'âme, Borgia le fait assassiner et abandonne son corps sur la place de Cesena : « Et l'occasion prise là-dessus, il le fit, à Césène, un matin, mettre en deux morceaux sur la place, avec un morceau de bois et un couteau sanglant à côté ; la férocité d'un tel spectacle rendit ces peuples en même temps satisfaits et stupides[1]. »

L'autre épisode, tout aussi sanglant, confirme la devise inscrite sur les drapeaux de l'armée de Borgia, *aut Caesar aut nihil* : c'est l'assassinat, par surprise, des barons susceptibles de s'opposer à ses ambitions politiques et militaires. Machiavel est revenu à plusieurs reprises sur cet épisode, afin de mettre en valeur les différentes significations politiques qu'il avait à ses yeux. Dans la *Description de la manière employée par le duc de Valentinois pour faire tuer Vitellozzo Vitelli, Oliverotto da Fermo, le Seigneur Pagolo et le duc de Gravina-Orsini*[2], Machiavel se montre frappé par la manière dont la situation s'est retournée en faveur de Borgia et par la patience mêlée d'audace dont ce dernier a fait preuve au cours des mois passés, gagnant peu à peu la confiance de ceux qu'il envisage d'éliminer. Ces derniers avaient fait alliance contre lui et suscité la révolte d'Urbino. L'occasion de mettre fin à l'entreprise de Borgia semblait alors trouvée : « À la nouvelle de la révolte

1. *Ibid.*, 7, p. 85.
2. Ce texte est vraisemblablement composé au même moment que *Le Prince* et non au moment des événements. Cf. à ce propos : Richardson (B.), « Per la datazione del Tradimento… », in *La Bibliofila*, LXXXI, 1979, pp. 75-85.

d'Urbino, les membres de l'Assemblée pensèrent qu'il ne fallait pas manquer cette occasion, et, après avoir réuni leurs troupes, ils se mirent en marche pour enlever toutes les places de cet État qui auraient pu rester entre les mains du duc[1]. » Cependant, Florence refuse de participer à la guerre contre Borgia et lui offre même son secours. C'est d'ailleurs la raison officielle de l'envoi de Machiavel auprès de Borgia à Imola. À ce moment, Borgia temporise et tente de négocier avec les barons. L'arrivée d'une troupe française renforce sa position. Mais au lieu de l'utiliser pour vaincre militairement ses ennemis, il poursuit les négociations avec eux afin de les tromper sur ses intentions. Il parvient ainsi à les réunir à Senigallia et les fait exécuter. Dans *Le Prince*, cet épisode devient le noyau d'une réflexion sur l'action politique : le comportement de César Borgia est mis en valeur comme un véritable modèle. Il est celui qui a compris, mieux que tout autre, la nécessité de reposer sur ses forces propres tant du point de vue politique et militaire, et de mettre tout en œuvre pour fonder avec certitude son pouvoir : « Ces chefs étant donc anéantis et leurs partisans étant réduits à être ses amis, le duc avait jeté de très bons fondements pour sa puissance[2]. »

Les actions de César Borgia, ses succès, son audace conduisent par ailleurs Machiavel à prêter attention à un aspect de l'action politique destiné à jouer un rôle central dans sa réflexion ultérieure : la saisie de l'occasion. C'est Francesco Soderini, avec lequel il a effectué plusieurs missions, qu'il cite sur ce point, afin d'inviter le gouvernement florentin à évaluer le risque d'une attaque par le fils du pape Alexandre VI : « Je me souviens avoir entendu dire par le cardinal Soderini qu'entre autres

1. *Description de la manière employée par le duc de Valentinois pour faire tuer Vitellozzo Vitelli, Oliverotto da Fermo, le Seigneur Pagolo et le duc de Gravina-Orsini*, in *Œuvres*, *op. cit.*, p. 24.
2. *Le Prince*, *op. cit.*, 7, p. 84.

motifs que l'on pourrait avoir pour taxer de grands hommes le pape et le duc, il y avait celui-ci : qu'ils sont bons connaisseurs de l'occasion et savent fort bien s'en servir : opinion confirmée par l'expérience que l'on a faite des choses qu'ils ont menées à bien grâce à l'opportunité[1]. »

## *Une écriture politique naissante*

En 1503, Machiavel ne médite pas seulement sur la signification et la portée politique des actions de César Borgia. Il a pris pleinement conscience que la politique d'un gouvernement ne peut être évaluée à la lumière de ses échecs ou réussites internes. Il appelle déjà, dans ses *Paroles à prononcer sur le projet de loi de finance avec une brève introduction et une justification*, à la formation d'un point de vue global et géopolitique : « Sortez maintenant de chez vous et considérez ceux qui vous entourent. Vous vous trouverez entre deux ou trois villes qui désirent davantage votre mort que votre vie. Allez plus loin ; sortez de Toscane et considérez toute l'Italie : vous la verrez soumise à l'influence du roi de France, des Vénitiens, du pape et du duc de Valentinois[2]. » Derrière cette injonction, on devine le poids des missions déjà accomplies en Toscane et chez les Français. Ses chevauchées l'ont conduit à comprendre l'interdépendance des événements politiques : il est impossible de faire comme si rien n'avait changé depuis 1494, comme si Florence pouvait encore pratiquer la politique de l'autruche et ne pas tenir compte des intentions de ses voisins, proches ou lointains.

---

1. *De la manière de traiter les populations du Val di Chiana révoltées*, in *Œuvres*, *op. cit.*, p. 37.

2. *Paroles à prononcer sur le projet de loi de finance avec une brève introduction et une justification,* in *Œuvres*, *op. cit.*, pp. 30-31.

L'évolution et le mûrissement de la réflexion machiavélienne se manifestent à cette époque, au-delà de l'évaluation du mode d'action et des crimes spectaculaires des Borgia et de la prise de conscience de l'interdépendance des politiques menées par les différents acteurs présents sur le territoire italien. Son style également a changé : il commence, dès cette époque, à mettre en perspective les événements dans le temps long de l'histoire et à généraliser certaines idées. Ainsi, dans ses *Paroles à prononcer sur le projet de loi de finance avec une brève introduction et une justification*, il émet des reproches âcres et sévères à l'encontre du gouvernement florentin, qui refuse de suivre les enseignements de l'histoire. Ceux-ci montrent pourtant qu'une cité court à sa ruine si son gouvernement ne dispose pas d'armes propres et agit sans sagesse, que force et sagesse sont donc toutes deux nécessaires : la première pour conquérir et se défendre, la seconde pour préserver les acquis de la force. En soi, l'idée n'est pas d'une grande originalité. Machiavel éprouve pourtant le besoin de la répéter à plusieurs reprises dans ce texte, dénonçant l'incapacité de Florence à en admettre l'évidence alors même qu'il s'agit à ses yeux d'une règle générale, d'une évidence indiscutable. Son raisonnement a un caractère de nécessité absolue : « Toutes les villes qui à une époque quelconque ont été gouvernées par un prince absolu, par des optimates ou par le peuple, comme est gouvernée la nôtre, ont usé pour se défendre de la force jointe à la sagesse. [...] Force et sagesse sont donc le nerf de tous les régimes qui ont jamais existé ou existeront en ce monde. Qui a étudié les mutations des royaumes, les ruines des États et des villes, n'en a trouvé la cause que dans l'absence d'armes ou d'intelligence[1]. »

---

1. *Ibid.*, p. 29.

La comparaison historique est un mode argumentatif que l'on commence aussi à rencontrer dans les écrits de cette époque. *De la manière de traiter les populations du Val di Chiana révoltées* propose, à la lumière d'un épisode de l'histoire romaine, une analyse des moyens dont disposent les Florentins face aux cités rebelles. Ce texte fait directement écho aux missions accomplies par Machiavel dans les environs de Florence pour contrôler ou contrer la rébellion de certaines cités : Cortone, Castiglione, Borgo San Sepolcro, Foiano della Chiana et surtout Arezzo. Mais Tite-Live accompagne ici la réflexion du secrétaire de la seconde chancellerie. Dans le livre VIII des *Décades*, l'historien romain relate le discours prononcé à l'adresse des sénateurs par le vainqueur des populations rebelles du Latium, Lucius Furius Camille. Ce dernier pose une alternative : la rébellion maîtrisée, que faire des populations vaincues en vue d'un avenir paisible ? Faut-il leur pardonner de manière généreuse ou les punir sans pitié[1] ? Les sénateurs romains choisissent d'agir de manière différenciée, clémente ou cruelle, selon les cités. Machiavel invite le gouvernement florentin à suivre le modèle de ceux qui ont été les maîtres du monde.

L'épisode romain a ici une valeur exemplaire. L'idée qui préside à la leçon de choses machiavélienne est que « l'histoire est la maîtresse de nos actions et surtout de celles des princes[2] ». C'est que « le monde a toujours été pareillement habité par des hommes qui ont toujours eu les mêmes passions[3] ». Cette conception de la pérennité de la nature humaine dans le cours de l'histoire et l'usage de l'exemple historique qui en découle connaîtront une évolution importante par la suite. Mais ce texte

---

1. TITE-LIVE, *La Conquête de l'Italie*, livre VIII, 13, trad. de A. FLOBERT, Paris, Flammarion, 1996, p. 226.

2. *De la manière de traiter les populations du Val di Chiana révoltées*, in *Œuvres*, *op. cit.*, p. 35.

3. *Ibid.*

demeure un jalon important dans l'écriture machiavélienne de la politique. Il marque le début d'un long compagnonnage avec Tite-Live et plus généralement avec les auteurs anciens. On sait d'ailleurs qu'à cette même époque Machiavel lit certains auteurs antiques. Datée du 21 octobre 1502, une lettre de Biagio Buonaccorsi fait part de ses difficultés à trouver pour Machiavel un exemplaire des *Vies* de Plutarque.

*De la manière de traiter les populations du Val di Chiana révoltées* introduit également des idées auxquelles Machiavel accordera, dans *Le Prince*, une grande importance : la saisie de l'occasion, évoquée précédemment, mais aussi le refus de la demi-mesure, de la voie moyenne, notamment lorsqu'il s'agit de choisir entre l'espoir et la crainte, la clémence et la cruauté. Les Florentins ont bien tort, souligne-t-il, de n'avoir pas opté, à la différence des Romains, pour une solution tranchée à l'égard d'Arezzo : « Il me semble que vous n'avez rien fait de tel avec les Arétins, car on n'appelle pas bienfait le fait de les convoquer tous les jours à Florence, de leur ôter tout honneur, de vendre leurs biens, d'en dire publiquement du mal, d'avoir installé des troupes chez eux. On n'appelle pas s'en assurer le fait de laisser leurs remparts debout, de laisser demeurer dans la cité les cinq sixièmes d'entre eux, de ne pas leur imposer la compagnie d'habitants qui les dominent, de vous comporter de façon telle avec eux que, lors de difficultés ou de guerres que l'on vous ferait, vous ayez plus à dépenser à Arezzo que contre un ennemi qui viendrait à vous attaquer[1]. » C'est la première formulation d'un reproche que Machiavel adressera avec constance dans ses œuvres au gouvernement de sa cité. Dans la pratique, il n'a pas toujours tenu ce propos : on lit à plusieurs reprises dans les *Consulte e pratiche*, qui rapportent les délibérations du gouvernement florentin, qu'il a opiné à

1. *Ibid.*, pp. 35-36.

l'idée de « jouir des bénéfices du temps », de temporiser et de laisser le temps faire les choses[1]. Dans ses œuvres majeures, en revanche, et déjà dans cette réflexion sur la révolte des populations du Val di Chiana, il reproche à Florence son indécision et son incapacité à trancher.

## *La fin de César Borgia*

Le 23 janvier 1503, Machiavel rentre à Florence, remplacé auprès de César Borgia par l'ambassadeur Jacopo Salviati, un citoyen florentin important. Les années de troubles historiques et d'effervescence intellectuelle pour Machiavel sont cependant loin d'être achevées à l'issue de sa longue légation auprès du fils d'Alexandre VI. Cette année-là, il demeure à Florence jusqu'à l'été, le regard rivé sur les deux cités rebelles que sont Pise, de nouveau assiégée, et Arezzo. C'est sans doute à ce moment qu'il rencontre, pour la seconde fois, Léonard de Vinci. La *Signoria* florentine a commandé à Michel-Ange un tableau de la bataille de Cascina et elle commissionne Léonard de Vinci pour peindre, au *Palazzo vecchio* où officie Machiavel, la bataille d'Anghiari[2]. Les deux peintures doivent commémorer

---

1. *Consulte e pratiche della repubblica fiorentina*, éd. de Denis FACHARD, vol. I et II, 1498-1505, Genève, Droz, 1993, p. 155 (18 mai 1499) ; vol. III, 1505-1512, Genève, Droz, 1988, p. 110 (13 septembre 1507) ; p. 138 (22 octobre 1507) ; p. 141 (6 novembre 1507) ; p. 151 (15 novembre 1507) ; pp. 237-238 (30 septembre 1509).

2. On a retrouvé une narration autographe de la main de Machiavel destinée à Léonard pour la peinture du tableau dans *Le Codex atlantico* fol 24 r° (cf. *Il Codice Atlantico*, édition fac-similé du volume conservé à la bibliothèque Ambrosiana de Milan, Florence, Giunti, 1973). On a également sa signature au bas du second contrat adressé par la *Signoria* à Léonard de Vinci, précisant les temps et les modes de réalisation de sa peinture (4 mai 1504). Mais Machiavel n'a pas joué pour autant un rôle important dans cette attribution.

les victoires contre Pise et Milan au début du XV^e^ siècle, qui marquent la sujétion de la première à Florence et l'éloignement du danger de conquête par Milan. Cependant, le père de César Borgia, le pape Alexandre VI, meurt le 18 août 1503. « Tout Rome afflua à Saint-Pierre », note François Guichardin, « avec une incroyable allégresse devant le cadavre d'Alexandre VI, personne ne pouvant assez se repaître de voir que s'était éteint ce serpent[1] [...]. » Ce décès marque aussi la fin du « cours prospère des affaires de César Borgia[2] » et le début d'une nouvelle série de déplacements pour Machiavel. En effet, Piccolimini est élu, mais décède à son tour un mois plus tard. La nouvelle arrive à Florence le 20 octobre. Machiavel est alors chargé par le gouvernement florentin d'accompagner le cardinal Francesco Soderini, pape potentiel, d'assister au nouveau conclave et de faire entendre le point de vue de sa cité. Tandis que Marietta Corsini, son épouse, met au monde leur second enfant, il assiste, à Rome, à l'élection du cardinal de Saint-Pierre-aux-Liens, Giuliano Della Rovere. Celui-ci devient le pape Jules II. Ancien ennemi d'Alexandre VI, il s'attache dès le début de son pontificat à poursuivre César Borgia. Il le fait arrêter à Ostie, et l'oblige à renoncer, à Rome, au fruit de ses conquêtes. Borgia s'enfuit en Espagne. Il devient le capitaine général du frère de son épouse, Jean II d'Albret, roi de Navarre. Il mourra à son service au siège de Viane en 1507.

Machiavel estime alors que la fuite de César Borgia hors d'Italie met fin à une certaine configuration du rapport de force entre les différentes puissances présentes sur le territoire italien. En 1504, lorsqu'il compose un récit versifié des événements survenus en Italie et à Florence depuis la descente de Charles VIII, il conclut par la chute de celui

1. GUICHARDIN (Fr.), *Histoire d'Italie*, *op. cit.*, VI, 4, p. 427.
2. *Ibid.*, V, II, p. 349.

qu'il a tant admiré, dépeignant « enchaîné et vaincu » celui qui a fait un temps trembler Florence et pleurer Rome[1].

*La papauté, puissance mondaine*

Avec ou sans César Borgia, l'Église lui semble cependant avoir acquis un nouveau statut en Italie. Dans *Le Prince*, il s'attachera à décrire les moyens grâce auxquels Jules II est parvenu à accroître la puissance de la papauté après le règne d'Alexandre VI : « Il trouva l'Église grande, comme elle avait toute la Romagne et que les barons de Rome étaient anéantis et que, sous les coups d'Alexandre, les factions étaient anéanties ; et il trouva aussi une voie ouverte à la manière d'accumuler de l'argent, jamais en usage avant Alexandre. Jules poursuivit non seulement ces choses, mais il les accrut, et il pensa à se gagner Bologne et à anéantir les Vénitiens, ainsi qu'à chasser les Français d'Italie, et toutes ces entreprises lui réussirent, et avec d'autant plus de louanges à son endroit qu'il fit toutes choses pour faire croître l'Église, et non pour quelque homme privé. Il maintint aussi les partis Orsini et Colonna dans les termes où il les trouva[2]. »

Dans son *Histoire d'Italie*, rédigée à partir de 1535, François Guichardin confirme le jugement de Machiavel à propos de l'Église romaine, « instituée à son début simplement pour l'administration des choses spirituelles », mais devenue au fil du temps une « puissance mondaine » très souvent « à l'origine des guerres et incendies suscités en Italie[3] ».

Machiavel n'a pas eu besoin d'attendre le recul des années pour prendre conscience du dynamisme et des

1. *Première décennale*, in *Œuvres*, *op. cit.*, p. 1025.
2. *Le Prince*, *op. cit.*, 11, p. 103.
3. GUICHARDIN (Fr.), *Histoire d'Italie*, *op. cit.*, IV, 12, pp. 320 sqq. et p. 331 pour les citations.

effets de la politique pontificale menée par Alexandre VI puis par Jules II. Dès 1499, il estime que cette politique va à l'encontre des intérêts des autres puissances italiennes et notamment de Florence, par rapport à Pise. En 1500, lors de sa légation en France, il déplore le rapprochement diplomatique entre la France et Rome. Peu après, il dénonce l'ambition du pape de détruire l'organisation politique du centre de l'Italie au profit de l'Église[1]. Du couple formé par le père et le fils Borgia à Jules II, l'ambition romaine demeure à ses yeux la même. Contrairement à une longue tradition de penseurs médiévaux investis dans la querelle sur la *plenitudo potestatis* papale, Machiavel ne se demande pas si ces prétentions au pouvoir temporel de la part de la papauté sont légitimes. Elles sont. Il s'agit avant tout, une fois ce constat établi, d'évaluer les effets de cette prétention sur la situation de l'Italie, à une époque où ses richesses et son territoire sont convoités par des puissances étrangères.

Se rendre en toute diligence auprès des interlocuteurs du gouvernement florentin, en dépit des mauvais chevaux, des distances, des épidémies, se loger, se nourrir, remettre des courriers de la chancellerie florentine, exposer les raisons du gouvernement florentin, ses revendications, ses interrogations, écouter les plaintes, s'excuser et parfois temporiser, moduler son discours selon l'auditoire, rapporter fidèlement à la chancellerie le fruit de ses observations et les conversations, attendre la réaction de celle-ci avant d'engager de nouvelles démarches, trouver un moyen d'envoyer les courriers, se soucier du bon acheminement d'argent, d'armes, de bêtes de transport, de provisions aux alliés de Florence, vérifier ou conseiller des

1. Cf. à ce propos l'analyse de CUTINELLI-RENDINA (E.), *Chiesa e religione in Machiavelli*, Pise-Rome, Istituti editoriali e poligrafici internazionali, 1988, pp. 23-34.

itinéraires : telles sont les multiples facettes du travail accompli par Machiavel en mission au cours des premières années passées au service de la cité florentine.

Il faut avoir l'esprit subtil, et parfois retors, pour faire passer, sans vexer l'interlocuteur, les messages de la chancellerie florentine. Cette dernière se montre satisfaite des services rendus par Machiavel lors des premières années passées à son service. Bartolomeo Cerretani, membre d'une grande famille florentine alliée des Médicis, fait à ce propos une déclaration significative dans ses *Ricordi*. Évoquant la mission de Machiavel auprès du Valentinois, au cours de l'automne et de l'hiver 1502, il souligne que la Seigneurie a alors décidé d'envoyer Machiavel afin qu'il « comprenne comme il comprend » la réunion proposée par César Borgia à ses alliés et qu'il informe le gouvernement florentin « de sa pensée[1] ». Niccolò Valori écrit d'ailleurs très ouvertement sur ce sujet à Machiavel : « Très cher Nicolas, quoique je vous sache fort bien renseigné par les missives officielles, et que j'en sois pour ma part bien content, je ne peux pas me passer de vous dire deux mots de ma satisfaction. Votre discours et le compte-rendu ne pouvaient pas rencontrer une plus entière approbation, et chacun reconnaît en vous ce que j'y ai toujours reconnu : netteté, exactitude et sincérité de la relation, bref tout ce sur quoi on peut s'appuyer à fond. [...] On désire avoir votre avis concernant toutes choses de là-bas, comme de celles de France, tant des forces réelles que de celles que le duc en attend[2]. » C'est sans doute pourquoi l'avis et l'action de Machiavel semblent importer plus encore à la République florentine dans les années qui suivent et sa présence au gouvernement pas vraiment discutée, malgré ses fréquents séjours hors de Florence.

---

1. Bartolomeo Cerretani, *Ricordi*, éd. de G. Berti, Florence, Olschki, 1993, octobre 1502, c. 33v, p. 62.

2. Lettre de Niccolò Valori à Machiavel du 11 octobre 1502, in *Lettres familières*, vol. 1, *op. cit.*, p. 198.

## Chapitre IV
# LE CRÉATEUR DE LA MILICE FLORENTINE (1504-1512)

> « Et l'on entendait à travers tout le royaume les voix des hommes et des femmes qui maudissaient le jour où était entrée dans le cœur de leurs rois, non contents de tout l'empire qu'ils possédaient, la malheureuse convoitise de nouveaux États en Italie[1]. »

De 1504 à 1512, Machiavel poursuit le travail qu'il a mené les années précédentes au service du gouvernement florentin : tantôt occupé à des tâches administratives au Palazzo vecchio, tantôt envoyé en mission à travers l'Italie ou au-delà de ses frontières, en Allemagne et en France. Lorsqu'il est absent, son collègue et fidèle ami, Biagio Buonaccorsi, le tient au courant des bruits, des rumeurs et des événements qui ponctuent la vie interne de la chancellerie, lui donne des nouvelles de sa famille, veille sur elle et rend mille petits services à Machiavel. Entre 1504 et 1512, la situation géopolitique de l'Italie et de Florence ne s'améliore pas. En particulier, cette période se clôt sur un épisode dramatique pour Florence : le sac de Prato, immédiatement suivi du retour des Médicis au gouvernement. Cet épisode signe

1. GUICHARDIN (Fr.), *Histoire d'Italie*, *op. cit.*, VI, 10, p. 457.

la fin de la carrière de Machiavel à la chancellerie florentine.

La mise à l'écart de César Borgia tout comme la victoire espagnole sur les Français à Naples débouchent d'abord sur une brève période de paix. Une trêve est signée entre Français et Espagnols le 11 février 1504, qui mentionne les Florentins en qualités d'alliés de la France. Ces derniers, qui ont, dès la mi-janvier, envoyé Machiavel et Niccolò Valori en France afin de connaître les intentions de Louis XII à propos de la défense de Florence contre l'Espagne et Venise, sont soulagés. Ils craignaient en effet une offensive espagnole, favorisant le retour des Médicis au pouvoir et les ambitions de Venise sur la Romagne.

Une fois cette trêve signée, Machiavel revient aux affaires propres au territoire dominé par Florence : il rencontre Jacopo d'Appiano, seigneur de Piombino, au printemps 1504, pour s'assurer de sa loyauté à l'égard de Florence ; dans le cadre de la reconquête de Pise, il semble qu'il ait aussi participé activement à la tentative de détourner le cours de l'Arno proposée par Léonard de Vinci. En 1505, Machiavel ne cesse de voyager au sein de la Toscane, rencontrant divers gouvernements et seigneurs, car la Seigneurie florentine sait qu'il se trame dans la région une révolte contre son autorité. Machiavel multiplie les entrevues pour tenter d'y voir clair… et réaliser que ses interlocuteurs jouent le plus souvent un double jeu : Giampaolo del Lago à Castiglione del Lago, Pandolfo Petrucci à Sienne. Cette année-là, Bartolomeo d'Alviano entre en territoire florentin dans l'été pour aider Pise. Florence vainc la rébellion et concentre une fois de plus ses forces sur la reconquête de Pise. Machiavel se rend de nouveau sur place pour surveiller les préparatifs d'un assaut qui doit être lancé à la fin de l'été 1505. C'est un échec : Pise résiste encore et toujours.

## *Évolution des alliances et nouveaux protagonistes des « guerres d'Italie »*

De nouvelles figures se mêlent à celles déjà présentes dans l'histoire de la période précédente. Tandis que Machiavel s'occupe de la reconquête de Pise et du territoire toscan de Florence, les puissances étrangères nouent et dénouent des alliances, se brouillent et se réconcilient. Louis XII et Maximilien sont en froid depuis que Louis XII a dénoncé le traité de Blois (1504) qui stipulait que sa fille, Claude de France, épouserait Charles de Gand, petit-fils de Maximilien. Du point de vue français, si Louis XII mourait sans héritier mâle, un tel mariage mettrait en danger l'unité du royaume de France car, dans cette hypothèse, le couple formé par Claude et Charles hériterait de Gênes et de Milan, mais aussi du comté de Blois et de la Bretagne.

Cette mésentente ne fait pas les affaires du pape Jules II qui, après avoir repris les territoires conquis par Borgia, entend asseoir la domination de l'Église sur certaines cités, comme Pérouse et Bologne, au détriment de leurs seigneurs respectifs, Gian Paolo Baglioni et Giovanni Bentivoglio. Il souhaite aussi prendre à Venise Faenza, Rimini et Ravenne. De fait, Venise craint la mise en place d'une ligue contre elle. Elle restitue une partie de la Romagne à Jules II en 1505. Mais cela ne suffit pas au pape. Parvenu à réconcilier les clans ennemis de Rome, les Orsini et les Colonna, grâce à sa politique matrimoniale, il s'attache en outre les ducs d'Urbino, de Mantoue et de Ferrare, et entreprend, au cours de l'été 1506, de reconquérir Pérouse et Bologne. La Seigneurie florentine décide d'envoyer Machiavel auprès du pape, charge à lui de le suivre dans ses déplacements et de lui faire comprendre que l'alliance florentine lui est acquise, mais pas nécessairement ses troupes, mobilisées par la reconquête de Pise. L'entreprise militaire de Jules II est un succès dont Florence n'a heureusement pas à pâtir : Jules II a simplement traversé la Toscane.

Mais de nouveaux événements bouleversent la vie florentine. Peu après en effet, Gênes se soulève contre l'autorité française. Louis XII entreprend une expédition punitive et rétablit au printemps 1507 son pouvoir sur le port ligurien. Cette victoire provoque le mécontentement de l'empereur Maximilien qui nourrit également des prétentions sur l'Italie, et celui du pape, originaire de Gênes et insatisfait du manque de soutien apporté par les Français en Romagne. Maximilien décide alors de descendre à son tour en Italie, afin d'y recevoir la couronne impériale. Face à cette décision, Venise, les Français et le pape se rapprochent de manière inattendue. Florence, cité du conflit entre guelfes et gibelins, craint tout autant que ces derniers la descente de l'empereur Maximilien.

À Florence, Piero Soderini affronte ceux qui parlent de restaurer, au détriment de l'alliance avec la France, celle avec l'Allemagne et souhaitent mettre en place dans la cité un gouvernement d'optimates. La décision d'envoyer Machiavel auprès de l'empereur fait l'objet d'une véritable polémique. Les optimates gibelins estiment nécessaire d'envoyer un ambassadeur de plus haut rang auprès de l'empereur. Francesco Vettori, homme du compromis entre le gonfalonier et ses opposants, est envoyé dans un premier temps à la place de Machiavel ; il doit être remplacé peu après par Piero Guicciardini et d'Alamanno Salviati. C'est finalement Machiavel qui se rend, en décembre 1507, en légation en Allemagne, car Piero Soderini est momentanément devenu maître du jeu en politique intérieure. Machiavel a pour mission de négocier, sans faire ombrage à l'alliance franco-florentine, une entente avec l'empereur Maximilien, moyennant un don financier de la part de Florence. À ce moment-là, la guerre semble sur le point d'éclater. Venise, en effet, a refusé de laisser passer l'empereur allemand, soutenu par le roi Louis XII. Machiavel séjourne près de six mois au-delà des Alpes tandis que l'expédition de l'empereur s'organise et que les négociations avec Florence traînent en longueur, conformément aux instructions données par la Seigneurie qui espère voir l'empereur renoncer à son projet. Cet espoir est vain : Maximilien prend la route, mais très vite, sur le territoire italien, il est contraint d'envisager une négociation avec Venise. Un armistice est signé le 6 juin 1508, au grand avantage de cette dernière puisqu'elle conserve toutes les conquêtes faites au cours du conflit avec l'empereur Maximilien.

Cette position de force de la Sérénissime suscite un nouveau bouleversement des alliances. À l'initiative de Jules II, se noue une entente contre Venise qui réunit le pontificat, la France, l'empire de Maximilien, l'Espagne, les royaumes d'Angleterre et de Hongrie, sans oublier les cantons suisses et quelques princes italiens soucieux de protéger l'intégrité de leur territoire contre les ambitions vénitiennes. Cette entente a été facilitée par la réconciliation de l'empereur Maximilien et du roi de France. Le traité de Cambrai est signé le 10 décembre 1508. Une croisade contre les Ottomans est officiellement prévue, mais la ligue s'est en réalité constituée contre Venise.

En mai, l'armée vénitienne a été défaite à Agnadello, sur les rives de l'Adda, par l'armée française. Mais Venise se ressaisit rapidement. Elle reprend plusieurs villes en terre ferme, tandis que la ligue de Cambrai se désagrège. Elle s'acquiert l'appui de l'Angleterre et de la Hongrie et ne compte plus l'Espagne parmi ses ennemis. Cette dernière, en effet, a obtenu les ports des Pouilles qu'elle convoitait et n'a plus d'intérêt particulier à demeurer au sein de la ligue. Si Florence s'est réjouie des difficultés rencontrées par Venise, elle s'inquiète de la descente prévue par Maximilien en Italie, car elle sait qu'elle ne pourra plus temporiser et sera contrainte de lui remettre l'argent qu'il exige d'elle. Aussi, tandis que deux ambassadeurs sont dépêchés auprès de l'empereur, Soderini charge Machiavel de se rendre à Mantoue pour faire le second versement de la somme due à l'empereur et de se renseigner sur les intentions de ce dernier. Machiavel séjourne près de deux mois entre Mantoue et Vérone, observant le déroulement des hostilités entre les Vénitiens et Maximilien, jusqu'à ce que celui-ci, le 12 décembre, prenne la route pour Augsbourg.

De manière indirecte, cette alliance a, en 1509, une conséquence importante pour Florence. Les rois de France et d'Espagne, mobilisés par la ligue, sont alors prêts à se désintéresser de Pise et à laisser Florence reconquérir la cité, moyennant le paiement de sommes importantes. La Seigneurie florentine dut remplir « les gosiers et les gueules qu'ils tenaient béants[1] ». Mais une fois ces sommes payées, elle eut le chemin libre pour entreprendre, sans être gênée, la reconquête. Machiavel joue un rôle clé dans cette action militaire. Il inspecte les troupes, les ravitaille et fait office de relais entre le camp des assiégeants auxquels il transmet les ordres des Dix et le gouvernement florentin, auquel il envoie, comme à l'accoutumée, ses rapports. L'assaut est donné avec succès, après des années de siège, de négociations vaines et de politiques de terre brûlée. La reddition de Pise est conclue le 8 juin 1509.

1. *Seconde décennale*, in *Œuvres*, *op. cit.*, p. 1030.

## *De l'ennemi vénitien à l'ennemi français*

L'épisode de la guerre antivénitienne menée par la ligue de Cambrai se clôt rapidement. Jules II traite avec la Sérénissime après lui avoir repris les villes de Romagne et lève en février 1510 l'excommunication contre la ville lancée au printemps 1507. La ligue de Cambrai a vécu. Une autre puissance préoccupe désormais le pape. La France, ancienne alliée dans la ligue, devient son ennemi : Jules II entend repousser les Français hors du territoire italien et crée à cette fin une nouvelle alliance avec Venise, l'Espagne, l'Angleterre et les Suisses. Si le pape ne rompt pas officiellement les relations avec Louis XII, il s'efforce de l'encercler diplomatiquement et s'attache à nuire à tous ses alliés, par exemple le duc de Ferrare. Louis XII n'ignore pas ces manœuvres et s'offusque de l'alliance militaire conclue avec les Suisses chez qui il recrute lui-même une partie de ses soldats. Cependant, une guerre ouverte avec la papauté n'est pas chose aisée pour lui : le risque de mécontenter le clergé français et la forte personnalité de Jules II ne militent pas en sa faveur.

Au printemps 1510, la perspective d'une telle guerre, fût-elle déguisée, entre la France et la papauté place Florence dans une situation extrêmement embarrassante : Piero Soderini souhaite maintenir l'alliance avec la France, mais il sait que Jules II l'invitera tôt ou tard à choisir entre lui et Louis XII. Machiavel est alors envoyé en France muni d'instructions destinées à permettre à Florence de traverser cette nouvelle tempête sans encombre : Machiavel doit assurer la France du soutien florentin, faire comprendre au roi qu'il doit « donner satisfaction à l'empereur » et « maintenir les Vénitiens dans les transes » pour demeurer en Italie ; dans ce cas en effet, le pape et l'Espagne renonceront à attaquer, le premier parce qu'il manque de bonnes troupes, la seconde, parce qu'elle est loin. Le gouvernement florentin entend inviter le roi à ne pas se brouiller avec Jules II, mais à s'inquiéter de l'alliance conclue avec les Suisses.

Machiavel arrive en France au début de l'été 1510, au moment où le pape déclenche des hostilités déguisées contre la France sur le territoire italien. Sa mission est difficile : il fait face à un roi de plus en plus en colère, découvrant la toile d'araignée diplomatique et militaire tissée par Jules II contre lui en Italie, ulcéré par le gouvernement florentin qui a laissé libre passage aux troupes du pape marchant sur Gênes. Au roi qui exige un choix d'alliance clair de la part de Florence, Machiavel demande un sursis. D'autre part, il presse le gouvernement florentin d'agir et de prendre une décision, alors que ce dernier semble vouloir à tout prix demeurer hors du conflit. Dans cet imbroglio diplomatique et militaire, Machiavel parvient pourtant à conclure un accord avec la France, dans lequel Louis XII reconnaît la non-belligérance de Florence, accepte qu'elle ne lui fournisse aucune aide militaire contre le pape, tout en maintenant ses troupes en alerte en Toscane. L'ambassadeur florentin Roberto Acciajuoli arrive sur ces entrefaites, libérant Machiavel de sa mission et le laissant rentrer à Florence auprès des siens à la fin de l'année 1510.

Alors qu'il se trouve à Florence, les troupes françaises combattent celles du pape, notamment pour le duché de Ferrare, tandis que des pourparlers ont lieu entre les deux parties. Ceux-ci échouent, mais les Français l'emportent sur le terrain, conduisant Jules II à revenir à Rome et à apprendre que Louis XII et Maximilien ont décidé de convoquer, à Pise, pour le 1er septembre, un concile destiné à le déposer et à réformer l'Église. En 1511, nous ne sommes pas si loin de l'embrasement de l'Europe par les guerres de Religion ; Luther lui-même vient d'effectuer, au cours de l'hiver 1510-1511, un séjour à Rome. Mais à l'époque, Florence n'est préoccupée que par le lieu choisi par les souverains pour le concile : Pise. La Seigneurie accorde à la fin du mois de mai 1511 son autorisation à Louis XII pour organiser le concile dans la cité fraîchement reconquise. Tandis que Machiavel court çà et là en Toscane, organisant une milice à cheval, réglant un problème de fausse monnaie à Pise, la colère du pape Jules II croît sourdement contre la France et Florence. C'est pourquoi Piero Soderini décide de l'envoyer de nouveau négocier avec le souverain français. Au moment où il s'évertue à convaincre Louis XII du bien-fondé des réticences florentines à l'égard du concile à Pise, Jules II cherche à créer une coalition antifrançaise. Lorsque Machiavel obtient du roi un sursis (Louis XII accepte non de changer de ville, mais de repousser la tenue du concile à l'automne 1511), le gouvernement vénitien et Ferdinand le Catholique ont accepté de former avec le pape la Sainte Ligue, afin de bouter la France hors de l'Italie ; l'Angleterre apporte son soutien à cette nouvelle alliance, que ne désavoue pas l'empereur allemand. Pour certains, elle permettra de libérer l'Italie des barbares ; pour d'autres, « considérant peut-être plus au fond la substance des choses et ne se laissant pas éblouir par la splendeur du mot », elle sera une cause de la ruine et de la servitude de l'Italie[1].

### *La fin du gouvernement républicain de Florence*

Le gouvernement florentin est directement visé par la Sainte Ligue car Jules II désigne Jean de Médicis, alors cardinal, comme légat du siège apostolique auprès des forces pontificales. On ne saurait indiquer plus clairement à la République de Piero Soderini que la papauté

1. Guichardin (Fr.), *Histoire d'Italie*, *op. cit.*, X, 6, p. 741.

soutient les Médicis. En outre, il lance l'interdit contre Pise, Florence et tout cardinal rebelle. Machiavel, de retour en France, est envoyé à Pise pour encadrer l'organisation du concile qui s'interrompra après trois séances, en butte à l'hostilité du clergé italien et des Pisans. Machiavel comme le gonfalonier à vie ont conscience que Florence fait face à une situation délicate. C'est à ce moment que tous deux rédigent leur premier testament. De fait, la guerre entre la France et la Sainte Ligue commence dès le mois d'octobre 1511. Les Français, d'abord victorieux, sont défaits après que Maximilien a accordé son aide au pape en 1512. Au mois de juin, à quelques places fortes près, Jules II a libéré l'Italie des « barbares » : les Français sont repassés de l'autre côté des Alpes.

Sans être directement impliqué dans ce conflit, le gouvernement de Soderini s'apprête à payer le prix fort de cette victoire de la Sainte Ligue. Au cours de l'été, Machiavel prépare activement les défenses de l'État florentin tandis que les puissances de la Sainte Ligue, réunies en août à Mantoue pour discuter de l'avenir de l'Italie, décident de restaurer le pouvoir des Médicis à Florence (et des Sforza à Milan). Les troupes espagnoles de Raymond de Cardona, vice-roi de Naples, sont chargées d'entrer en territoire florentin. Soderini refuse de renoncer au pouvoir au profit des Médicis. Mais les troupes ennemies assiègent Prato le 28 août. La ville est abandonnée par la milice florentine mise sur pied par Machiavel lui-même et s'ouvre aux envahisseurs : « Les Espagnols, stupéfaits que, même chez des hommes vils et inexpérimentés, pût régner une telle vilenie et si peu d'expérience, pénétrèrent alors sans opposition à l'intérieur [...] tout n'était que cris, fuite, violence, pillage, sang et massacre. [...] Rien n'aurait échappé à la cupidité, à la luxure et à la cruauté si le cardinal de Médicis, en mettant des gardes devant la grande église, n'avait sauvegardé l'honneur des femmes qui, presque toutes, s'y étaient réfugiées[1]. » À Florence, la nouvelle de cette atroce défaite précipite la chute de Soderini, votée par la Seigneurie et les conseils le 1er septembre, soutenus par les habitants en colère. Piero Soderini quitte Florence pour ne jamais y revenir.

### *Critique des ambitions pontificales et du christianisme corrompu*

Machiavel tire plusieurs enseignements de ces années passées au service de la chancellerie florentine, marquées par la poursuite des conflits sur le territoire italien. L'action menée par Jules II à cette époque est l'une des causes principales de l'acrimonie développée par Machiavel à l'égard de la papauté. *Le Prince* témoigne qu'il voit dans la curie romaine l'un des protagonistes les plus nocifs de cette période à l'encontre de l'Italie. Soulignant la nature particulière du pouvoir papal, celui-ci étant soutenu par la grâce divine, ou du moins la croyance en celle-ci, il insiste sur les ambitions temporelles d'Alexandre VI et de Jules II. La papauté aurait pu unir les cités et les principats italiens sous un seul et même gouvernement, ou les rassembler en une alliance contre les puissances étrangères, elle n'a eu de cesse de diviser pour mieux régner, ou du moins empêcher que n'émerge sur le sol italien un pouvoir susceptible de lui faire de l'ombre. Parce que seuls les papes « ont des États et ne les défendent pas » et « des sujets » qu'ils « ne [...] gouvernent pas[2] », leur entreprise a été facilitée et l'Italie rendue incapable de se défendre contre ses ennemis.

1. *Ibid.*, XI, 4, p. 828.
2. *Le Prince*, *op. cit.*, 11, p. 101.

## *La notion de « fortune » chez Machiavel*

À la lumière des « graves événements » et « furieuses actions[1] », où « l'ambition et la cupidité des princes[2] » se déploient sans limites, Machiavel a par ailleurs formulé un aspect essentiel de sa conception de l'action politique : l'idée selon laquelle il est nécessaire d'adapter les modalités de son action à la variété des temps. Une telle idée est explicitée dès 1506. Cette année-là, Machiavel adresse des *ghiribizzi*, des « caprices », au neveu du gonfalonier Piero Soderini : son sort lui a montré des choses si variées qu'il ne peut plus guère s'étonner de quoi que ce soit. À ce constat, il associe une observation : on a vu un gouvernement ou un homme arriver au même résultat par des moyens variés ou avec le même moyen parvenir à des fins différentes. Machiavel en tire deux conséquences importantes : la fortune sourit à celui dont la personnalité s'accorde avec la nature du temps ; la fortune sourirait toujours à quiconque saurait adapter sa manière de faire à la nature changeante du temps.

Le *Chapitre sur la fortune*, adressé au même destinataire peu après ces *ghiribizzi*, développe sur un autre mode une telle idée. Si Machiavel y évoque la nécessaire adaptation des manières d'agir aux variations de la fortune, il s'attache avant tout à dépeindre la violence de celle-ci, son apparente irrationalité et à souligner les ravages qu'elle provoque. La fortune bouleverse le monde entier, met fin aux empires les plus puissants, s'amuse à promouvoir un homme et à faire déchoir un autre. C'est une « enfant naïve et échevelée », un « torrent rapide, plein d'orgueil », une « roue » au rythme effréné : Machiavel multiplie dans ce poème les métaphores afin d'appréhender, au moins par le verbe, cette incontrôlable fortune.

---

1. *Deuxième décennale*, in *Œuvres*, *op. cit.*, p. 1026.
2. Guichardin (Fr.), *Histoire d'Italie*, *op. cit.*, VIII, 1, p. 555.

Dans *Le Prince*, Machiavel reprend les idées exprimées dans ces deux textes. Mais le propos a pris un tour théorique, et les idées se sont distribuées en différents chapitres, acquérant, ainsi séparées les unes des autres, une clarté et une force plus grandes. À chacune est en outre associé un exemple, une image ou une métaphore qui permet de la mémoriser avec facilité : la saisie de l'occasion, au moment unique où elle se présente, à l'instar du *kairos* des Grecs, fait l'objet d'un développement propre au chapitre 6. Sans vertu, pas de succès dans l'action ; mais sans occasion, pas de possibilité de mettre en œuvre la vertu. Commentant les actions des fondateurs de cité ou de conquérants, Moïse, Cyrus, Thésée et Romulus, il déclare en ce sens qu'« en examinant leurs actions et leur vie, on ne voit pas qu'ils eurent de la fortune autre chose que l'occasion, qui leur donna la matière pour pouvoir y introduire cette forme qui leur parut bonne, et sans cette occasion, la vertu de leur esprit se serait éteinte, et sans cette vertu, l'occasion serait venue en vain[1] ».

En faisant fond sur les idées formulées en 1506, le chapitre XXV expose en outre une sorte de manifeste de l'action politique. La fortune y apparaît moins incontrôlable que dans le chapitre de 1506, bien que Machiavel ne laisse jamais entendre que l'homme pourrait exercer sur elle un contrôle total. Celui-ci ne peut être à ses yeux que partiel, mais il peut l'être et c'est ce qui compte au début du XVIe siècle, dans une Italie ravagée par les conflits et une cité florentine en proie à l'instabilité institutionnelle et aux factions. Dans cet exposé, la métaphore du torrent furieux est privilégiée au détriment des autres : le fleuve dévastateur peut être canalisé par des digues et des abris peuvent être érigés pour protéger les berges.

1. *Le Prince*, *op. cit.*, 6, p. 77.

D'autre part, la thématique de la variété des temps est de nouveau associée, dans ce chapitre, à la nécessité d'adapter sa personnalité au cours des choses. « Je crois aussi, déclare Machiavel, qu'il est heureux, celui dont la manière de procéder rencontre la qualité des temps, et de manière semblable, qu'est malheureux celui dont le procédé est en désaccord avec les temps[1]. » De manière significative, l'exemple choisi pour illustrer cette heureuse conjonction entre la qualité des temps et la personnalité d'un homme est emprunté aux années 1504-1512 : c'est le pape Jules II, dont le caractère impétueux a bien servi ses ambitions. Dans la *Deuxième décennale*, qui poursuit le récit historique des événements survenus en Italie commencé dans la décennale précédente, Machiavel disait de Jules II qu'il n'avait pu « contenir son âme féroce » : contre tous ceux qui occupent l'Italie, étrangers ou non, « rempli de sa colère naturelle et de fureur », il répand son venin[2]. François Guichardin rappellera plus tard, dans le sillage de Machiavel, la peine, la diligence et l'énergie dont Jules II a su faire preuve, jusque dans sa vieillesse : « C'était certainement chose remarquable et très nouvelle aux yeux des hommes que de voir le roi de France, prince séculier, encore jeune, et d'une constitution alors très robuste, élevé depuis son plus jeune âge dans le métier des armes, se reposer en ses appartements et laisser à ses capitaines le soin de conduire une guerre qui était, avant tout, dirigée contre lui. Tandis qu'en face, on pouvait voir le souverain pontife, vicaire du Christ sur la terre, vieux, malade, élevé au milieu des plaisirs et des commodités, se rendre à cette guerre contre des chrétiens, qu'il avait lui-même provoquée, et mener lui-même le siège d'une ville obscure, là, s'exposant, tel le capitaine d'une armée, aux

1. *Ibid.*, 25, p. 160.
2. *Deuxième décennale*, in *Œuvres*, *op. cit.*, p. 1029.

peines et aux dangers, il ne gardait que l'habit et le nom de pape[1]. »

Dans *Le Prince*, Machiavel utilise de nouveau l'exemple de Jules II, surtout pour exprimer sa conception des rapports de la vertu et de la fortune. À travers lui, il promeut à la fois l'idée d'une action humaine possible et délivrée de la providence divine ou de l'influence astrale, tout en indiquant les limites de son succès. La fortune est non seulement en partie incontrôlable, mais il s'avère en outre difficile d'adapter en permanence sa nature aux circonstances toujours changeantes : « de cela aussi dépend la variation du bien, parce que pour un homme qui se gouverne avec circonspection et patience, si les temps et les choses tournent de manière que son gouvernement soit bon, il en vient à être heureux, mais si les temps et les choses changent, il va à sa ruine, parce qu'il ne change pas sa manière de procéder. On ne trouve pas d'homme si prudent qu'il sache s'accommoder à cela, soit parce qu'il ne peut dévier de ce à quoi la nature l'incline, soit encore parce que ayant toujours prospéré en cheminant sur une voie, il ne peut se persuader qu'il serait bon de quitter celle-ci[2]. » Jules II est devenu dans cette œuvre l'exemple par excellence d'un homme dont la personnalité a heureusement rencontré la qualité des temps.

## *Des personnages politiques emblématiques*

Dans la décennie 1500, Machiavel est également marqué par l'Espagnol Ferdinand le Catholique, roi d'Aragon et de Castille, entré en scène en Italie comme roi de Naples à partir de 1506. Dans *Le Prince*, ce monarque

1. GUICHARDIN (Fr.), *Histoire d'Italie*, *op. cit.*, IX, 13, pp. 687-688.
2. *Ibid.*, pp. 160-161.

apparaît avant tout comme un souverain conquérant : « Celui-ci peut presque s'appeler prince nouveau, parce qu'il est devenu, de roi faible, le premier roi des chrétiens par la renommée et la gloire, et si vous considérez ses actions, vous les trouverez toutes très grandes, et certaines extraordinaires. Au début de son règne, il attaqua Grenade et cette entreprise fut le fondement de son État. D'abord, il la mena, dans le loisir et sans crainte d'être empêché ; il y tint occupés les esprits des barons de Castille, qui, pensant à cette guerre, ne pensaient pas aux innovations. Et il acquérait par ce moyen réputation et pouvoir sur eux, qui ne s'en rendaient pas compte. Il put nourrir les armées avec l'argent de l'Église et des peuples et bâtir, avec cette longue guerre, le fondement de sa milice qui l'a ensuite honoré. Outre cela, pour pouvoir entreprendre de plus grandes entreprises, en se servant toujours de la religion, il s'appliqua à une pieuse cruauté, chassant les marranes hors de son royaume et les spoliant, et il ne peut y avoir d'exemple plus digne de pitié ni plus rare. Il attaqua l'Afrique, sous ce même manteau, il mena l'entreprise d'Italie, il a dernièrement attaqué la France[1]. » Sous couvert de religion, Ferdinand satisfait donc ses ambitions politiques ; il ne laisse pas à ses ennemis avérés ou potentiels le temps de s'organiser ou de se reprendre ; il est énergique, sans scrupules et sans limites d'aucune sorte dans son action. Il sait aussi demeurer riche, car il ne dépense pas sa fortune à tort et à travers. De ce fait, il n'est pas seulement l'exemple privilégié d'une politique de conquête réussie. Il témoigne qu'en politique la libéralité n'est pas une vertu.

Les séjours auprès de l'empereur Maximilien lui permettent également de tracer le portrait contrasté d'un souverain à la tête d'un empire extrêmement riche, et

---

1. *Le Prince*, *op. cit.*, 21, pp. 148-149.

pourtant sans le sou, d'un homme qui entend « tout faire à sa tête et ne fait rien à sa façon », d'un excellent capitaine de guerre doté d'infinies vertus, mais aisément trompé, velléitaire et inconstant : « Je parlerai seulement à nouveau de la nature de l'empereur, qui est le plus dépensier des hommes ayant vécu de notre temps ou auparavant. Ce qui a pour résultat qu'il a toujours des besoins d'argent, et qu'aucune somme ne peut lui suffire en quelque position ou état de fortune où il se trouve. Il est changeant, car il veut une chose aujourd'hui, et n'en veut plus demain ; il ne prend conseil de personne et fait confiance à chacun ; il désire les choses qu'il ne peut avoir et se détourne de celles qu'il peut avoir, prenant toujours ainsi ses décisions à rebours. Il est d'autre part très belliqueux : il tient et conduit bien une armée, avec ordre et justice. Il est aussi capable de supporter les fatigues que les hommes les plus résistants, courageux dans le péril, de sorte que comme capitaine il n'est inférieur à aucun autre. Il est aimable quand il accorde une audience, mais n'en accorde qu'à son gré, et ne veut être courtisé par les ambassadeurs que lorsqu'il les convoque ; il est très secret ; il est toujours en une agitation incessante d'esprit et de corps, mais défait souvent le soir ce qu'il décide le matin[1]. » Dans ce tableau saisissant d'un caractère politique se dessinent, en creux, les qualités que Machiavel, quelques années plus tard, valorisera dans *Le Prince* : la détermination, la capacité à s'en tenir à une décision et à la réaliser, le rejet de la flatterie, la capacité à recevoir des conseils, mais à prendre les décisions seul.

De cette période, émerge enfin un quatrième personnage : le gonfalonier Piero Soderini. Il incarne à bien des

1. *Discours sur les choses d'Allemagne et sur l'empereur*, in *Œuvres*, *op. cit.*, p. 65.

égards l'exact opposé de Ferdinand le Catholique. C'est partiellement un exemple négatif dans la réflexion politique de Machiavel, malgré les liens personnels qui unissaient les deux hommes. Ferdinand est dénué de scrupules et cruel au besoin, Piero Soderini est un homme bon, légaliste, patient et sage. Ces qualités morales le conduisent à l'échec politique. Non seulement elles n'apparaissent pas adaptées à la qualité des temps à cette époque, mais elles génèrent en outre une illusion sur la possibilité effective de vaincre les adversaires : Pierro Soderini « pensait par sa patience et sa bonté vaincre l'envie qu'avaient les fils de Brutus de revenir à un autre gouvernement et qui se trompa. Bien que, par sa prudence, il ait compris cette nécessité, et que le sort et l'ambition de ceux qui le combattaient lui aient donné l'occasion de les supprimer, il ne prit néanmoins jamais le parti de le faire[1] ». En effet, Soderini espère pouvoir calmer les inimitiés grâce à quelques bienfaits et n'entend pas recourir à la manière forte pour briser ses ennemis. Il ne veut pas rompre avec la légalité. Un tel scrupule, commente Machiavel, est en principe louable. Mais il conduit à un résultat fâcheux : ses ennemis assoient chaque jour un peu plus leur position jusqu'au jour où la fortune leur donne l'occasion de le vaincre. La conclusion de Machiavel, à ce sujet, est aussi brutale qu'un couperet : « Pour n'avoir pu ressembler à Brutus, il perdit, avec sa patrie, son pouvoir et sa réputation[2]. » Soderini n'a pas compris que la méchanceté n'est apaisée par aucun moyen. Qui plus est, en matière de politique extérieure, il a cherché à « jouir du bénéfice du temps » quand il ne le fallait pas. Il entendait négocier, temporiser, voire opter pour la neutralité alors que l'on était dans un moment de l'histoire où il fallait choisir

1. *Discours*, *op. cit.*, III, 3, p. 398.
2. *Ibid.*, p. 399. Cf. aussi à ce sujet III, 9 et 30.

son camp. Cette bonté aveugle lui ferme les portes de l'enfer, écrit Machiavel en 1525 :

« La nuit où mourut Piero Soderini,
Son âme alla frapper aux portes de l'Enfer,
Et Satan lui cria : "Que viens-tu faire ici, pauvre imbécile !
Remonte donc aux limbes, avec les enfants mort-nés[1]". »

*France, Allemagne et cantons suisses : les légations à l'étranger*

Au cours de cette période, la mémoire politique de Machiavel n'a pas seulement engrangé le souvenir de personnalités hors du commun ou discutables eu égard aux impératifs de l'action politique en temps de crise. Certaines missions donnent lieu, par ailleurs, à l'écriture de textes d'une teneur et d'un style nouveaux, notamment celles qui sont effectuées par Machiavel au-delà des frontières du territoire italien. *Sur la nature des Français* et *Petite note à l'intention de qui va en ambassade en France*, les écrits qui nous sont restés des premières années passées au service de la chancellerie à propos de ces missions en France, recèlent nombre d'indications sur la manière dont doit procéder un ambassadeur en voyage : comment réserver une auberge, que faire lorsqu'on traverse telle ou telle ville italienne, comment se comporter face aux autorités civiles, quelle révérence faire, quel pourboire donner, comment demander audience, qu'acheter dans telle ou telle région, etc. Machiavel délivre ici un véritable viatique afin d'éviter à ses confrères tout désagrément, diplomatique et avant tout quotidien : ainsi indique-t-il que l'on trouve du bon pain en Savoie et en Maurienne ; ainsi recommande-t-il

1. *Épigrammes*, in *Œuvres*, *op. cit.*, p. 1098.

de faire suspendre par les domestiques les bottes, afin d'éviter les rats, de donner un pourboire à la chambrière ou au valet d'écurie en quittant l'auberge, « pour ne pas avoir les oreilles importunées[1] ».

*Sur la nature des Français* est un texte très bref, d'une page environ, dans lequel Machiavel énonce quelques remarques, fruit de ses observations. Elles portent sur le caractère des Français tel qu'ils le donnent à voir, selon lui, lors des négociations et des discussions diplomatiques. Elles ne sont guère élogieuses. Mais en réalité, Machiavel cherche moins à juger qu'à permettre à son lecteur de comprendre comme les Français vont réagir et de prévoir leurs actions. Ainsi, cette révélation importante selon laquelle, « en de nombreuses affaires », les Français « n'ont qu'une grossière estime pour leur honneur, à la différence des seigneurs italiens ». C'est un indice pour toute future ambassade : elle ne pourra jouer sur le sentiment d'honneur lorsqu'elle aura à négocier quelque chose avec les Français.

Les écrits issus des légations ultérieures en France et en Allemagne sont d'une autre plume. Dans le *Portrait des choses de France*, écrit en 1510, tous les aspects du royaume de France qui peuvent intéresser un gouvernement voisin sont passés en revue : la constitution du royaume et les raisons pour lesquelles il se transmet, sans être démembré, de génération en génération ; l'armée, sa composition, les origines sociales des soldats, la manière de combattre des Français que Machiavel soumet à une comparaison avec celle des Espagnols et des Italiens ; l'économie du royaume, son agriculture, sa main-d'œuvre ; la manière dont les richesses de France sont dépensées et le mode de vie des Français ; la

1. *Petite note à l'intention de qui va en ambassade en France*, in *Œuvres*, *op. cit.*, p. 43.

situation géopolitique du royaume de France et notamment les « craintes » qu'il peut éprouver à l'égard des ambitions anglaises et espagnoles ; les revenus et l'organisation de la Couronne. Des informations utiles au voyageur et au négociateur, on est passé à une analyse politique et géopolitique de premier ordre.

Dans le royaume de France, Machiavel paraît frappé par la soumission des princes féodaux au roi : les « bonnes provinces de France appartiennent aujourd'hui à la Couronne et non aux féodaux », car ceux-ci ont été soumis au roi, de telle sorte que « se révolter ou s'en rendre ennemi risquerait de faire plus de mal que de bien[1] ». Il ne l'est pas moins par la soumission des sujets aux féodaux, « totale » à ses yeux. Mais cette pyramide de l'autorité lui semble reposer sur un équilibre subtil : de même que la Couronne ne tire aucun profit des féodaux, sinon sur les revenus du sel, et ne les taxe jamais, sauf en cas d'extrême nécessité, les féodaux taxent leurs sujets sans dépasser certaines bornes : « Leurs revenus consistent en taxes sur le pain, le vin, la viande, comme ci-dessus, tant par feu, tous les trois mois ; mais ils ne dépassent pas six ou huit sous par feu, tous les trois mois. Les tailles et les emprunts ne peuvent être levés sans le consentement du roi, et il y consent rarement[2]. »

Dans *Le Prince*, de telles analyses nourrissent sa réflexion sur les rapports de pouvoir internes au royaume de France, entre le roi, les féodaux et leurs sujets. Les féodaux lui paraissent soumis au roi, mais, à la différence des administrateurs du royaume du Turc, ils n'en ont pas moins une légitimité reconnue, contre laquelle même le roi ne peut rien faire : « Toute la monarchie du Turc est gouvernée par un seul seigneur, les autres sont ses serviteurs et, divisant son royaume en

1. *Portrait des choses de France*, in *Oeuvres*, *op. cit.*, pp. 44-45.
2. *Ibid.*, p. 51.

sandjaks, il y envoie divers administrateurs et les transfère et les change comme bon lui semble. Mais le roi de France est placé au milieu d'un grand nombre de seigneurs anciens en cet état, reconnus de leurs sujets et aimés par eux ; ils ont leurs privilèges, le roi ne peut les leur enlever sans péril pour lui[1]. »

Le roi de France n'en bride pas moins l'ambition des féodaux. S'il ne peut mettre en cause leur pouvoir et leurs privilèges, il s'attache à ce que ceux-ci ne prétendent pas à plus qu'ils n'ont déjà et n'abusent pas de leur position au détriment de leurs sujets. Le roi s'appuie, à cette fin, sur le parlement. Machiavel admire ce mécanisme politique qui permet au roi de ne pas intervenir en personne, tout en bénéficiant de l'action du parlement : « Celui qui ordonna le royaume, connaissant l'ambition des puissants et leur insolence, et jugeant qu'un frein à la bouche, qui les corrigeât, leur était nécessaire, et connaissant d'autre part la haine de l'ensemble du peuple à l'égard des grands, fondée sur la peur, et voulant les rassurer, il ne voulut pas que celle-ci fût le souci particulier du roi. [...] Et c'est pourquoi il constitua un tiers juge qui fut celui qui, sans responsabilité pour le roi, battait les grands et favorisait les petits[2]. »

De ces missions auprès de l'empereur Maximilien, il tire d'autres leçons. On retrouve également dans son *Rapport sur les choses d'Allemagne fait ce jour, 17 juin 1508* et dans son *Portrait des choses d'Allemagne* (1512) une description raisonnée de l'organisation politique de l'empire, des caractéristiques de son armée, des sources de sa richesse, de ses us et coutumes. Cette mission en Allemagne a acquis par la suite une importance fondamentale dans la réflexion politique de Machiavel,

1. *Le Prince*, *op. cit.*, 4, p. 71.
2. *Ibid.*, pp. 134-135.

car en se rendant auprès de l'empereur Maximilien, il a traversé les cantons suisses. Or, de la même façon que les communes franches de l'empire, les cantons suisses n'ont qu'une ambition : conserver leur liberté et se préserver des princes. Alors qu'en Italie on assiste depuis quelques décennies à la montée en puissance d'un petit nombre de familles ou de princes régnants, les régimes libres se maintiennent de l'autre côté des Alpes. L'exemple paraît tout à fait frappant à Machiavel, d'autant que les Suisses sont de féroces soldats : à la différence des princes italiens, ils n'entretiennent pas de *condottiere* mais arment leurs habitants. Richesse, ordre, sobriété du mode de vie, vigoureuse défense de la liberté : tels sont les traits qui retiennent l'attention de Machiavel lors de sa mission auprès de Maximilien.

Dans les *Discours sur la première décade de Tite-Live*, Machiavel a élaboré, à partir de ces observations, un exemple allemand de « vivre libre », distinct de celui de Rome ou de Venise. Sa présence est d'autant plus notable qu'il s'agit d'un exemple contemporain, et non antique, comme la plupart de ceux convoqués par Machiavel dans sa méditation sur les conditions de la liberté. À ses yeux, l'Allemagne incarne la piété, la vertu et l'obéissance aux lois, la frugalité et surtout la défense acharnée, au besoin violente, de la liberté : « [...] ces Républiques, où l'on a gardé un mode de vie politique et non corrompu, ne tolèrent qu'aucun de leurs citoyens soit un gentilhomme, ou vive à la façon d'un gentilhomme. Au contraire, elles maintiennent entre eux une même égalité, et sont très hostiles aux seigneurs et aux gentilshommes qui se trouvent dans cette province ; et si par hasard certains d'entre eux tombent entre leurs mains, ils les tuent comme étant source de toute corruption et cause de tout désordre[1]. » Cet exemple, avec celui

1. *Discours*, *op. cit.*, I, 55, pp. 229-230.

de Rome et de Venise, permet à Machiavel de suggérer qu'il y a plusieurs voies vers la liberté politique et de déterminer quelle est la voie propre à sa cité.

Au cours de cette période, l'expérience accumulée par Machiavel commence donc peu à peu à prendre forme, à travers l'identification d'exemples (personnes, cités, royaumes ou empires) qui se trouveront au cœur des œuvres à venir. Les écrits de cette époque, tout en ayant une destination pratique puisqu'ils sont rédigés au bénéfice de la chancellerie florentine, recèlent les cas d'école et une première formulation des analyses au fondement de la réflexion politique développée dans *Le Prince* et les *Discours*.

## *L'idée d'une milice civique*

À cette époque, Machiavel s'intéresse de manière privilégiée à des questions militaires. Son intérêt pour un tel sujet transparaissait déjà dans la *Première décennale* qui, à travers le récit des défaites militaires florentines et italiennes, posait une question essentielle : quelle armée sera apte à garantir à Florence sa sécurité et des victoires militaires ? Dans la première décennie du XVI$^{e}$ siècle, cette interrogation est déterminante en raison du projet de reconquête de Pise et du souci d'assurer à la cité florentine son maintien dans une Italie où, désormais, la politique intérieure est fortement influencée par les guerres et la présence de puissances étrangères.

C'est souvent en relation avec la reconquête de Pise que Machiavel a, déjà au cours de ses premières années de chancellerie, accompli ses missions ou pris position sur les questions militaires, de l'assassinat du *condottiere* Vitelli à la légation en France, en passant par sa critique ouverte des capitaines français et suisses qui, en 1499, avaient devant Pise séquestré les commissaires florentins. Son credo est la formation d'« une armée propre », d'une milice florentine dont les membres seraient recrutés parmi les sujets de la cité et défendraient le territoire par amour de la patrie et non pour un salaire incertain. L'échec de l'assaut lancé en 1506 et la fuite des mercenaires déterminent le gouvernement à permettre à Machiavel de donner vie à son projet de milice, exposé en 1505 dans le *Rapport sur l'institution de la milice* et en 1506 dans le *Discours sur l'ordonnance des milices de Florence* : « Les magnifiques et très hauts seigneurs ayant considéré comme quoi toutes les Républiques qui par les temps passés se sont conservées et agrandies ont toujours eu pour principales fondations deux choses, à savoir la justice et les armes, afin de pouvoir tenir en bride et corriger leurs sujets et se défendre contre leurs ennemis ; ayant considéré que votre République est bien munie et ordonnée de bonnes et saintes lois concernant l'administration de la justice, et qu'il lui manque seulement de se pourvoir de bonnes armes ; ayant appris à connaître à la suite d'une longue expérience, non sans grands débours et dangers, combien peu d'espoir on peut placer dans les gens de l'étranger et dans les armes mercenaires, puisque si celles-ci sont nombreuses et réputées, elles sont soit insupportables soit suspectes, et que si elles sont chétives et dépourvues de réputation, elles ne sont d'aucune utilité ; [lesdits seigneurs] ont jugé qu'il était bon de s'armer d'armes qui leur soient propres et d'hommes qui leur soient propres[1]. »

Ce projet renoue avec une tradition ancienne des communes italiennes du centre et du nord de l'Italie qui, avant d'employer des mercenaires, avaient une organisa-

1. *Discours sur l'ordonnance des milices de Florence*, in *Lettres familières*, II, *op. cit.*, p. 74.

tion militaire fondée sur l'idée que chaque citoyen devait participer à la défense de la cité. L'emploi de *condottieri* et de soldats étrangers s'était développé au cours du *Quattrocento*, à mesure que se constituait une prospère classe marchande et se développait un pouvoir de type oligarchique. « Autrefois », en effet, c'est-à-dire au cours du *Trecento*, « le peuple prenait généralement les armes et menait lui-même la guerre [...] avec le temps, cependant, la conduite des opérations militaires passa plus souvent à des soldats mercenaires. Alors, le pouvoir dans la cité parut reposer non plus sur la foule, mais sur les patriciens et sur les riches qui pouvaient apporter de l'argent au gouvernement et dont les conseils le servaient mieux que les armes. C'est ainsi que le pouvoir populaire s'effrita peu à peu et que le gouvernement prit la forme que nous lui connaissons[1]. »

### *Machiavel, recruteur et instructeur de l'armée des citoyens florentins*

Machiavel entreprend de recruter des soldats dans le *contado* florentin, le territoire dominé par la cité, peuplé de paysans qui assurent la subsistance des classes urbaines. Il est, au début de l'année 1506, dans le val du Mugello et dans le Casentino pour sélectionner des hommes. Il réclame à la chancellerie des armes, des chausses et des pourpoints. À mesure que l'année avance, il s'adjoint des chefs de milice afin de recruter plus et plus vite. Enfin, il organise des revues et des parades qui confèrent à cette milice une certaine visibilité, à Florence, alors même que la reconquête de Pise ne progresse pas[2]. Au fil du temps,

1. *Leonardi Aretini De Florentinorum republica*, trad. du grec par B. Moneta, in *Philippi Villani Liber de civitatis Florentiae famosis civibus...*, Florence, éd. G. C. Galletti, 1847, p. 96.
2. Cerretani (B.), *Ricordi*, *op. cit.*, 1506 c. 62 v°, p. 118.

la Seigneurie semble se laisser de plus en plus convaincre par l'initiative de Machiavel : le 6 décembre 1506, une nouvelle magistrature, les Neuf de la milice, est créée. Machiavel est nommé à sa tête, en charge de l'organisation de l'armée florentine. Cependant, subsiste à Florence une opposition au projet de milice civique. On ne donne pas à Machiavel tous les moyens de la réaliser : on l'enjoint de mettre de côté le bel idéal de la vertu civique et militaire avant de l'envoyer, en 1507, loin de Florence, à Sienne, à Savone et finalement en Suisse, auprès de l'empereur Maximilien. Cependant, Machiavel ne perd pas le contrôle des affaires militaires, au moins pour ce qui concerne l'affaire pisane. On le retrouve, l'été 1508, enrôlant des compagnies pour assiéger Pise, conduisant lui-même les soldats au camp. En 1509, la ville se rend. C'est Machiavel qui négocie, en compagnie d'un autre commissaire à la guerre, Antonio de Filicaia, les conditions de sa reddition. On lui attribue en grande partie la victoire, mais au lieu de le promouvoir, on le renvoie presque aussitôt en mission. Dans les années suivantes, entre deux missions, Machiavel poursuit tant bien que mal son projet de milice au sein d'un contexte italien de plus en plus troublé : il organise une milice à cheval et cherche à garantir les défenses de Florence contre l'armée de la Sainte Ligue. Mais le sac de Prato met fin à son travail dans le domaine militaire, comme au reste de sa carrière.

## *La postérité d'une idée*

L'idéal de la milice ne mourra pas à Florence après 1512. Machiavel trouve en effet des héritiers : François Guichardin, Lodovico Alamanni et, plus tard, Donato Giannotti. Entre 1512 et 1516, les deux premiers reprennent à leur compte cet idéal. Ainsi, dans un *Discours* de

1516 adressé à Laurent de Médicis, Lodovico Alamanni affirme que l'organisation d'une milice permettrait d'affermir la position des Médicis et de rompre avec la politique qui a affaibli l'Italie et l'a transformée en terrain de conquête des armées étrangères. Comme Machiavel, il critique le recours aux mercenaires et promeut l'idée d'une armée de soldats qui défendront leur cité par amour de la patrie. Comme lui encore, il estime qu'il ne manque aux Florentins que le cadre et non la capacité, la force et la vertu.

Machiavel lui-même poursuit ses réflexions militaires dans les années 1510. Après 1512 et le retour des Médicis, il n'écrit plus sur la milice, mais ses écrits politiques reviennent abondamment sur la question des mercenaires et de la conduite de la guerre. Surtout, il rédige à la fin des années 1510 un dialogue, *L'Art de la guerre*, seul ouvrage publié de son vivant (en 1521) et *best-seller* européen[1]. Ce texte, qui connut vingt-trois éditions au XVI^e^ siècle, sans compter les nombreux plagiats et contrefaçons, témoigne de son intérêt nourri pour les questions de stratégie, d'armement et de recrutement des armées. Il présente plusieurs caractéristiques remarquables par rapport aux traités militaires de l'époque. L'une d'entre elles est le cosmopolitisme des analyses et la mise en perspective historique. Le souci de Machiavel se porte sur la réforme de l'armée florentine et sur la capacité des Italiens à repousser les barbares. Cependant, la réflexion exposée dans ce dialogue ne se cantonne pas à des considérations nationales, voire locales. Bien au contraire, l'organisation de l'armée, l'armement, les us et coutumes militaires italiens sont sans cesse mis en perspective avec ceux des Français, des Espagnols, des

1. On lira à propos de la pensée militaire de Machiavel : VERRIER (F.), *Les Armes de Minerve – l'humanisme militaire dans l'Italie du XVI^e^ siècle*, Paris, Presses de l'université de Paris-Sorbonne, 1997.

Suisses, etc. De ce point de vue, l'analyse porte la marque des guerres d'Italie qui ont suscité la rencontre de différentes armées européennes.

Le dialogue se concentre sur des questions relatives à l'organisation de la vie militaire : comment recruter et entraîner des soldats ? Quel exercice leur proposer afin d'endurcir leur corps et de discipliner leur esprit ? Qui désigner comme chef ? Quelle arme donner aux soldats ? Une multitude d'aspects sont passés en revue : la composition d'une armée, la disposition des bataillons, l'organisation d'une retraite, d'une embuscade, d'un siège, le rôle et la personnalité du capitaine… sans oublier des éléments qui renvoient de manière directe à l'expérience professionnelle de Machiavel à la tête des Neuf de la milice, avant tout logistique. Recruteur, il s'occupa également, à diverses reprises, de s'assurer de l'approvisionnement en armes et en nourriture des soldats. C'est pourquoi la question du logement et de l'alimentation des soldats intervient également, à côté de celle de la punition, du blâme et des récompenses, de la distribution du butin et de la crainte religieuse comme moyen de pression psychologique sur les soldats.

Malgré cette thématique dominante, Machiavel n'oublie pas, comme il l'a fait dans ses autres œuvres, de lier la question de l'armée à celle de l'organisation institutionnelle d'une cité : politique et militaire sont ici deux dimensions étroitement associées, même si, dans ce texte, il est surtout question de stratégie et de soldatesque. La préface est à cet égard tout à fait explicite : « […] tous les métiers que l'on organise dans une communauté pour le bien commun, toutes les institutions qu'on y établit pour vivre dans la crainte de Dieu et des lois, seraient vains, si l'on n'avait pas préparé leur défense. À condition d'être bien organisée, celle-ci les conserve, même si elles ne sont pas bien structurées. Inversement, les bonnes institutions, sans l'aide de l'armée, se dérèglent, tout comme les appartements d'un superbe et royal palais, lorsque, tout ornés qu'ils soient de pierres précieuses et d'or, n'étant pas pourvus d'une couverture, ils n'ont rien pour les protéger de la pluie[1]. » Que l'armée soit le toit protecteur des institutions politiques n'implique pas la constitution d'une armée de métier. Celle-ci, en effet, a intérêt à la guerre ; partant, son existence au sein d'une cité est un danger constant pour la paix. Aussi doit-on lever des soldats qui ont un autre métier. C'est pourquoi il préconise de recruter des paysans comme fantassins et des gens de la ville comme cavaliers. À cet égard, la question de la composition de l'armée n'est jamais traitée par Machiavel indépendamment de ses implications politiques.

1. *L'Art de la guerre*, in *Œuvres*, *op. cit.*, p. 471.

## Chapitre V

# LE TEMPS DE L'*OTIUM* ET DES DIALOGUES POLITIQUES : LES ANNÉES 1510

> « Oui, Nicolas, c'est bien le temps ou jamais de se montrer des sages. Je ne crois pas que votre philosophie soit jamais admise par tout le monde, par les fous comme par les sages ; mais le peu qu'il y en a suffit, vous me comprenez bien, quoiqu'elle ne présente pas ainsi une aussi belle apparence. Chaque jour vous découvre à mes yeux comme étant le plus grand des prophètes qu'aient eu les Hébreux ou n'importe quelle autre nation[1]. »

Au moment de la défaite de Prato, à la fin du mois d'août 1512, Machiavel se montre soucieux de conserver une fonction au sein de la chancellerie florentine alors que son protecteur et ami, Piero Soderini, a pris la fuite. Un tel souhait ne se réalise pas. Au contraire, cette défaite marque la fin de sa vie publique et de son travail politique au sein du gouvernement florentin. Elle signe le début d'une autre vie : « oisive », campagnarde et

1. Lettre de Filippo Casavecchia à Machiavel, 17 juin 1509, in *Lettres familières*, II, *op. cit.*, p. 177.

souvent fruste. Machiavel ne semble guère avoir apprécié cette période de loisir forcé, qui court de septembre 1512 à la fin des années 1510. Elle est cependant celle qui en a fait, encore aujourd'hui, un compagnon essentiel de notre réflexion politique : c'est en effet au cours de celle-ci qu'il écrit *Le Prince* et les *Discours sur la première décade de Tite-Live*.

### *Le retour des Médicis*

Le 7 septembre, le gonfaloniérat à vie est aboli. La fonction est maintenue, mais il est prévu qu'elle change de mains tous les ans. Giovanbattista Ridolfi, ancien partisan de Savonarole, est élu gonfalonier le 8 septembre. Le Conseil des Quatre-Vingts est renforcé et assume quelques-unes des tâches du Grand conseil, qui est toutefois également maintenu. Cette première réorganisation des magistratures, qui met fin au gouvernement populaire, répond au désir des grandes familles florentines, celles des Guicciardini, des Salviati, des Rucellai ou des Strozzi par exemple, et semble-t-il, plus à la vieille génération des optimates qu'aux jeunes, favorables dans un premier temps aux Médicis. Les grandes familles florentines permettent à ce moment aux Médicis de revenir à Florence et de reprendre possession de leurs biens. Cependant, elles ne présentent pas un front uni face aux Médicis. Leurs discordes permettent le retour de ces derniers au pouvoir. Julien de Médicis se trouve déjà dans la cité, lorsque le 14 septembre, ayant appris la fuite de Soderini, le cardinal Jean de Médicis entre à Florence, escorté par des troupes espagnoles, sous les acclamations des partisans des Médicis. Ces derniers se réunissent au Palazzo vecchio en parlement le 16 septembre et provoquent une nouvelle réforme des magistratures. Une *balià* de quarante-cinq, puis de soixante-cinq membres, est mise en place, dotée des pleins pouvoirs. Dans l'immédiat, elle met de l'ordre dans la situation financière, fait quelques réformes législatives et redistribue les magistratures : le Grand conseil, le Conseil des Quatre-Vingts et la milice de Machiavel sont supprimés. Les Soderini sont bannis, leurs biens confisqués. Dès ce moment, elle est contrôlée par le cardinal de Médicis. Dès 1514, toutes les institutions sont contrôlées par les Médicis. Les *accopiatori* manipulent les « bourses » pour s'assurer de l'élection de leurs partisans. Le bâtiment auparavant occupé par le Grand conseil est utilisé pour loger des soldats. Parmi tant d'autres, c'est le symbole que les affaires de l'État sont de nouveau aux mains des aristocrates.

### *Licenciement et arrestation de Machiavel*

Pendant ces quelques mois où se succèdent à vive allure les réformes institutionnelles et où se réorganise le pouvoir médicéen, Machiavel a cherché à préserver sa position au sein de la chancellerie, sans doute après avoir constaté qu'une lutte contre le retour des Médicis serait menée en pure perte. Il adresse plusieurs courriers à la famille Médicis, à Julien, mais aussi à Alphonsine Orsini Médicis, afin de proposer ses services, de relater les événements qui viennent de se produire et d'en exposer une analyse[1]. Entre les lignes, il faut deviner la suggestion que Machiavel fait à ses destinataires d'employer un serviteur de Florence fidèle comme lui plutôt que ceux qui « font la putain entre le peuple et les Médicis[2] ». Sa plaidoirie est vaine. En novembre, toutes ses fonctions sont supprimées. On l'accuse en outre de prévarication ; partant, on

1. Cf. *Lettres familières*, II, *op. cit.*, pp. 313-319.
2. *Aux Médicéens*, in *Œuvres*, *op. cit.*, p. 72.

lui interdit l'accès au Palazzo vecchio pendant un an tout en lui intimant l'ordre de rendre ses comptes et de ne pas quitter le territoire florentin pendant la même période de temps. L'heure est aux règlements de comptes, aux vengeances, aux mises à l'écart. Or Machiavel avait suscité une forte irritation, en raison de son rôle grandissant dans la République florentine sous le gonfaloniérat de Piero Soderini et l'impression qu'il donnait d'être son « espion », notamment lors des missions d'ambassade que certains auraient voulu voir remplies par des personnes issues de plus haute lignée que ce fils de « bâtard » de la famille Machiavel[1]. Nul ne proteste contre son départ.

Machiavel, en répondant à une lettre que Piero Soderini lui a envoyée sous un autre nom de Raguse, aggrave son sort. Enfin, au début de l'année 1513, il est accusé d'avoir participé à un complot contre les Médicis. Le 12 février 1513, en effet, Julien de Médicis est informé d'une conjuration contre le nouveau pouvoir. Les deux chefs de celle-ci, Agostino Capponi et Pietro Pagolo Boscoli, raconte Bartolomeo Cerretani, sont aussitôt arrêtés dans leur lit. Torturés, ils confessent avoir voulu assassiner Laurent et Julien de Médicis. Avant de mourir décapités, ils auraient livré le nom de leurs complices : un papier égaré par eux présente une liste de vingt noms, parmi lesquels figure celui de Machiavel. On ignore si Machiavel a activement participé à la préparation de cette conjuration ou si son nom a été mis sur la liste en vertu de son opposition connue au régime médicéen, et même si cette conjuration était réelle. Quoi qu'il en soit, les complices supposés d'Agostino Capponi et de Pietro Pagolo Boscoli sont arrêtés à leur tour. Certains d'entre eux sont enfermés, puis condamnés à jamais à l'exil : les

---

1. Selon les dires de CERRETANI (B.), *Ricordi*, 1509, novembre, *op. cit.*, c. 109 r°, p. 214.

Médicis font subir à leurs ennemis politiques le bannissement qu'ils ont eux-mêmes connu après 1494.

Machiavel est emprisonné au Bargello, l'hôtel de police florentin, sombre et imposant. On lui reproche son amitié avec les comploteurs et ses railleries d'autrefois à l'égard des Médicis. Il subit l'épreuve de la torture (six traits de corde destinés à disloquer ses membres), semble-t-il stoïquement : « Je veux que mes tourments vous donnent au moins le plaisir de savoir que je les ai supportés si fermement que je m'en aime moi-même et crois être supérieur à ce que je pensais[1]. » Initialement, sa condamnation est sévère : il est prévu de l'emprisonner à perpétuité. Machiavel écrit à Julien de Médicis et plaide sa cause à travers des poèmes. Il évoque les six traits d'estrapade marquant ses épaules, les poux qui se promènent sur les murailles de la prison, « si gras et si dodus qu'on dirait des papillons », les liens qui le retiennent, la puanteur et le vacarme produit par les hurlements des prisonniers, les prières inutiles que l'on fait pour eux. Il implore sa clémence et, avant tout, son attention[2]. On ne sait si ces vers ont touché Julien de Médicis ou si celui-ci s'est montré plus attentif aux paroles de certains protecteurs de Machiavel, tel l'archevêque de Florence qui suggère de l'assigner à résidence dans son domaine campagnard, le jugeant plus fou que dangereux[3]. Plus vraisemblablement, c'est sans doute à la mort du pape Jules II et à l'élection de Jean de Médicis au pontificat, sous le nom de Léon X, que Machiavel doit sa remise en liberté : la cité gagne, à travers cette élection, un prestige nouveau ; elle est assurée que l'exploitation des mines d'alun de Tolfa, dans la Maremme pontificale, lui revien-

1. Lettre à Francesco Vettori, 18 mars 1513, in *Œuvres*, *op. cit.*, p. 1232.

2. Cf. *Œuvres*, *op. cit.*, pp. 1097-1098.

3. CERRETANI (B.), *Ricordi*, 1513, février, *op. cit.*, c. 164 v°, pp. 299-300.

dra. La ville et la famille de Médicis festoient : « *Palle ! Palle è papa !* », s'écrient leurs partisans, jouant sur la proximité sonore du symbole des Médicis, les boules qui figurent sur leurs armoiries, et du terme qui désigne le chef de la chrétienté[1]. Dans une atmosphère d'espérance, le nouveau pape organise des cérémonies fastueuses pour célébrer son élection. Tandis qu'une procession part de l'église de San Pietro pour rejoindre celle de San Giovanni in laterano, en passant par la via papale, décorée pour l'occasion d'arcs de triomphe décorés de thèmes empruntés à la mythologie grecque, les prisonniers de la conjuration sont libérés. Machiavel est relâché, non sans avoir payé une forte amende.

### *Recherche d'un emploi au sein du gouvernement médicéen*

Machiavel croit alors que les temps à venir lui seront plus propices, non seulement parce qu'il fera désormais preuve d'une plus grande prudence, mais aussi, dit-il également à Francesco Vettori, parce que les gouvernants seront moins suspicieux et plus libéraux : « Les circonstances seront plus douces et les soupçons moins nombreux[2]. » Il se trompe. Jean de Médicis est désormais à Rome. Il confie d'abord la tâche de gouverner Florence à son frère Julien. Ce dernier paraissant avoir peu d'appétence pour cette fonction, il décide au cours de l'été 1513 que son neveu Laurent dirigera la cité et que Julien, à défaut de la gouverner, en sera le capitaine. À Laurent, Léon X donne une *Instructione* destinée à

1. CERRETANI (B.), *Dialogo della mutatione di Firenze*, éd. de R. MORDENTI, Rome, Edizioni di storia e letteratura, temi e testi, Nuova serie, 34, 1990, p. 77 [1re éd., 1520].

2. Lettre à Francesco Vettori, 18 mars 1513, in *Œuvres*, *op. cit.*, p. 1231.

l'aider dans le gouvernement de la cité. Le nouveau pape donne plusieurs conseils à son jeune neveu : il souligne que la politique médicéenne est une politique de personnes plus que d'institutions. Il lui recommande d'administrer la justice de manière impartiale, et d'être sans pitié face aux ennemis politiques, afin de combattre efficacement la formation de factions. De Rome, Léon X exerce une influence déterminante sur la politique florentine. Pour la cité, les conséquences de ce lien sont multiples. Certains en profitent : la position des Médicis dans l'Église renforce leurs liens avec l'aristocratie florentine, qui bénéficie de ce fait de prestigieuses positions professionnelles, financièrement très avantageuses. Mais la contribution financière à la politique de Léon X pèse lourdement sur le budget de la cité. Du point de vue politique, la neutralité recherchée par le gouvernement précédent n'est plus envisageable.

Dès le début, Machiavel a perçu le poids de cette influence romaine sur la politique florentine. Il ne sollicite pas par hasard l'aide de son ami Francesco Vettori. Ce dernier, presque contemporain de Machiavel (il est né en 1474), est un Florentin de bonne famille, doté d'une éducation classique et très tôt introduit dans l'univers de la politique par son père. Machiavel et lui ont fait connaissance dans les années 1500. Ils sont demeurés liés l'un à l'autre. Lorsque Machiavel est emprisonné, Vettori est depuis peu ambassadeur de Florence à Rome. Machiavel estime qu'il est susceptible d'intercéder en sa faveur auprès du nouveau pape, Léon X : « Rappelez-moi, s'il est possible, au bon souvenir de sa Sainteté, afin, si c'est possible, qu'elle commence à m'employer, lui ou les siens, dans quelque affaire, parce que je vous ferais honneur ainsi qu'à moi profit[1]. » Cette prière sera

1. *Ibid.*, p. 1232.

réitérée bien des fois au cours du printemps 1513 : « Je me recommande à vous et à Paolo » ; « je voudrais que vous me conseilliez : vous semble-t-il à propos que je lui écrive [au cardinal Soderini] pour me recommander à Sa Sainteté ; ou bien vaut-il mieux que vous fassiez de vive voix cette démarche auprès du cardinal ; ou bien est-il préférable de ne rien faire de ces choses ? » ; « je ne puis croire que, mon affaire étant menée avec quelque adresse, je ne réussisse pas à être employé à quelque chose[1] ».

Toutefois, rien n'aboutit au cours de cette période, que Machiavel dit vivre comme un songe[2]. On comprend qu'un tel retournement de situation en l'espace de quelques mois laisse un homme désorienté. Néanmoins, s'il ne retrouve pas d'emploi, Machiavel ne se laisse pas aller au désespoir. Dans sa correspondance, il dit aussi se divertir, prenant part aux célébrations données en l'honneur de l'élection de Jean de Médicis à la papauté, allant voir chaque jour « quelques filles » en compagnie d'amis pour se refaire des forces[3]. Peut-être pressent-il que l'attendent quelques années d'une *vita contemplativa*. Quoi qu'il en soit, il déclare s'armer de patience contre la mauvaise fortune et être prêt à vivre dans l'ombre : « Je vivrai sur cette terre comme j'y suis venu, car je suis né pauvre et ai appris les privations avant les plaisirs[4]. » Il continue, enfin, à faire ce qu'il a toujours fait, depuis ses premières missions à la chancellerie florentine : écrire.

1. Respectivement : Lettres à Francesco Vettori du 18 mars 1513, du 9 avril 1513, du 16 avril 1513, in *Œuvres*, *op. cit.*, p. 1232, p. 1234, pp. 1535-1536.
2. *Ibid.*, p. 1233.
3. *Ibid.*
4. *Ibid.*, p. 1232.

## *L'oisiveté : un temps de loisir, de lecture et d'écriture*

L'amour et les femmes, la poésie et la littérature, l'écriture et la politique : la nouvelle vie de Machiavel s'organise autour de ces trois pôles. En décembre 1513, il écrit une nouvelle lettre à Francesco Vettori, tout à fait éloquente à cet égard. Il n'est plus vraiment question de retrouver un emploi auprès des Médicis. Machiavel s'est installé dans son domaine de Sant'Andreà in Percussina. Il chasse, mange en compagnie de sa famille, surveille les paysans qui travaillent dans son petit domaine, composé de quelques terres, d'une oliveraie et de quelques bois. Il se rend à l'auberge voisine, dont il possède les murs, y joue au trictrac avec ses clients et s'informe des nouvelles qui parviennent en ce lieu grâce aux voyageurs de passage. Il se rend dans les bois, « un livre sous le bras », Dante, Pétrarque, Tibulle, Ovide, et le récit de leurs passions amoureuses lui remémore les siennes. Mais voilà que vient le soir, et à la nuit tombée il se métamorphose, se dépouillant de son vêtement fangeux pour revêtir des habits de cour. Ainsi est-il aimablement accueilli par les hommes de l'Antiquité[1]. Il les questionne ; ils lui répondent, et assouvissent ainsi sa véritable passion : « Car la fortune a voulu que, ne sachant parler ni de l'art de la laine, ni de l'art de la soie, ni de gains ni de pertes, il me faut parler des choses de l'État ; et je dois ou faire vœu de me taire, ou parler de ces choses[2]. » Cette lettre est un magnifique témoignage des effets bénéfiques du colloque intime qu'entretient Machiavel avec les Anciens au cours de ces années de loisir forcé. Il retrouve la paix de l'âme : « Et durant

---

1. Lettre à Francesco Vettori, 10 décembre 1513, in *Œuvres*, *op. cit.*, p. 1239.
2. Lettre à Francesco Vettori, 9 avril 1513, *loc. cit.*

quatre heures je ne ressens aucun chagrin, j'oublie tout tourment, je ne crains pas la pauvreté, je n'ai pas peur de la mort[1]. »

La passion de Machiavel pour les affaires de l'État se perpétue dans la correspondance qu'il entretient avec Francesco Vettori à propos de la situation géopolitique internationale. La situation de Florence paraît, au moins pour un temps, devoir susciter moins d'inquiétude. Mais les événements se succèdent à un rythme rapide et laissent présager de futurs bouleversements. Jules II meurt et laisse la place à Jean de Médicis. Le royaume français et le Vatican font alors la paix. Louis XII renonce au concile qu'il comptait voir initialement organisé à Milan ; il épouse en troisièmes noces la sœur de Henri VIII, avec qui il se réconcilie également. En 1515, il meurt à son tour. François Ier duc d'Angoulême lui succède à l'âge de vingt ans. Peut-être plus encore que ses prédécesseurs, François Ier, petit-fils de Valentine Visconti, nourrit le désir de conquérir l'Italie – désir qu'il met en œuvre avec une grande célérité. Dès l'année où il accède au trône, il achète la neutralité des Anglais, s'acquiert l'appui du pape et l'alliance vénitienne. Franchissant les Alpes, il se heurte aux Suisses en Lombardie, au sud-est de Milan, et remporte la victoire de Marignan. Elle lui permet de reprendre la tête de Milan et de recevoir du pape Parme et Plaisance. Nouveau duc de Milan, François Ier promet de défendre les Florentins contre tout agresseur, négocie le concordat de Bologne avec Léon X en 1516, et forme avec lui une ligue qui comprend aussi Florence et le duché d'Urbino. Enfin, il conclut avec les Suisses une « paix perpétuelle » la même année. Elle lui permet de recruter des mercenaires dans les cantons suisses, ceux-ci renonçant à servir une autre bannière que celle du royaume de France. Ils

1. Lettre à Francesco Vettori, 10 décembre 1513, *loc. cit.*

cèdent en outre à François Ier Lugano et Locarno. Enfin, encore en 1516, le successeur de Ferdinand d'Aragon, mort en janvier, signe avec lui le traité de Noyon qui reconnaît les droits de la France sur le Milanais en échange d'une promesse de mariage avec la fille de François Ier, Louise, née l'année précédente. C'est également à ce moment que l'empereur, qui accepte les termes du traité de Noyon, s'entend avec Venise.

Cette stabilisation provisoire de la situation géopolitique de l'Italie donne à Machiavel l'opportunité de mettre en forme les leçons politiques qu'il a reçues au cours des années de chancellerie. La lettre du 10 décembre 1513 à Francesco Vettori est importante à cet égard, car elle constitue l'unique témoignage laissé par son auteur à propos de la genèse du *Prince*. Elle permet d'en dater assez précisément la composition et nous renseigne sur son objet tel que Machiavel le concevait : cet opuscule, dit-il, débat « de ce qu'est la monarchie, combien d'espèces il y en a, comment on l'acquiert, comme on la garde, pourquoi on la perd[1] ». Ce livre qui, entre tous, rendit son auteur célèbre, ne fut publié qu'en 1532, simultanément à Rome (éditions Antonio Blado) et à Florence (éditions Bernardo Giunta), et ne circula auparavant que sous forme manuscrite. Mais il fut rédigé pour l'essentiel en 1513. Dès 1514, il circulait et l'on croit savoir que Machiavel, autorisé à revenir dans la cité florentine cette année-là, l'offrit à Laurent de Médicis (le Jeune), dans l'espoir de retrouver une charge officielle. Il se présente alors comme un homme qui n'a ni « dormi » ni « joué » les années passées au service de l'État, en homme loyal, plein d'expérience et de dévouement, en homme qui, sans flatterie, saura enseigner au prince régnant l'art de conquérir et de se maintenir. Vraie ou

1. Lettre à Francesco Vettori, 10 décembre 1513, *loc. cit.*

fausse, l'anecdote selon laquelle ce don de Machiavel fut complètement dédaigné par Laurent de Médicis, au profit d'un couple de chiens de chasse, offerts au même moment, est là pour nous rappeler que l'ambition professionnelle de Machiavel demeura longtemps insatisfaite : son geste fut aussi peu fructueux que les éventuelles démarches de Francesco Vettori, quelques mois auparavant. Traduit et commenté dans différentes langues européennes dès le XVI^e siècle, mis à l'Index par le Vatican en 1551 (il ne sera ôté de la liste qu'en 1929), l'ouvrage ne fut d'aucun secours à son auteur de son vivant.

L'impossibilité à trouver grâce aux yeux des nouveaux maîtres de Florence suscite parfois le découragement de Machiavel qui, en juin 1514, dépeint sa situation à Francesco Vettori avec moins d'humour et de poésie que dans son courrier de décembre : « Je demeurerai donc dans ma pouillerie, sans trouver quelqu'un qui se souvienne des services que j'ai rendus, ou qui croie que je peux être bon à quelque chose. Mais il est impossible que je puisse demeurer longtemps ainsi, car je m'use et vois que, si Dieu ne m'est pas plus favorable, je serai un jour contraint de partir de chez moi, de me placer comme précepteur ou secrétaire de quelque connétable, si je ne puis rien faire d'autre ; ou bien me fourrer dans quelque pays désert pour apprendre à lire aux enfants, et laisser ma famille, qui croira que je suis mort. Elle vivra beaucoup mieux sans moi, car je lui coûte cher, étant habitué à dépenser et ne pouvant vivre sans dépenser[1]. » Mais Machiavel n'est pas un homme fait d'un seul bois. Son humeur est changeante et complexe. S'il souffre indiscutablement de sa situation financière et professionnelle, s'il aspire en

1. Lettre à Francesco Vettori, 10 juin 1514, in Œuvres, *op. cit.*, p. 1245.

vain à travailler de nouveau pour le gouvernement de sa cité, il sait se laisser aller à certains plaisirs, ceux de l'amour par exemple. À la fin de l'été 1514, la rédaction du *Prince* paraît achevée. Selon ses propres termes, il passe alors de l'étude des événements antiques et de la méditation sur les choses modernes aux « doux entretiens », aux plaisirs et au bonheur de l'amour : « N'allez pas croire qu'Amour ait employé des moyens ordinaires pour me saisir, car, sachant qu'ils n'auraient pas suffi, il a pris des voies extraordinaires, dont je n'ai su ni voulu me garder[1]. »

### *La rédaction de « l'opuscule » du Prince*

Si Machiavel, pris dans les rets de l'amour, peut momentanément oublier l'échec de sa démarche auprès de Laurent de Médicis, il faut encore, pour notre part, nous attarder sur son opuscule. En effet, l'espoir de rentrer dans les faveurs médicéennes n'épuise pas – c'est une évidence – le sens et la portée du *Prince*, quelle qu'ait pu être d'ailleurs la disposition d'esprit de Machiavel dans les années 1513-1514. Ce texte constitue le fruit extraordinaire d'une démarche d'écriture politique novatrice. Écriture, tout d'abord, d'un commis de la chancellerie florentine, qui ne fait ni partie du petit personnel, ni de la caste des ambassadeurs, observateur sans pouvoir de décision mais lu avec attention et écouté jusqu'en 1512. Écriture qui, nous l'avons vu, au fil des années, trouve progressivement sa marque, son style, ses figures : métaphores fulgurantes, exemples et contre-exemples décisifs, énoncés lapidaires de règles et de maximes d'action,

1. Lettre à Francesco Vettori, 3 août 1514, in *Œuvres*, *op. cit.*, p. 1246.

souvent contredites, fables historiques qui présentent des énoncés à valeur de règles et de maximes de manière imagée, phrasé elliptique et syntaxe hachée, rapide, qui semblent épouser les contours et le rythme d'une « événementialité » aux apparences incontrôlables, répétitions enfin qui indiquent la tâche du prince jusqu'à l'obsession (fonder, conquérir, se maintenir). En 1513, dans son cabinet, seul et inemployé, Machiavel est devenu écrivain politique.

Crée-t-il la prose italienne[1] ? Sans doute y contribue-t-il. Il offre un exemple d'écriture d'une extrême densité : la pensée paraît comme condensée dans ce « don », duquel il souligne lui-même la petitesse et la brièveté, reprenant la remarque d'Agostino Vespucci à propos de la *Première Décennale* de 1504 : « Si les événements périlleux sont délectables à qui s'en souvient, la mémoire de ces dernières années devra vous être agréable, puisqu'elles ont été périlleuses entre toutes. Nicolas Machiavel les ayant évoquées en ces vers avec une merveilleuse brièveté, en citoyen désireux de vous témoigner la reconnaissance des nombreux honneurs qu'il a reçus de vous, j'ai jugé bon d'imprimer ces vers afin que le présent vous en paraisse plus courtois. Vous ne vous choquerez pas de votre côté de lire, contées dans un tel style et de si brève manière, des choses d'une telle gravité et importance, car il ne les a pas réduites à un si petit volume et en si peu de vers que pour vous permettre de pouvoir repasser en peu de temps, et en chantant, tous les dangers qu'au cours de ces dix années vous avez encourus en pleurant. En outre, ce petit ouvrage ne sera pas un paiement de ce que vous doit l'auteur, mais ce seront là des arrhes sur

---

1. DE SANCTIS (Fr.), « Machiavelli », chap. XV, in *Storia della letteratura italiana*, éd. de N. GALLO, introd. de G. FICARA, Turin, Einaudi, 1958, Einaudi-Gallimard, 1996, p. 473 [1re éd., 1870-1871].

l'œuvre plus étendue qu'avec non moins de secret il ourdit cependant dans sa boutique[1]. »

À travers cette écriture sèche, sans fioritures, parfois brutale, il contribue en outre, à la suite de Savonarole, à bouleverser les catégories de la réflexion politique : à l'habituelle classification des régimes en gouvernement de l'un, du petit nombre et du grand nombre, de leurs formes pures et de leurs formes corrompues, il substitue le binôme république et principat. Il néglige la recherche du meilleur régime, de la norme politique, au profit d'une considération attentive de « la qualité des temps » et des mœurs politiques : certaines époques, certaines mœurs sont compatibles avec la fondation d'une république ; d'autres non. D'autre part, la difficulté n'est pas la même selon que l'on est un prince nouveau ou un prince héréditaire, un prince séculier ou un pape. Enfin, il refonde le rapport entre politique et morale. Face à la promotion exclusive des vertus chrétiennes véhiculées par les miroirs princiers médiévaux, face aux catalogues de vertus humanistes élaborés au XVe siècle, qui font place à certaines vertus mondaines, telles que la magnificence, Machiavel oppose la nécessité de simuler et de dissimuler lorsqu'on est prince, de se situer dans l'univers de l'apparaître, en oubliant ce que l'on est, en cultivant sa capacité de métamorphose, et surtout celle de suivre la « vérité effective de la chose » : « Parce qu'il y a si loin de la manière dont on vit à celle dont on devrait vivre que celui qui laisse ce qui se fait pour ce qui devrait se faire, apprend plus vite sa ruine que sa préservation ; parce qu'un homme qui veut faire en toutes parts profession d'homme bon, il convient qu'il aille à sa ruine parmi tant qui ne sont pas bons. Il est donc nécessaire à un prince qui veut se maintenir

---

1. VESPUCCI (A.), *Aux lecteurs florentins*, préface à l'édition de la *Première Décennale*, février 1505, in *Lettres familières*, *op. cit.*, I, p. 498. Cf. aussi la lettre de E. Bentivogli à Machiavel, le 25 février 1506, *Ibid.*, p. 497.

d'apprendre à pouvoir n'être pas bon et à en user et ne pas en user selon la nécessité[1]. »

La distinction entre bien et mal est maintenue du point de vue moral ; elle est relativisée dans la perspective de la conquête et du maintien au pouvoir. Or celle-ci est prioritaire aux yeux de Machiavel, peut-être parce qu'il est venu à la politique dans un contexte historique et géopolitique de grande instabilité des pouvoirs en place, où tout gouvernement se trouvait fragilisé. L'Italie attend son rédempteur, conclut Machiavel dans le dernier chapitre du *Prince*. Ses propos en matière de politique « par-delà bien et mal » prennent d'abord sens dans cet horizon de « ruine ».

### *Les* Discours sur la première décade de Tite-Live *: un commentaire politiquement engagé*

Au cours de l'année 1513, Machiavel ne s'est pas contenté de rédiger *Le Prince*. Il a également amorcé, sans doute avant la rédaction du scandaleux opuscule, l'écriture des *Discours sur la première décade de Tite-Live*. Tite-Live, redécouvert par Pétrarque, était rapidement devenu, au cours du *Quattrocento*, l'un des auteurs les plus reconnus, imités et cités à Florence. Lorsque Machiavel engage la rédaction des *Discours*, le couple Rome-Florence (que Florence soit conçue comme la fille de Rome ou comme une seconde Rome) est familier des Florentins depuis la publication des chroniques et histoires préhumanistes. Mais le choix d'en proposer un commentaire ne manque pas non plus d'originalité, dans une Florence devenue au fil des années plus philhellène que romaine. La singularité de cette œuvre tient aussi surtout à sa forme, celle du discours, qui n'est pas une simple

1. *Le Prince*, *op. cit.*, 15, pp. 119-120.

glose, mais une véritable réflexion qui s'autorise une distance critique vis-à-vis de l'auteur commenté et d'une grande liberté d'écriture. Selon l'hypothèse la plus probable, Machiavel a rédigé un *Livre des républiques*, qui correspondrait, grosso modo, aux dix-huit premiers chapitres des *Discours*, ou qui, du moins, aurait servi de base à la rédaction de ces derniers. Il y ferait lui-même peut-être allusion dans *Le Prince* lorsqu'il affirme : « Je renoncerai à raisonner, à proposer des républiques, parce qu'une autre fois j'ai longuement raisonné à leur propos. Je me tournerai seulement vers le principat et j'irai retissant les trames susdites, et je disputerai comment ces principats peuvent se gouverner et se maintenir[1]. »

Après la rédaction de l'opuscule, mais avant celle de *L'Art de la guerre*, Machiavel aurait repris et poursuivi la composition des *Discours*, restructuré et réélaboré une partie de son matériau. Ces « Discours ingénieux du subtil Nicolas Machiavel[2] », par leur ampleur, décourageront plus d'un lecteur. Pour la plupart d'entre nous, Machiavel est avant tout l'auteur du *Prince* : le nombre des lecteurs des *Discours* est sans aucun doute moindre que celui du « petit cadeau » fait à Laurent de Médicis. Du point de vue de la pensée politique, le libre commentaire de la première décade de l'historien romain n'est pourtant pas moins important.

### *Les dialogues politiques des jardins Oricellari*

La composition de ce texte est indissolublement liée au débat politique florentin des années 1510 et plus particulièrement à la manière dont celui-ci est orchestré

1. *Le Prince*, *op. cit.*, 2, p. 60.

2. BANDELLO, *Novelle*, 50, vol. 3, Turin, Edizioni dell'Orso, 1995, p. 250.

dans les jardins Oricellari de la riche et aristocratique famille Rucellai[1]. Dès Pétrarque, qui fut lui-même jardinier, les jardins font pleinement partie du projet humaniste. Ce sont des lieux de réflexion solitaire, dans lesquels on peut se réfugier pour fuir la ville, ses bruits, son agitation, ses vices. Ils sont perçus comme des espaces où l'on peut faire pleinement l'expérience des deux significations que Cicéron a données au terme « *cultus* » : la culture de la terre et la culture de l'esprit[2]. Mais le jardin est aussi un lieu de dialogue pour les hommes soucieux du devenir de leur cité. À Florence, les dialogues politiques semblent avoir eu plus souvent pour cadre le jardin que le banquet[3]. Deux générations de la famille des Rucellai reçurent dans les jardins de leur palais à Florence des poètes, des spécialistes de la rhétorique, des philosophes, mais aussi des penseurs et acteurs politiques afin qu'ils échangent, au sein d'un lieu paisible et plein de charme, leurs vues et leurs jugements sur l'état des affaires. Les grottes, les sources, les clairières sont mises à contribution : dans ces espaces où règne la fraîcheur, Machiavel et ses amis purent librement occuper leurs après-midi à de telles réflexions. Machia-

1. Les rencontres des jardins Oricellari dans les années 1510 mettent un point final, selon D. Cantimori, à une longue et riche tradition de conversations politiques et littéraires à Florence, dont témoignent, avant ce moment, l'écrit anonyme *Paradiso degli Alberti*, les *Disputationes Camaldulenses* de Cristoforo Landino et les débats de l'académie platonicienne de Ficin. Cf. CANTIMORI (D.), « Rhetoric and Politics in Italian Humanism », in *The Journal of the Warburg Institute*, I, 1937, p. 87.

2. Cf. à ce sujet COMITO (T.), « The Humanist Garden », in MOSSER (M.) et TEYSSOT (G.), dir., *Histoire des jardins de la Renaissance à nos jours*, Paris, Flammarion, 1991, p. 37. Cette vision du jardin est par exemple illustrée par Bartolomeo Taegio dans un dialogue intitulé *La Villa* (Milan, 1559).

3. JEANNERET (M.), *Des mets et des mots, Banquets et propos de table à la Renaissance*, Paris, José Corti, 1987.

vel en témoigne de manière directe dans *L'Art de la guerre*, où il évoque son ami décédé Cosimo Rucellai et propose de se ressouvenir de sa sagesse et de sa finesse en relatant la conversation qu'il eut avec le *condottiere* Fabrizio Colonna « dans la partie la plus secrète et ombragée de son jardin de son palais florentin[1] ». C'est également dans un jardin enchanteur que A. Brucioli met en scène un Machiavel mélancolique et nostalgique de la République florentine[2].

Une telle utilisation des jardins Oricellari a été d'abord le fait de Bernardo Rucellai, époux de l'une des sœurs de Laurent de Médicis et son ami, mais passé dans l'opposition aristocratique aux Médicis après 1494. Comme son père, Bernardo avait reçu une formation humaniste et il connaissait Marsile Ficin. Il avait édifié un jardin à côté du palais construit par son père à Florence. Ce jardin était devenu, notamment entre 1502 et 1506, date à laquelle Bernardo semble s'être retiré de la vie politique florentine, le centre de la vie intellectuelle de la cité. Il y reçut alors surtout de jeunes hommes issus de familles nobles et favorables à l'instauration à Florence d'un gouvernement aristocratique suivant le modèle vénitien. Dans ces jardins, la littérature occupait une place de premier plan, comme c'était déjà le cas avec le groupe de poètes réunis autour de Laurent le Magnifique. Mais le souci de la politique et de l'histoire *magistra vitae* n'était pas absent des préoccupations. Bernardo Rucellai lui-même rédigea le *De bello gallico*, qui raconte comment fut préparée et entreprise la « descente » française de 1494. C'est lui qui mit en avant l'importance de cette date pour l'histoire d'Italie et développa, pour la première fois, l'idée d'équilibre

1. *L'Art de la guerre*, I, 1, in *Œuvres*, *op. cit.*, p. 474.
2. BRUCIOLI (A.), *Della republica*, dialogo VI, éd. A. LANDI, Naples, Prismi Editrice, & Chicago, The Newberry Library, 1982.

politique[1]. Les travaux d'autres membres de ces jardins, comme la paraphrase de *La République* de Platon réalisée par le philosophe Francesco da Diacceto, élève de Ficin, témoignent aussi que la politique n'était pas absente des conversations de cette première période.

Bernardo mourut en 1514, mais ses enfants Palla et Giovanni, ainsi que son neveu Cosimo, poursuivirent la tradition inaugurée par leur père. Cosimo immobilisé sur une chaise par une maladie d'origine vénérienne avait aussi le loisir de discuter dans ces jardins. Les jardins Oricellari connaissent sous sa houlette leur seconde heure de gloire dans les années 1512-1522. Cette seconde période offre un visage un peu différent de la première. Les préoccupations littéraires perdurent. Giovanni Rucellai, par exemple, écrit dans ces années *Le api e Rosmunda* (représentée en 1515 en l'honneur de Léon X, en visite à Florence). Mais de nouveaux membres se réunissent autour de Cosimino pour former un groupe socialement moins homogène qu'autrefois, dont le point commun est l'aspiration au renouveau politique de leur cité. Les aristocrates sont toujours présents : Luigi Alamanni, Zanobi Buondelmonti, Battista della Palla, Alessandro de' Pazzi, Filippo de' Nerli ; dans l'ensemble, ce ne sont pas des partisans de la république populaire, mais plutôt des aristocrates qui se veulent indépendants des Médicis. De la bourgeoisie viennent par exemple Antonio Brucioli, Donato Giannotti, Jacopo Nardi. Certains de ces hommes, comme Jacopo Nardi et Luigi Alamanni, vivent encore dans le souvenir de Savonarole et sont influencés par la philosophie platonicienne. Ce sont ces hommes qui, dans les années

1. GILBERT (F.), *Machiavelli e il suo tempo*, Bologne, Il Mulino, 1977, p. 16 [texte initialement publié sous le titre de « Bernardo Rucellai and the Orti Oricellari : a Study on the Origin of modern political Thought », in *The Journal of the Warburg and Courtauld Institutes*, 1949].

suivantes, ont défendu l'idéal politique républicain à Florence, même si certains demeurent liés aux Médicis.

En 1516, Machiavel, autorisé à revenir dans la cité florentine depuis déjà deux ans, fait son entrée dans les jardins des Rucellai. Il s'y affirme peu à peu comme le maître à penser de toute une jeune génération, malgré son éviction du pouvoir. Dans ces jardins, il lit son commentaire de Tite-Live alors en cours de rédaction. Son œuvre rend plusieurs fois compte des liens qui l'unissaient à la famille Rucellai et au cercle qu'elle était parvenue à réunir autour d'elle. Non seulement le dialogue de *L'Art de la guerre* prend place dans les jardins Oricellari, mais les *Discours* sont dédiés à Cosimo Rucellai et Zanobi Buondelmonti, ceux-là mêmes qui ont voulu sa rédaction[1]. C'est encore à Zanobi Buondelmonti et à Luigi Alamanni qu'il dédiera, en 1520, *La Vita di Castrucci Castraccani*.

## *Écrire en langue « vulgaire »*

Au cours de cette seconde période, les questions de l'avènement d'une langue italienne et d'une réforme du gouvernement florentin dominent les conversations des jardins Oricellari. Elles sont présentes toutes deux dans la réflexion de Machiavel et en un sens solidaires. Qui prête aujourd'hui attention au fait que les œuvres de Machiavel sont écrites en langue vulgaire et non en latin ? Bien peu de monde, en vérité. C'est pourtant un choix de la première importance que fait Machiavel, à une époque où le latin demeure, dans l'Europe entière, la langue écrite dominante. Or la langue créée par Machiavel dans ses œuvres politiques n'est pas différente de celle qu'il a employée dans ses rapports à la chancellerie

1. *Discours*, *op. cit.*, lettre dédicataire, pp. 45-47.

lorsqu'il était l'employé du gouvernement florentin. C'est une langue qu'il a composée à partir de plusieurs sources : la langue parlée dans les couloirs du Palazzo della Signoria, celle des places publiques de Florence, celle des boutiques[1]. Une telle langue n'est pas celle recherchée avant 1494 par Laurent le Magnifique et ses amis poètes et humanistes. Dans son *Comento de' miei sonetti*, ce dernier a certes proposé une défense de la langue vulgaire, toscane et florentine, capable selon lui de rendre avec justesse et exactitude le sens des mots. Dante, Pétrarque et Boccace démontrent amplement que la langue florentine a une telle capacité et n'est à cet égard inférieure ni au grec, ni au latin, ni à l'hébreu[2]. Cependant, la langue que Laurent le Magnifique a en vue est un vulgaire aristocratique, lointain parent du parler florentin entendu par Machiavel dans les rues et les bureaux du gouvernement. En 1494, le modèle linguistique qui s'impose en politique est celui, communal, que la cour médicéenne a rejeté comme archaïque, la langue des *negotia*. Laurent le Magnifique et l'académie de Careggio ont en vue la langue des *otia*. Machiavel développe un mélange audacieux et créatif des langues de la chancellerie, des boutiques et de toutes les métaphores qui peuvent servir l'expression de sa pensée politique, sans exclure certains latinismes incorporés, « naturalisés » dans la langue administrative alors en pratique.

---

1. Notre propos repose en partie sur les analyses de FOURNEL (J.-L.), « Rhétorique et langue vulgaire en Italie au XVIe siècle : la guerre, l'amour et les mots », in FUMAROLI (M.), dir., *Histoire de la rhétorique dans l'Europe moderne, 1450-1950*, Paris, PUF, 1999, pp. 313-339 ; ainsi que sur celles de GERBIER (L.), « La composition de la langue civile. Sources, enjeux et construction de l'écriture politique machiavélienne », in GAILLE-NIKODIMOV (M.) et MÉNISSIER (Th.), dir., *Machiavel*, Paris, Ellipses, Les Universels, 2005.

2. LAURENT LE MAGNIFIQUE, *Comento de' miei sonetti*, in *Tutte le opere*, t. I et II, éd. par P. ORVIETO, Rome, Salerno Editrice, 1992, pp. 364-370.

Qu'il s'agisse là d'un choix réfléchi et délibéré de la part de Machiavel ne fait aucun doute. En témoigne son *Dialogue* ou *Discours sur notre langue*, que l'on ne sait dater avec exactitude, mais qui a été écrit dans les années où Machiavel fréquentait les jardins Oricellari. C'est dans ceux-ci que l'humaniste Giorgio Trissino a présenté et discuté le *De vulgari eloquentia* de Dante, qu'il venait de redécouvrir. Ce texte, rédigé deux siècles plus tôt, vers 1303-1305, envisage la langue vulgaire à partir de sa pluralité et de sa variété et la juge, comme telle, essentiellement imparfaite. Il oppose ainsi le latin, langue immuable et perpétuelle, au vulgaire changeant et divers. Une langue vulgaire parfaite est toutefois pensable, selon Dante : ce serait celle qui peut se constituer progressivement à partir de la rencontre des vulgaires, de leur métissage ; une telle langue, norme du vulgaire, sera le reflet et l'expression des mœurs courtisanes. Dans son dialogue, Machiavel développe une argumentation critique à l'égard de la langue curiale conçue par Dante. Il défend le toscan, n'hésitant pas à reprendre certaines perspectives développées par Dante lui-même dans *La Divine Comédie*, mais surtout en affirmant la légitimité de cette langue en retournant l'argument du *De vulgari eloquentia* : la langue vulgaire est multiple. Certes, mais elle ne peut se fabriquer autrement. Loin d'être un défaut, c'est une qualité : elle s'enrichit d'emprunts et d'inventions et c'est ce qui fait toute sa fécondité. C'est donc dans cette langue multiple, qui fait écho aux métiers du commerce et du droit, à la médecine, à l'astrologie, à l'administration communale des affaires de l'État, que Machiavel entreprend de rédiger ses écrits politiques majeurs, l'irriguant de ses propres audaces linguistiques et la manipulant selon un style reconnaissable entre tous et qui ne connaîtra aucun véritable imitateur.

### *Une interprétation polémique de l'histoire de la République romaine*

Du point de vue politique, les *Discours* sont également marqués par une interrogation récurrente des conversations chez les Rucellai : qui participe à la vie politique ? Qui peut prétendre à faire partie de la classe active des citoyens ? L'élargissement à une couche plus nombreuse de citoyens avait été, en 1494, le fait de Savonarole, mais Soderini ne s'était pas opposé à cette conception élargie de la citoyenneté. En 1512, lorsque le pouvoir était revenu, dans un premier temps, aux mains des grandes familles de l'aristocratie florentine, celles-ci s'étaient comportées comme un groupe fermé et avaient tenté une sorte de « *serrata* » à la vénitienne, c'est-à-dire une fermeture de la classe politique florentine. La question se posait donc de manière aiguë face à cette attitude et plus encore lorsque la famille des Médicis effectue son retour en force. En effet, Laurent de Médicis se conforme partiellement à la politique médicéenne traditionnelle : il confère à son gouvernement une orientation personnelle de plus en plus marquée. Alors que ses prédécesseurs s'étaient toujours attachés à maintenir une apparence de gouvernement libre, il s'affirme comme le prince de la cité. En 1515, il parvient à faire enrôler cinq cents hommes à son commandement et se fait nommer capitaine de la République florentine. En 1517, au prix de sacrifices financiers lourds pour la cité, il devient duc d'Urbino.

Certains aristocrates expriment ouvertement leur désaccord à propos de l'évolution de la politique médicéenne. Jacopo Salviati et Luigi Ridolfi désapprouvent sa nomination de capitaine. En 1516, François Guichardin critique le régime dans son *Discorso del modo di assicurare lo Stato ai Medici* et rappelle le mécontentement des partisans des Médicis, ainsi que l'opposition du grand nombre. Il dénonce spécifiquement le caractère autoritaire de la politique de Laurent de Médicis. Le *Discorso* de son neveu, Niccolò, écrit deux ou trois ans plus tard, va dans le même sens. Celui de Lodovico Alamanni, adressé au pape Léon X et non à Lorenzo, confirme le regard critique porté par les grandes familles florentines sur les Médicis. Laurent, dit-il, ne devrait s'occuper que des affaires florentines, sans s'embarrasser de conquêtes extérieures (allusion à celle du duché d'Urbino), s'assurer des bonnes grâces de chacune des puissances italiennes plutôt que s'allier en particulier à l'une d'entre elles ; à Florence, il devrait enfin s'attacher à s'assurer des jeunes, car il ne viendra jamais à l'esprit des vieux de provoquer une mutation de l'État, alors qu'on peut toujours soupçonner les jeunes de vouloir mener à bien une telle entreprise. Critiques à l'égard du gouvernement médicéen, les aristocrates cherchent un contre-modèle positif dans l'idée d'une République aristocratique, dont Venise, puissante et rivale voisine, fournit à point l'incarnation historique. Cette organisation des magistratures leur permettrait de retrouver toute leur place dans la vie politique florentine, sans céder au populaire ni à la tyrannie que les Médicis font peser sur Florence. Ces aristocrates défendent une liberté politique bien différente de celle promue par Machiavel dans les *Discours*.

Machiavel y aborde de front l'idée de liberté entendue comme indépendance de la cité et comme marque du gouvernement républicain, à travers son récit et son analyse de l'histoire de la Rome républicaine, turbulente et conquérante. Il faudrait dire turbulente parce que conquérante, et vice versa : « Je dis, affirme-t-il sur le ton de la polémique, que ceux qui condamnent les tumultes entre les nobles et la plèbe me semblent blâmer ce qui fut la cause première du maintien de la liberté de Rome[1]. » Le peuple romain, relate-t-il, a fait la guerre en

1. *Discours*, *op. cit.*, I, 4, p. 69.

échange des lois qui lui garantissaient sa liberté ; le sénat romain a conquis son empire en cédant quelques prérogatives politiques au peuple. Ce fonctionnement politique, qui laisse sa place aux oppositions, aux dissensions entre les différentes parties de la cité et en fait le fondement de son empire et de sa vitalité politique est évidemment tout à fait particulier à Rome. Machiavel n'entend pas voir sa cité le reproduire à l'identique. Mais il envisage à travers lui ce qu'il estime être la véritable liberté politique et le cours historique que pourrait, ou aurait pu suivre sa cité elle-même traversée par des discordes civiles incessantes, mais incapable d'établir durablement un régime libre.

L'œuvre de Machiavel, la seule connue aujourd'hui du grand public parmi les textes composés par divers penseurs politiques à cette époque, défend des thèses hétérodoxes au regard de celles qui abondent dans l'ample réflexion politique florentine d'alors. La confrontation des pensées de Machiavel et de Guichardin, ce haut fonctionnaire florentin qui va devenir son ami à partir de 1521, contribue à mettre en évidence la posture isolée et provocatrice dans laquelle s'est délibérément placé l'ancien secrétaire florentin. Certes, Guichardin ne peut nullement être présenté comme le représentant de sa classe sociale, celle des nobles florentins, ni même comme celui d'un parti, favorable à la république aristocratique. Néanmoins, au sein du discours républicain tenu à Florence, son œuvre témoigne d'une position de rejet très majoritaire du modèle conflictuel romain valorisé par Machiavel : tout comme celui-ci a affirmé sans ambiguïté la fécondité d'un tel modèle, à ses yeux source de la liberté politique, Guichardin se pose clairement en détracteur de cette thèse. En 1530, dans un ouvrage consacré au commentaire des *Discours* machiavéliens, il estime que « ce ne fut donc pas la désunion entre la plèbe et le sénat qui fit Rome libre et puissante, car il aurait mieux valu que n'eussent pas existé les causes de la désunion » et que « louer les désunions est comme louer chez un malade sa maladie en raison de la bonté du remède qu'on lui a administré[1] ». L'œuvre de Guichardin propose une vision aristocratique du modèle institutionnel républicain, que Machiavel a rejetée en décrivant la puissance de la République populaire romaine et en affirmant que le peuple n'était pas moins capable, a priori, que les grands, de gouverner. Cette position aristocratique est d'abord exprimée en 1512 dans *Le Discours de Logroño*. Guichardin dit chercher à y énoncer les conditions d'un vivre populaire « dont le Grand conseil est l'esprit et la base », empêchant la dérive vers la tyrannie[2]. Cependant, après avoir évoqué le Grand conseil comme fondement du régime libre, il mentionne la nécessité de « penser aux affaires importantes ». Or celles-ci requièrent tout d'abord qu'il y ait un homme qui s'y consacre. Ce sera la tâche d'un gonfalonier élu à vie. Le risque de tyrannie associée à cette fonction et l'impossibilité de confier à la multitude peu avisée la discussion des lois imposent d'introduire un troisième élément dans l'organisation institutionnelle. Celui-ci donnera toute sa place aux hommes sages et expérimentés, aux hommes de qualité, à « la fine fleur de la cité[3] ». Le peuple fonde le vivre libre, l'homme seul s'occupe efficacement des affaires de l'État, le petit nombre éloigne du risque de tyrannie ou de licence et

---

1. GUICHARDIN (Fr.), *Considérations à propos des Discours de Machiavel sur la première décade de Tite-Live*, trad. de L. De Los Santos, Paris, L'Harmattan, 1997, 4, pp. 56-57.

2. GUICHARDIN (Fr.), *Le Discours de Logroño*, in *Écrits politiques*, trad. et prés. de J.-L. FOURNEL et J-C. ZANCARINI, Paris, PUF, 1997, p. 59. Ce discours est achevé le 27 août 1512, avant que Guichardin, alors ambassadeur de la République auprès des rois d'Espagne, ne sache qu'une armée espagnole se dirigeait sur Florence pour y rétablir le pouvoir des Médicis.

3. *Ibid.*, pp. 65, 81.

met sa sagesse et son expérience au service du gouvernement. Seul ce mélange – l'accent étant mis sur le rôle du sénat – garantit selon Guichardin le « vivre libre ».

Le *Dialogue sur la façon de régir Florence*, dont la rédaction commence en même temps que l'amitié avec Machiavel, s'inscrit dans un tout autre contexte historique. Cependant, la proposition politique qui en émane n'est pas très différente de celle formulée en 1512. Elle accentue encore l'importance conférée au petit nombre sage et expérimenté. L'argument demeure le même : une fois indiquée l'importance de la participation du peuple comme fondement de la liberté et celle du gonfalonier élu à vie, la « tête » de la cité, il insiste sur le rôle essentiel du sénat, en vue d'éviter la licence et la tyrannie et de prendre avec sagesse et prudence les décisions[1]. Dans ce dialogue, la référence aux institutions vénitiennes, critiquées par Machiavel dans les *Discours*, est centrale. Elle donne corps et vie à la réforme institutionnelle souhaitée par Guichardin : « Du doge, du Conseil des priés et des magistratures principales de plus d'importance dépendent le soin et la vigilance, comme c'est le cas pour un prince ou un État d'optimates ; et de ce fait les affaires sont entre les mains de ceux qui s'y entendent ; par ailleurs, ces magistratures sont liées de telle façon qu'elles ne peuvent produire une tyrannie. Du Grand conseil dépend ce bien qui est premier dans le gouvernement du peuple, à savoir la conservation de la liberté, l'autorité des lois et la sécurité de chacun, mais il a pour contrepoids le doge, les priés et les magistratures qui découlent de ces derniers, si bien que les délibérations importantes ne sont pas soumises au bon vouloir de la multitude et que cesse le péril de voir les choses déboucher sur une licence populaire pernicieuse. C'est pour-

1. GUICHARDIN (Fr.), *Dialogue sur la façon de régir Florence*, in *Écrits politiques*, *op. cit.*, pp. 227, 239.

quoi vous voyez bien que, depuis que ce gouvernement a pris pied, il s'est maintenu des centaines d'années dans la même forme sans jamais connaître séditions ni discordes civiles ; et cela ne procède pas de ce qu'il n'y ait pas parmi eux haines et inimitiés […] mais les ordres de leur gouvernement sont tels que, quoiqu'ils en aient, ils se tiennent tranquilles[1]. »

*Comment lire les Anciens ?*

Machiavel ne se distingue pas seulement de nombreux penseurs et acteurs politiques florentins par ses positions en faveur de la République populaire romaine et son rejet du modèle vénitien. Il développe aussi un usage particulier de la lecture des Anciens. Dans son désir de converser avec ces derniers, il ne présente pas d'originalité particulière et c'est même l'une des raisons qui rendent possible son rattachement, au moins partiel, au mouvement humaniste de la Renaissance. En effet, l'humanisme a fait de la lecture et de l'étude, de la traduction et de la diffusion des classiques antiques un impératif. Ce souhait d'un dialogue avec les Anciens, partagé par la plupart des contemporains de Machiavel, est symbolisé jusque dans la composition des jardins. Ainsi, rappelle *L'Art de la guerre*, Cosimo Rucellai a planté des essences d'arbres qui font se ressouvenir des Anciens, de leur civilisation et de leurs vertus. Parfois, ce sont plutôt des statues ou des fragments d'œuvres antiques qui sont placés dans les jardins afin d'y recréer l'esprit des gymnases et académies antiques. Dans la pensée politique florentine, le modèle de la vertu romaine, à la fois politique et militaire, joue un rôle prépondérant. Mais il y a différentes manières de contem-

1. *Ibid.*, pp. 268-269.

pler les statues antiques. Machiavel, au début des *Discours*, ne se fait pas faute de dénigrer ceux qui ne savent plus lire l'histoire pour en tirer le sens et goûter la saveur, mais seulement pour prendre plaisir à entendre la variété des événements[1].

Pour juger du rapport de Machiavel aux Anciens, on s'arrête souvent aux propos moqueurs de Guichardin qui, dans ses *Ricordi*, critique de manière implicite Machiavel en dénonçant les comparaisons dénuées de fondement : « Combien se trompent ceux qui, à chaque mot, allèguent les Romains ! Il faudrait avoir une cité ordonnée comme la leur et puis se gouverner selon leur exemple ; et lorsque les conditions sont disproportionnées, le prétendre serait aussi hors de proportion que vouloir faire courir un âne comme un cheval[2]. » Machiavel aurait ainsi pris, à tort, et sans considérer suffisamment les différences de conditions et de capacité entre Rome et Florence, l'*Urbs* pour modèle politique de sa cité.

Cependant, sa pensée ne présente pas un rapport univoque aux Anciens. Elle paraît en effet ancrée dans la lecture et la méditation des textes antiques lorsqu'elle aborde les questions militaires. Bien que Machiavel n'ait pas reçu l'éducation d'un humaniste lettré et ne se considérât pas comme tel, *L'Art de la guerre* présente une coloration humaniste, au sens où l'humanisme renaissant se veut déterminé par la redécouverte et l'enseignement des Anciens. Le choix même de la forme du dialogue, peu utilisée par les auteurs de traités militaires du XVIe siècle, est une façon de s'inscrire dans l'héritage antique, notamment celui de Végèce, Tite-Live et

1. *Discours*, *op. cit.*, I, avant-propos, p. 51.
2. GUICHARDIN (Fr.), *Avertissements politiques*, trad. de J.-L. FOURNEL et J.-Cl. ZANCARINI, Paris, Le Cerf, 1988, CX, p. 89.

Polybe. L'une des raisons de son succès à l'époque est d'ailleurs qu'il a été lu comme une compilation des Anciens. Les « chers Romains » de Fabrizio Colonna sont au premier plan de ce dialogue. Parmi d'autres, l'organisation militaire fait partie des choses qu'il faut leur reprendre, eux qui reversaient le butin dans le Trésor public, s'en servaient « pour la solde, le secours aux blessés et aux malades, et les autres besoins de l'armée[1] », et faisaient prêter serment aux soldats, qui se rendaient ainsi au combat dans la double crainte de la loi et des dieux[2]. Même là, cependant, l'ancrage dans la littérature antique et dans l'exemple romain n'est pas total. À plusieurs reprises, Fabrizio souligne son écart par rapport aux Romains. Il n'a « dit des choses antiques » que ce qu'il a cru « nécessaire à son propos[3] ». Ainsi conçoit-il le logement de l'armée contemporaine de manière différente de celui des Romains ; de même, s'il invite à armer les fantassins à la romaine, il les détourne du modèle romain pour l'armement des cavaliers.

La réflexion politique de Machiavel présente un visage plus contrasté encore du point de vue du rapport aux Anciens. *De la manière de traiter les populations du Val di Chiana révoltées*, texte de 1503, propose une traduction et une analyse d'un passage d'*Ab Urbe condita* de Tite-Live : les Romains ont toujours fui, dans leur politique à l'égard des populations conquises, rebelles ou à conquérir, la « voie moyenne », le compromis, les atermoiements. Ils ont toujours tranché dans le vif, pour punir ou pardonner, à l'inverse des Florentins que l'on observe incertains, incapables d'adopter une attitude cohérente et déterminée, et de ce fait éminemment fragiles. En 1503, il prononce un appel à l'imitation des

1. *Ibid.*, pp. 565-566.
2. *Ibid.*, p. 556.
3. *Ibid.*, p. 609.

Romains : « Donc s'il est vrai que l'histoire est la maîtresse de nos actions, il n'était pas mauvais pour ceux qui devaient punir et juger les territoires du *Val di Chiana*, qu'ils prennent leur exemple et imitent ceux qui ont été les maîtres du monde[1]. » Lorsque Machiavel rédige ses œuvres majeures dans les années 1510, les recommandations de suivre les Romains abondent également à divers propos : chercher à déceler à l'avance les maux futurs, utiliser les augures et la religion au cours de la guerre, élaborer des lois pour prévenir l'émergence de factions, empêcher l'ambition de certains citoyens de se déployer au détriment du bien public et les calomnies publiques, etc. Mais dès 1503, cet appel n'est pas sans nuances : « Prenez exemple sur les Romains », conseille-t-il aux Florentins à propos d'Arezzo, « surtout dans un cas où ils vous enseignent exactement comment vous comporter[2]. » Autant dire que de tels cas ne se présentent pas systématiquement et que les Romains ne doivent pas toujours être imités.

Les *Discours* et surtout, quelques années plus tard, *L'Histoire de Florence* mettent en évidence que l'appel à l'imitation des Romains, si pertinent qu'il soit dans l'absolu, peut être remis en cause lorsque les conditions d'une imitation ne sont pas réunies. Ce constat vaut en particulier pour Florence. Il serait bon qu'elle suive la voie romaine, mais il n'est pas certain qu'elle soit en mesure de le faire : elle n'a pas ses origines libres ; ses citoyens sont moins religieux que les Romains ; ils ont un mode de vie dispendieux alors que ces derniers cultivaient un style fruste et modeste. Rome est certes le paradigme de la république libre, mais Florence doit inventer sa propre voie vers la liberté, celle qui est adap-

1. *De la manière de traiter les populations du Val di Chiana révoltées*, in *Œuvres*, *op. cit.*, p. 35.
2. *Ibid.*

tée à sa nature et à son histoire particulières. Le récit de l'histoire romaine dans les *Discours* est de ce fait non seulement celui de l'avènement de la liberté, mais aussi de sa corruption et de la fin de la république : ce texte se veut moins le vecteur d'une imitation que le fondement d'une compréhension meilleure de l'histoire des cités libres, à travers l'analyse des succès et des échecs de la République romaine. S'il appelle à l'imitation, c'est sur le mode d'une inspiration critique, d'une réinvention de la vertu, d'une recréation, non d'une reproduction du geste héroïque passé. Ainsi le rapport aux Anciens est-il ambivalent chez Machiavel, oscillant entre l'usage critique et l'appel à l'imitation. Il fait partie de ces éléments qui, dans la pensée machiavélienne, composent l'irréductible complexité de la chose politique.

## Chapitre VI

# MACHIAVEL, AUTEUR DE COMÉDIES À SUCCÈS ET HISTORIOGRAPHE OFFICIEL DE FLORENCE

> « D'où il advient qu'entre seigneurs et princes
> les traités et les pactes sont si frêles.
> Rois, papes, empereurs qui forment ligues
> seront demain des ennemis mortels,
> parc'que leurs cœurs, leurs esprits ne sont tels
> que le voudrait l'apparence extérieure :
> ne visant plus au tort qu'à la justice,
> Ils veillent seulement au bénéfice[1] »

### *Homme de lettres et auteur de théâtre*

Il est toujours possible d'interpréter la période qui s'ouvre avec le retour des Médicis au pouvoir, en 1512, comme la part sombre de l'existence de Machiavel et d'envisager ses amours d'alors, sa participation aux conversations des jardins Oricellari et ses œuvres, comme des pis-aller dans une vie qu'il aurait souhaité vouée entièrement à la chose politique. Ce

1. ARIOSTO (L.), *Le Roland furieux*, chant XVIV, trad. de M. ORCEL, Paris, Seuil, 2000, p. 961.

furent cependant les années consacrées à l'écriture du *Prince*, des *Discours sur la première décade de Tite-Live* et de *L'Art de la guerre*, celles aussi où il déploya une certaine ambition littéraire. Depuis la rédaction de la *Première Décennale*, il avait en effet affirmé un goût pour l'écriture qui outrepassait de loin la rédaction des dépêches de chancellerie et même de la réflexion politique. Il s'exprime alors très ouvertement à ce propos, regrettant que l'Arioste ne l'ait pas cité dans la cohorte de poètes célèbres d'Italie dont Renaud, au chant XLII du *Roland furieux*, aperçoit les noms gravés dans le marbre. Lui-même a apprécié le *Roland furieux*, « beau poème » et même « par endroits admirable ». Il invite Lodovico Alamanno à faire valoir sa réputation auprès de l'Arioste : « Si l'auteur est à Rome, rappelez-moi à lui, et dites-lui que je me plains d'une seule chose : alors qu'il remémore tant de poètes, il m'a laissé de côté ni plus ni moins qu'un *cazzo*, eh bien, ce qu'il fait pour moi dans son *Roland*, je ne le ferai pas pour lui dans mon *Âne d'or*[1]. »

Le *Roland furieux* fut un succès littéraire extraordinaire au XVIe siècle et apporta une gloire immédiate à son auteur, Ludovico Ariosto (1474-1534), qui fit carrière à la cour de Ferrare. Il ne connut pas moins de quinze publications avant sa version définitive en 1532 et plus de cent réimpressions au cours du XVIe siècle. Machiavel ne peut se vanter d'un tel succès. Au cours des années 1510, il s'essaya à quelques pièces littéraires inscrites dans la tradition florentine : comme Laurent le Magnifique, il créa quelques chants de carnaval, qu'il truffa d'allusions à la fortune, à l'inconstance du sort, à l'occasion à saisir, à la corruption des

1. Lettre à Lodovico Alamanno, 17 décembre 1517, in *Lettres familières*, *op. cit.*, p. 413.

hommes[1]. Le poème *L'Âne d'or* ainsi que la fable intitulée *L'Archidiable Belphégor* témoignent aussi de ce goût pour la poésie et la littérature. De l'avis des commentateurs, Machiavel ne fait pas preuve dans ces textes d'un talent extraordinaire : « On y rencontre le critique, pas le poète[2]. »

Il trouve pourtant la reconnaissance dans le domaine des lettres, à la fois de la part de ses contemporains et de la postérité, en s'essayant à un genre qui connut une nouvelle vogue au début du XVIe siècle : le théâtre. Si l'on en croit son neveu, Giuliano de' Ricci, il s'y est essayé très tôt. Au moment où il composait la *Première Décennale*, en 1504, il aurait écrit une sorte de « *ragionamento a forma di commedia* » inspiré d'Aristophane, *Le Maschere*, dont la composition aurait été demandée à Machiavel par Marcello Vergilio Adriani, alors premier chancelier de Florence. Cette pièce est aujourd'hui perdue. Son neveu disait n'avoir pas voulu la publier en raison des moqueries qu'elle contenait à propos de contemporains de Machiavel. Cependant, ce dernier écrit deux nouvelles pièces au cours de ses années d'oisiveté, *La Mandragore* et *Clizia*, dans lesquelles transparaissent tout son souci d'une langue vivante et familière à l'auditeur et sa volonté d'apprécier les caractéristiques et les jeux de mots propres à une langue pour traiter des sujets de façon comique[3]. L'Arioste, dont il cherche la reconnaissance en tant que poète, lui sert sur ce point de contre-exemple : « Il faut que tu lises une

1. On peut lire dans l'édition des *Œuvres*, *op. cit.* : *L'Âne d'or, Les Chants de carnaval* (*Des diables chassés du ciel* ; *D'amants et dames désespérés* ; *Des esprits bienheureux* ; *Des ermites* ; *Des marchands de pignes* ; *Des montreurs de serpents*), *L'Archidiable Belphégor*, ainsi que d'autres poèmes.

2. SANCTIS (Fr. de), *Storia della letteratura italiana*, *op. cit.*, p. 471.

3. *Discours ou dialogue sur notre langue*, in *Œuvres*, *op. cit.*, pp. 1204-1205.

comédie composée par un des Arioste de Ferrare. Tu verras une aimable composition et un style orné et ordonné, une intrigue bien arrangée et encore mieux dénouée. Mais tu verras une œuvre privée du sel qu'exige la comédie, pour la raison qui vient d'être dite : l'auteur n'aimait pas les jeux de mots de Ferrare et ne savait pas ceux de Florence, si bien qu'il s'en passa[1]. »

Au début du XVIe siècle, Florence est une ville ouverte au théâtre, activité qu'elle inscrit dans le cadre de fêtes publiques, laïques ou religieuses. Dès la fin du siècle précédent, les représentations de pièces créées par des auteurs antiques, notamment Plaute, Térence et Aristophane, se sont multipliées. L'importance de la réception de la culture antique par les humanistes explique en partie ce choix d'auteurs, qu'il faut également attribuer, de manière plus spécifique, au goût de la satire politique fort développé dans une cité attachée à des institutions libres[2]. C'est dans ce contexte que Machiavel crée peut-être sa première pièce en 1504 et s'attache à transmettre, comme d'autres, l'héritage antique. Retrouvant le geste humaniste, il transcrit *L'Eunuque* de Térence, traduit une autre de ses comédies (*L'Andria*) et propose une réduction de la *Comédie de la marmite* (l'*Aulularia*) de Plaute[3].

La première pièce de Machiavel, *La Mandragore*, se singularise cependant par rapport à cette tradition humaniste. Inaugurant une ère de féconde création théâtrale et comique, elle est le fruit d'un mélange heureux entre une tradition florentine de théâtre comique et populaire et le

---

1. *Ibid.*

2. Cf. BORSELLINO (N.), *Rozzi e intronati, Esperienze e forme di teatro dal Decameron al Candelaio*, Bulzoni editore, Rome, 1974, p. 71.

3. *Ibid.*, note p. 123. On peut lire ces pièces dans *Térence, Théâtre complet*, trad. de P. GRIMAL, Paris, Gallimard, 1990 (coll. « Folio ») ; et *Plaute, Théâtre complet*, Paris, Gallimard, 1991 (coll. « Folio »).

théâtre latin, en particulier celui de Plaute, cet homme dont la mort, selon l'épitaphe citée par Aulu-Gelle, a entraîné le deuil de la comédie. Au théâtre comme dans la réflexion politique, Machiavel fait donc preuve d'une relation ambivalente avec la culture humaniste : il la connaît, l'apprécie et s'en inspire, mais il sait aussi s'en déprendre et cultiver avec elle une certaine distance.

## La Mandragore *et* Clizia

Cette première pièce a sans doute été conçue pour une fête ou une célébration, peut-être celle des noces de Laurent de Médicis. Si tel est le cas, elle est un des témoignages d'une sorte de retour en grâce de Machiavel auprès de la famille Médicis, dont on verra bientôt d'autres aspects, à la fois politiques et historiographiques. Le fait est que nous ne possédons de cette pièce qu'un seul manuscrit, le *Rediano Laurenziano* daté de 1519, qui associe la pièce de théâtre aux Médicis. Elle paraît d'abord en 1518 à Florence sous le titre de *Commedia di Callimaco e Lucrezia* et y est représentée à plusieurs reprises au cours des années 1520, notamment dans des décors peints par Andrea del Sarto et Bastiano da San Gallo, qui tirent profit des expériences picturales alors menées sur la perspective. Mais « la renommée » de cette comédie « vole partout[1] » : elle est également jouée à Venise, à Bologne et à Rome, à la cour du pape et connaît diverses réimpressions. Son succès est tel qu'on demande à Machiavel d'écrire une nouvelle pièce. Comme l'Arioste qui décalque sa *Cassaria* de la *Comédie de la marmite* de Plaute, Machiavel crée *Clizia* à partir de *Casina ou les tireurs de sort*

1. Lettre de Filippo de' Nerli à Machiavel, 22 février 1525, in *Lettres familières*, II, *op. cit.*

de Plaute[1]. La première de la *Clizia* a lieu à Florence au cours d'une fête privée offerte par Jacopo Falconetti, dit le Fornaciaio, le 13 janvier 1525, également dans une mise en scène de Bastiano da San Gallo. Jacopo Falconetti, riche bourgeois florentin, est la figure de proue du nouveau groupe d'amis fréquenté par Machiavel à partir de 1524, avant tout composé de bons vivants. Comme *La Mandragore*, cette seconde pièce voyage : elle est représentée à Venise et à Faenza.

Les deux comédies de Machiavel relatent avec verve et drôlerie des intrigues amoureuses : un jeune homme amoureux d'une belle jeune femme se heurte à un vieux notaire dans la première et à son propre père dans la seconde. Dans les deux cas, il finit par l'emporter : il ne sied pas aux personnes âgées d'aimer ! Callimaco et Cléandre doivent le dénouement heureux de l'intrigue et la satisfaction de leurs désirs – parvenir au lit de la belle – autant à leur talent et à leur ingéniosité qu'à la combinaison inattendue et imprévisible des intérêts des divers personnages qui gravitent autour d'eux, sans oublier la bêtise de certains. La fortune est l'arbitre de la moitié de nos actions, elle nous en laisse gouverner l'autre moitié : ce qui vaut pour le prince vaut aussi pour les amants[2]. Machiavel parvient à rendre à merveille la manière dont ces intérêts multiples et a priori sans rapport se rencontrent pour orienter l'action en vue du triomphe des jeunes gens, de l'amour et du désir. Il en profite également, surtout dans *La Mandragore*, pour écorcher l'Église, en peignant des prêtres avides et peu regardants sur la vertu de leurs ouailles. Les dialogues sont vifs, le ton est enlevé et parfois égrillard : Machiavel réussit son pari d'écrire des comédies ancrées dans la

1. Cf. *Casina ou les tireurs de sort*, in *Plaute, Théâtre complet*, *op. cit.*, pp. 257 sqq.
2. *Le Prince*, *op. cit.*, 25, p. 159.

vie florentine, aux mœurs mêlées, oscillant entre vertu et rouerie, souci de la réputation et des convenances et recherche du plaisir.

*Un retour modeste aux affaires publiques*

Dans le prologue de *La Mandragore*, Machiavel fait allusion à sa situation :

« Si un tel sujet n'est pas digne,
étant fort léger,
d'un homme qui veut paraître sage et grave,
excusez-le au motif qu'il s'efforce
par ces vaines pensées
d'adoucir sa triste époque.
Ailleurs il n'a de lieu
Où tourner ses regards.
Car il lui est interdit
De montrer d'autres capacités en d'autres entreprises
Et il n'y a pas de récompenses à ses efforts[1]. »

Cette complainte perd de sa vérité à partir de la fin des années 1510. En effet, Machiavel retrouve une place à Florence non seulement grâce au théâtre, mais aussi, dans une certaine mesure, grâce aux « affaires de l'État » qu'il chérit tant. À partir de 1518, les Médicis semblent avoir accepté l'idée qu'il travaille de nouveau pour le compte de la cité. Peut-être sa nouvelle maîtresse, l'actrice Barbara Salutati qui chante les intermèdes musicaux de *La Mandragore* et de *Clizia*[2], a-t-elle

1. *La Mandragore*, in *Œuvres*, *op. cit.*, p. 1102.
2. Cf. Cecchi (A.), « Machiavelli e gli artisti del suo tempo », in *La lingua e le lingue di Machiavelli*, Atti del Convegno internazionale di studi, Turin, 2-4 dic. 1999, Florence, Olschki, 2001, pp. 265-279.

intrigué en ce sens, lui permettant de se présenter de nouveau à une charge électorale à partir de 1525. Mais dès la fin des années 1510, Machiavel a effectué progressivement son retour au service du gouvernement florentin. En 1518, il se rend à Gênes en mission privée pour le compte de marchands florentins. En 1520, le cardinal Jules de Médicis et la Seigneurie florentine l'envoient auprès du gouvernement de Lucques afin de résoudre une autre affaire, également d'ordre financier.

Il revient de cette mission avec un texte, le *Sommaire des choses de la cité de Lucques*, qui ne ressemble pas aux rapports de chancellerie rédigés avant 1512, si ce n'est aux *Portraits* et aux *Rapports* sur la France et l'Allemagne. En effet, Machiavel n'y relate pas le fruit de ses observations afin de donner à la chancellerie les éléments nécessaires à une décision immédiate ou prochaine, mais décrit la structure de la cité, ses institutions et la manière dont elles fonctionnent. Cependant, les écrits sur la France et l'Allemagne étaient caractérisés par un désir de comprendre la combinaison des facteurs politiques, religieux, économiques et militaires à l'origine de la puissance ou de l'impuissance d'un État sur la scène internationale ; le souci de Machiavel, dans ce *Sommaire*, relève plutôt de la politique intérieure et institutionnelle. Il s'inscrit dans le sillage des interrogations soulevées dans les années 1510 au moment de l'écriture des *Discours* et des conversations dans les jardins Oricellari et témoigne qu'au début de la décennie suivante la réflexion sur la réforme des institutions est toujours vive à Florence.

D'autre part, à la différence des dépêches de chancellerie du temps passé, Machiavel y délivre son jugement de manière ouverte. Comme dans la correspondance échangée avec Francesco Vettori au cours des années 1513-1514 sur le contexte politique international, il ne fait plus de détour rhétorique pour affirmer ce qu'il estime être la juste vision des choses. Il a conscience que sa posture n'est pas la même que celle des années 1498-1512 : lorsqu'il définit au même moment l'art de l'ambassadeur, il se souvient de l'avertissement que lui avait lancé son collègue et ami Biagio Buonacorsi. Délivrant ses conseils à Raffaello Girolami, sur le point de partir pour l'Espagne auprès de l'empereur dans l'automne 1522, il souligne la nécessité de ne pas prononcer son avis ouvertement. Une fois établi le pronostic à propos d'une situation, « comme le fait de laisser tomber de vos lèvres une telle sentence serait odieusement prétentieux, on a coutume, dans ce genre de lettre, de recourir à l'artifice suivant : placer son avis dans la bouche d'un autre[1] ».

Mais lui-même, en 1520, ne travaille pas pour la chancellerie florentine. Il remplit seulement de manière occasionnelle des missions pour le compte des Médicis. Sa parole est donc moins contrainte et il dit sans précaution particulière ce qu'il pense des institutions de Lucques : « la façon dont ils [les habitants] distribuent la Seigneurie et les magistratures est bonne, civile et bien conçue », et ce, malgré le fait qu'une telle distribution ne correspond pas au modèle des républiques durables, antiques ou modernes. Une telle organisation des magistratures ne peut être imitée inconsidérément : elle comporte quelques défauts et surtout est adaptée à une ville où « les honneurs et les revenus sont brigués avec peu d'ardeur : ils sont minces et ceux qui pourraient les briguer sont riches et leur préfèrent leurs propres affaires[2] ». La situation est différente à Florence. Comme

1. Lettre du 23 octobre 1522 à Raffaello Girolami, à l'occasion de son départ pour l'Espagne auprès de l'empereur, in *Lettres familières*, II, *op. cit.*, pp. 454-455.

2. *Sommaire des choses de la cité de Lucques*, in *Œuvres*, *op. cit.*, p. 77.

Rome dans les *Discours*, Lucques est un modèle à double tranchant pour Florence : plus qu'un modèle à imiter ou à fuir, elle est avant tout un cas à partir duquel réfléchir aux modalités d'une bonne réforme institutionnelle.

## *La consultation de Jules de Médicis à propos des institutions florentines*

Machiavel a mené une telle réflexion pour Florence de manière plus directe dès l'année précédente, en 1519, encore une fois à la demande des Médicis. En effet, les discussions politiques des jardins Oricellari ont un certain écho. Lorsque Laurent de Médicis meurt en 1519, c'est le cardinal Jules de Médicis, qui suivait le déroulement des affaires florentines depuis Rome, qui prend la main pour défendre les intérêts de sa famille dans la cité. Dans un premier temps, il laisse fonctionner les magistratures existantes et suscite un débat politique sur les institutions. Il propose à plusieurs Florentins, des hommes de réputation plus que des partisans de sa famille à proprement parler, de présenter leur projet de réforme. Machiavel fait partie des heureux élus, aux côtés d'Alessandro de' Pazzi et de Zanobi Buondelmonti. Il rédige donc à l'intention du cardinal le *Discours sur les choses de Florence après la mort de Laurent de Médicis le Jeune*. Ce petit traité expose la manière dont le gouvernement florentin devrait être réformé, en se fondant tout d'abord sur la considération qu'il faut y créer un gouvernement adapté à sa nature : « Parce que créer une monarchie là où conviendrait une république et une république là où devrait être une monarchie est chose difficile, inhumaine et indigne de quiconque désire être réputé pitoyable et bon[1] », il

1. *Discours sur les choses de Florence après la mort de Laurent de Médicis le Jeune*, in *Œuvres*, *op. cit.*, p. 84.

convient, à propos de Florence, de s'intéresser au régime républicain, seul conforme à sa nature. Mais si la république est le régime où les citoyens se gouvernent par eux-mêmes, ces derniers ne forment pas un groupe homogène. Au contraire, le corps des citoyens est traversé de désirs distincts : se côtoient la masse des citoyens pour laquelle il est impératif de rouvrir le Grand conseil, « quelques citoyens d'esprit élevé, qui pensent mériter la préséance sur les autres », à qui il faut confier les charges les plus élevées de la cité, et un ensemble de citoyens « moyens » auxquels il faut attribuer certaines magistratures, afin qu'ils ne soient pas frustrés de ne pas occuper les plus importantes. Machiavel ne s'attarde pas, dans ce texte, sur les conflits susceptibles de surgir entre les citoyens florentins, comme il le fera dans *L'Histoire de Florence* et comme il l'a déjà fait de temps à autre dans les *Discours*. Il insiste surtout sur la nécessité de donner satisfaction aux différents désirs présents dans le corps politique et sur le fait qu'un gouvernement ne peut espérer durer sans l'accord et la satisfaction des citoyens : « Il n'est pas d'autre voie pour échapper à ces maux que de faire en sorte que les institutions de la cité puissent tenir debout d'elles-mêmes ; elles tiendront toujours debout lorsque chacun y mettra la main ; que chacun saura ce qu'il a à faire et en qui il peut avoir confiance ; et lorsque aucune catégorie de citoyens ne désirera de changement, soit par peur pour soi-même, soit par ambition[1]. »

Cependant, le cardinal Jules de Médicis ne donne pas suite à sa consultation. Le conseil de Machiavel en matière institutionnelle est oublié. Peu de temps après, la conjuration de 1522 met fin au climat politique en apparence ouvert qui régnait sous son gouvernement. En

1. *Ibid.*, p. 91.

effet, à Florence, le contexte politique semble à l'époque favorable à la vieille aristocratie, au point que certains nourrissent l'espoir d'y faire renaître une république aristocratique qui ne soit pas dominée par la famille des Médicis. Les Soderini, alors à Rome, parviennent à s'assurer de l'aide française et à engager des chefs militaires italiens pour provoquer la chute des Médicis. En décembre 1521, une première tentative échoue ; les conjurés font une nouvelle tentative au printemps 1522. Mais le groupe de conjurés est découvert : Jacopo da Diacceto est arrêté et torturé, Luigi di Tommaso Alamanni et Diacceto emprisonnés ; Zanobi Buondelmonti, Luigi Alamanni, Antonio Brucioli ont le temps de fuir tandis que Battista della Palla se trouve déjà en France. Les biens de tous les conjurés sont toutefois confisqués. Jules de Médicis instaure un régime beaucoup plus autoritaire sur Florence dès qu'il est élu pape sous le nom de Clément VII le 18 novembre 1523, à la suite de Léon X, mort le 1er décembre 1521 et d'Adrien VI, élu pour le remplacer mais décédé deux ans plus tard, le 14 septembre 1523. Le cardinal Silvio Passerini gouverne en son nom, accompagné d'Hyppolite, fils de Julien, et d'Alexandre, fils de Laurent. L'opposition aux Médicis ne s'éteint pas, tente de s'organiser autour d'autres figures (Jacopo Salviati, Niccolò Capponi, les Ridolfi, les Guicciardini) et noue des contacts avec Filippo Strozzi, alors à Naples. Elle ne saura pas se concrétiser dans un contexte politique de plus en plus marqué par la nouvelle crise internationale et la guerre entre Clément VII, François Ier et Charles Quint.

Sans doute la conjuration de 1522 n'est-elle pas étrangère à l'influence qu'a pu exercer Machiavel dans les jardins Oricellari. Cependant, il n'y prend pas part et n'est pas inquiété par la politique autoritaire des Médicis des années suivantes. Les Médicis même continuent à lui confier quelques missions. Après l'avoir envoyé en 1521 auprès du chapitre général des Franciscains à Carpi pour demander que les frères mineurs en territoire florentin soient administrativement séparés des autres Toscans et négocier la venue d'un prédicateur à Florence, ils le mandatent à Venise en août 1525 au nom du gouvernement afin de régler un conflit entre des marchands florentins et un équipage de brigantin vénitien qui les aurait rançonnés et sodomisés. Les Médicis font donc appel à lui à plusieurs reprises sans lui confier des missions de grande importance. En 1524, lorsqu'il s'agit de choisir un émissaire pour se rendre à la cour d'Espagne auprès de Charles Quint, Clément VII préfère à Machiavel un diplomate éduqué, courtisan connu et apprécié, d'abord à Milan, puis à Mantoue et enfin à Urbino, issu d'une grande famille lombarde : Baldassare Castiglione, que nous connaissons aujourd'hui comme l'auteur du *Courtisan*, qu'il commença à écrire en 1514. Nulle part dans la correspondance de Machiavel on ne trouve de témoignage à propos de la satisfaction ou de la frustration suscitées par ce retour en demi-teinte aux affaires publiques. Tout au plus peut-on voir un signe dans son refus de la proposition qui lui est faite, par l'intermédiaire de Piero Soderini, de devenir secrétaire de la république de Raguse en 1521 : signe qu'il préférait avoir un rôle mineur dans la politique florentine et demeurer dans sa cité plutôt qu'exercer des responsabilités plus importantes ailleurs[1].

## *Le premier historiographe officiel de Florence*

Une chose semble tout au moins acquise dans les années 1520 : il n'est plus *persona non grata* auprès des Médicis. Alexandre et Hyppolite de Médicis assistent à

1. Il reçoit cette proposition de travail le 13 avril 1521 par l'intermédiaire de Piero Soderini.

la représentation de la *Clizia* donnée dans la propriété de Jacopo Falconetti. En 1525, la même année, Machiavel s'en va à Rome remettre à Clément VII *L'Histoire de Florence* dont il a composé les huit livres en tant qu'historiographe officiel de la cité. En effet, cinq ans plus tôt, le 8 novembre 1520, les membres du *Studio fiorentino* l'ont invité, avec le soutien du cardinal Julien de Médicis, à rédiger une chronique de la cité. La première fois qu'une telle position a été établie, c'est en 1516 à Venise au bénéfice d'Andrea Navagero[1]. Ce dernier était à Rome lorsqu'il a été nommé historiographe de Venise. Il n'est pas impossible que les amis de Machiavel qui se trouvaient alors également dans la capitale de la chrétienté aient songé qu'il s'agissait là d'une fonction appropriée à Machiavel et qu'ils aient tenté de promouvoir cette idée auprès des Médicis.

Avant Machiavel et Navagero, Florence et Venise ont eu leurs historiens, notamment Leonardo Bruni et Poggio Bracciolini pour la première et Marco Antonio Sabellico pour la seconde, mais ces derniers n'étaient pas nommés ni rémunérés par le gouvernement de leur cité. Jules II attend sans doute de Machiavel une histoire dans la lignée de celles écrites par ses prédécesseurs, centrées sur l'histoire politique et orientées par le désir de rendre compte de ce qui est digne d'être honoré. Machiavel vient de recevoir de nombreuses louanges pour la rédaction d'une biographie historique, la *Vita di Castrucci Castraccani*, *condottiere* d'origine lucquoise[2]. La rédaction d'une histoire de Florence est cependant une autre affaire. Elle comporte des difficultés particu-

1. GILBERT (F.) : « Biondo, Sabellico and the Beginnings of Venetian Official Historiography », in ROWE (J. G.), STOCKDALE (W.), éd., *Florilegium Historiale : Essays Presented to Wallace K. Ferguson*, Toronto, Toronto University Press, 1970, pp. 276-293.

2. Lettre de Zanobi Buondelmonti à Machiavel, in *Lettres familières*, II, *op. cit.*, p. 424.

lières : il entend ne pas trahir la vérité, mais ne peut déplaire aux Médicis. Relatant sa mission auprès des moines franciscains de Carpi, il a pu déclarer non sans forfanterie à François Guichardin qu'il est passé maître dans l'art du mensonge : « Il y a beau temps que je ne dis jamais ce que je crois et que je ne crois jamais ce que je dis, et s'il m'échappe parfois quelque brin de vérité, je l'enfouis sous tant de mensonges qu'il est difficile de la retrouver[1]. » Trois ans plus tard, il déclare au même combien il aimerait, en raison de ses doutes et de ses difficultés, lui montrer l'histoire de Florence pour recueillir son opinion : « [...] j'ai été et je suis encore absorbé dans la rédaction de mon histoire, et je donnerais volontiers dix sous, je ne veux pas dire davantage, pour que vous fussiez près de moi et que je pusse vous montrer où j'en suis ; j'aborde en effet certaines particularités où j'aurais besoin de votre avis ; je crains de déplaire trop soit que je rehausse soit que je rabaisse les événements[2]. » Machiavel cherche donc à dire la vérité sans que personne ne puisse se plaindre. Sans doute la décision de clore son histoire avec la mort de Laurent de Médicis en 1492 lui permet-elle de se libérer de délicats problèmes de formulation : l'histoire de Florence après la descente de Charles VIII est trop proche au lecteur de 1525 pour qu'il puisse se permettre un faux pas.

Machiavel ne s'interroge pas seulement sur la manière appropriée d'énoncer le vrai sans se mettre à dos ses employeurs. Il entend aussi se démarquer des historiens humanistes qui l'ont précédé. Un tel écart étant moins sujet à la censure qu'une critique du gouvernement médicéen, il est explicitement affirmé dans le préambule de *L'Histoire de Florence* : il pensait initiale-

1. Lettre à François Guichardin, 17 mai 1521, *Lettres familières*, II, *op. cit.*, p. 447.

2. Lettre à François Guichardin, 30 août 1524, in *Lettres familières*, II, *op. cit.*, p. 456.

ment, déclare-t-il, reprendre la narration de l'histoire de leur cité là où ses prédécesseurs l'avaient arrêtée (l'œuvre de Bruni allait des origines à 1402, au moment où Gian Galeazzo Visconti meurt, laissant sauve la liberté florentine ; celle de Poggio avait commencé en 1350 et s'était interrompue en 1455 au moment de la paix de Lodi et de la fin du duel fratricide entre Milan et Florence). Mais, affirme Machiavel, « j'ai observé que dans leurs descriptions des guerres menées par les Florentins contre les peuples et les princes étrangers, ils ont été très diligents, mais que, s'agissant des discordes civiles et des inimitiés intestines et de leurs effets, ils en ont tu une partie et ont brièvement décrit le reste, de sorte qu'il ne peut apporter ni profit ni plaisir à personne ». Leur tournure d'esprit humaniste est directement mise en cause sur ce point par Machiavel : « Je crois qu'ils ont procédé ainsi, ou bien parce que ces actions leur semblaient si minces qu'ils les ont jugées indignes d'être transmises à la mémoire de l'écriture, ou bien parce qu'ils craignaient d'offenser les descendants de ceux qu'ils risquaient de critiquer dans de tels récits[1]. »

Machiavel n'est pas tout à fait honnête dans sa critique : l'accusation de ne pas traiter des dissensions internes ne tient pas, en particulier contre Leonardo Bruni. Sans doute faut-il lire autre chose derrière cette accusation : en reconduisant le choix de la langue vulgaire pour cette histoire, alors que Bruni et Bracciolini avaient rédigé leurs ouvrages en latin[2], en insistant sur l'utilité de son écrit, Machiavel retrouve les accents des *Discours* : celui d'un penseur politique qui se penche au chevet de sa cité en usant de l'histoire passée pour établir son diagnostic et non d'un historien qui vante les

1. *Histoire de Florence*, préambule, in *Œuvres*, *op. cit.*, p. 655.

2. La chancellerie florentine s'occupa toutefois rapidement de faire traduire leurs œuvres en langue vulgaire (Donato Acciaiuoli traduisit Bruni en 1473, et son fils, Poggio).

actions louables des grands hommes et relate les événements marquants survenus dans sa cité.

## L'Histoire de Florence *: une œuvre personnelle*

*L'Histoire de Florence* prend sens dans la réflexion politique de Machiavel lorsqu'on la lit en vis-à-vis des *Discours* et que l'on noue ses méditations sur Rome avec celles, malheureuses et pessimistes, sur Florence. Comme historiographe, Machiavel exerce un jugement critique sur sa cité. L'auscultation de l'histoire florentine le conduit à distinguer le passé de Florence tel qu'il a été de celui qui aurait pu être le sien. Machiavel indique plusieurs différences qui rendent compte du fait que l'aspiration florentine à la liberté n'a pas donné lieu, comme à Rome, à une république durable : une cité est née et demeurée libre, l'autre sujette ; l'*ethos* de la liberté, fondé à Rome sur la crainte des dieux et la pauvreté, n'est pas présent à Florence, quoiqu'il ne soit pas inenvisageable de l'y cultiver ; les « tumultes » florentins ont des implications destructrices, à la différence de ceux de Rome, à cause de la nature « corrompue » des désirs des grands et du peuple florentins. Le processus de division est sans fin à Florence, ses institutions toujours fragiles et sa liberté menacée de l'intérieur autant que par les velléités de conquête des princes voisins ou des *condottieri* sans territoire. Au miroir de l'histoire de Rome, le devenir de Florence, son cheminement tortueux vers la liberté, s'éclaire donc. La mise en perspective de Florence par rapport à Rome permet de montrer pourquoi la cité de Machiavel n'a pu établir un régime libre et durable. Elle rend visible ce qui a manqué et manque encore à Florence pour y parvenir. Machiavel est ici un penseur politique qui délivre moins un discours à vocation universelle qu'une analyse destinée spécifiquement à sa cité.

## *Charles Quint, nouvel acteur des guerres d'Italie*

Aucune édition de *L'Histoire de Florence* ne fut publiée du vivant de Machiavel. Ce dernier eut-il le temps de s'en soucier ? Rien n'est moins sûr. En effet, en 1525, la défaite de François Ier à Pavie contre Charles Quint le 24 février signe le retour de « l'histoire brûlante » sur le territoire italien[1]. Revenons en arrière afin de comprendre les raisons de ce conflit. Charles de Habsbourg régnait sur les Pays-Bas et la Franche-Comté qu'il tenait de son père Philippe le Beau (mort en 1506) lorsque décéda son grand-père maternel Ferdinand d'Aragon. Il reçut de lui en héritage l'Aragon et la Catalogne en Espagne, la Sicile, la Sardaigne et Naples en Italie. Fort de ces nouvelles possessions, il prend le titre de roi des Espagnes en janvier 1516, bien que sa mère, Jeanne la Folle, soit encore en droit souveraine de la Castille et de ses territoires américains. Quand meurt son grand-père Maximilien, il hérite en outre des terres héréditaires des Habsbourg en Allemagne. Le siège impérial est alors vacant. François Ier et Charles Ier d'Espagne se présentent tous deux pour occuper ce siège dont le pouvoir est surtout d'ordre symbolique. Le détenteur de ce siège est en effet l'autre chef de la chrétienté. Charles Quint l'emporte alors sur François Ier, sans doute parce qu'il a acheté plus d'électeurs que lui.

Charles Quint s'intéresse ensuite à l'Italie et aux conquêtes françaises. Dès novembre 1521, désireux de prendre Parme et Plaisance aux Français, il conclut un traité secret avec le pape et le roi d'Angleterre. Le Milanais est envahi avec succès et placé sous la direction de Francesco Maria Sforza. Pour récupérer ce territoire, François Ier lance

1. Cette expression est employée par F. Braudel dans sa préface à *La Méditerranée et le monde méditerranéen à l'époque de Philippe II*. Elle est reprise par J-L. Fournel et J-CL. Zancarini pour qualifier la conjoncture dans laquelle Machiavel pensa, in *La Politique de l'expérience*, *op. cit.*, p. 7.

en vain quatre campagnes en Lombardie au début des années 1520. Il est à chaque fois battu, trahi et même fait prisonnier lors de la bataille de Pavie. Sa défaite à Pavie le 24 février 1525 ouvre en Italie une ère d'incertitude et d'angoisse, où abondent les prophéties en tout genre et les pires menaces. En 1526, François Ier signe le traité de Madrid, par lequel il renonce à sa suzeraineté sur la Flandre et l'Artois, à ses droits sur le Milanais et accepte la perte de la Bourgogne, traité qu'il renie dès son retour en France. Refusant la défaite, il contribue à l'établissement de la ligue de Cognac en 1526 grâce à laquelle il renoue l'alliance avec l'Angleterre ainsi qu'avec le pape Clément VII et Florence, Venise, Milan et d'autres princes italiens. François Ier bénéficie aussi de l'appui implicite du sultan qui lance une offensive sur la Hongrie. Le 23 juin, après l'accord créant la ligue, le pape publie un bref dans lequel il rappelle les droits imprescriptibles du pontife. Charles Quint lui répond dans le mémoire de Grenade en septembre de la même année : le langage du pape n'est pas chrétien et devra être corrigé par l'empereur et réformé par le concile. On ne saurait être plus clair ! Les armées se constituent. L'Italie s'apprête à devenir de nouveau un champ de bataille.

### *Machiavel témoin du sac de Rome*

C'est dans ce contexte que Machiavel retrouve des charges politico-militaires qui lui étaient familières avant 1512. Dès le printemps 1526, il reçoit la mission de réviser les fortifications de la cité : en mai, un Conseil des provéditeurs aux remparts est créé, dont il est élu secrétaire. Il a quelques difficultés à mettre en œuvre ce projet, mais doit de toute façon rapidement l'abandonner car on le dépêche dès le début du mois de juin à l'armée de la Sainte Ligue. Les troupes pontificales se sont rassemblées à Piacenza, où Guichardin lui-même se rend le 17 juin en qualité de lieutenant général du pape. Machiavel y est envoyé pour convaincre Pietro Navarra, capitaine général des armées de la ligue, de commander les forces florentines, et peut-être aussi comme aide de camp de François Guichardin. De nouveau, Machiavel chevauche l'Italie ventre à terre : après avoir rejoint Guichardin, il est envoyé à Crémone. Le 13 septembre 1526, il rédige l'ordre de prendre d'assaut cette place forte. Elle capitulera dix jours après, mais trop tard : le 19 septembre, Clément VII se fait prendre dans Rome par l'Espagnol Ugo de Moncada et se voit contraint de signer une trêve de quatre mois. Durant l'automne, la ligue perd le seul homme susceptible de diriger ses armées : Jean de Médicis, dit Jean des Bandes Noires, brillant chef de guerre qui meurt à l'âge de vingt-huit ans, blessé à mort dans les marais de Serraglio Borgoforte au cours d'un combat destiné à gêner la jonction de deux parties de l'armée de Charles Quint, les lansquenets de Frundsberg, descendus par les passes des Alpes et la ville de Brescia vers la région de Mantoue, et Bourbon arrivé à Milan[1]. Machiavel regrette amèrement sa mort : si Jean des Bandes Noires n'estime guère ses qualités militaires, se moquant de son incapacité à mettre une armée en ordre[2],

1. Un film à voir sur Giovanni delle bande nere et l'épisode de sa mort : *Il Mestiere delle armi*, d'Ermanno Olmi (2001).

2. Bandello : « Vous vous souvenez sans doute de cette journée où notre brillant Nicolas Machiavel voulut, sous les murs de Milan, disposer des fantassins selon le dispositif qu'il avait longuement exposé auparavant dans son livre sur l'art de la guerre. On découvrit à cette occasion quelle différence il y a entre celui qui sait et n'a jamais appliqué ce qu'il sait, et celui qui, sachant les choses, a mis, pour ainsi dire, la main à la pâte et appliqué dans les faits ses pensées et ses idées. Car le praticien réussit mieux que celui qui ne l'est pas, l'expérience étant maîtresse du savoir [...]. Messire Nicolas nous fit, ce jour-là, lanterner sous le soleil plus de deux heures sans s'avérer capable de mettre en rang trois mille fantassins conformément au dispositif qu'il avait décrit » et c'est finalement le *condottiere* Jean des Bandes Noires qui prend sa place et en un tour de main met les troupes en place ! », in *Novelle*, 40, vol. 1, Turin, Edizioni dell'Orso, 1992, p. 365.

Machiavel, en revanche, considère qu'il est alors le seul homme susceptible de prendre la tête de l'armée pontificale. Le jour de son décès, le 30 novembre, Machiavel est chargé des Huit de la pratique. Sa première mission est à Modène auprès de Guichardin, qui démissionne pour ne pas servir le pape puis reprend sa charge et s'efforce d'écarter le danger d'invasion de l'Italie.

Pendant l'hiver, les troupes ennemies du pape et de François I^er^ progressent, malgré la neige et le mauvais temps. Au début de l'année 1527, la route de Rome est presque libre. L'armée impériale extorque des sommes importantes à certaines villes, comme Bologne et Florence, mais les épargne, poursuivant sa route sur Rome. Clément VII cherche encore à négocier. En signant une convention avec le vice-roi Lannoy, il croit y parvenir, au point qu'il renvoie ses troupes mercenaires. Mais le connétable Charles de Bourbon ne respecte pas cet accord. À la fin du mois d'avril, les armées avancent le long du Tibre vers Rome. Privées de chef au moment où elles approchent Rome (le connétable ayant été tué), elles sont en mesure de donner l'assaut au début du mois de mai. Dans le brouillard de l'aube, les troupes mercenaires ouvrent une brèche dans la muraille romaine, à l'est du Vatican, et entrent dans la cité. Elles massacrent, violent, torturent, incendient et pillent plusieurs jours durant le centre de la chrétienté, la ville qui décidait en large partie des affaires florentines au cours des années 1520. La « reine du monde », « dame chérie de l'univers », est désormais « privée d'armes et de sens », aux mains des étrangers, réduite en esclavage, couverte de cadavres et de sang. Les cloches ne sonneront pas pendant dix mois dans l'*Urbs*[1].

---

1. Expressions tirées de poèmes ou de chants italiens ou espagnols composés à l'occasion du sac de Rome, citées par CHASTEL (A.), *Le Sac de Rome, 1527, du premier maniérisme à la Contre-Réforme*, Paris, Gallimard, 1983, pp. 35-40.

## *L'amitié avec François Guichardin*

Depuis 1521, tout au long de cette période qui aboutit au sac de Rome, Machiavel a noué une forte amitié avec François Guichardin. Cet homme issu de l'aristocratie florentine, partisan d'une république gouvernée par un petit nombre d'hommes sages et expérimentés, artisan actif de la ligue de Cognac, est pour Machiavel beaucoup plus que le lieutenant général du pape. Machiavel avait souligné dans l'un de ses derniers échanges épistolaires avec Francesco Vettori en 1515 combien un lecteur pourrait être étonné par la diversité du contenu de leurs lettres, alternant entre graves considérations et propos légers[1]. Ces échanges sont le propre d'une amitié qui déborde le plan de la stricte réflexion politique et pénètre dans tous les aspects de l'existence. Une telle amitié unit aussi Guichardin et Machiavel dans les années 1520. À Machiavel qui lui recommande chaleureusement la Barbera ou lui relate sa rencontre, en 1525, avec la Maliscotta, une courtisane, à Faenza, Guichardin répond en évoquant les soucis que lui donne le mariage de ses filles. Il n'en a pas eu moins de sept et la constitution de leur dot suscite quelques difficultés. Les nouvelles sur l'organisation des représentations théâtrales des pièces de Machiavel y côtoient également les analyses sur la situation diplomatique et géopolitique européenne.

Machiavel et Guichardin ne sont pas d'accord sur tout, loin de là. Le second s'oppose au modèle de république populaire élaboré par le premier et dénonce aussi chez son ami une incapacité à établir les différences entre les époques et les contextes et partant une tendance à prôner l'imitation là où elle est impossible. Reste que

1. Lettre à Francesco Vettori, 31 janvier 1515, in *Œuvres*, *op. cit.*, p. 1224.

Guichardin a rencontré en Machiavel un compagnon de pensée. Tous deux s'intéressent aux mêmes objets : l'histoire de l'Italie et de leur cité, les manières de faire la guerre, le rôle de l'Église, la réforme institutionnelle de Florence. Tous deux sont des écrivains politiques : surtout connu pour l'*Histoire d'Italie* commencée en 1535, Guichardin a déjà derrière lui, comme Machiavel, plusieurs ouvrages lorsqu'ils se rencontrent : une histoire de sa cité au moment du tumulte des *Ciompi*, en 1378 (les *Storie fiorentine*) ; des *Ricordi*, sortes d'aphorismes à la fois privés et politiques, qu'il retouchera à plusieurs reprises au cours de son existence ; des réflexions politiques, le *Discours de Logroño*, deux traités sur la meilleure façon de conserver le pouvoir pour les Médicis, après leur retour en 1512. Lorsqu'il rencontre Machiavel, Guichardin entreprend la rédaction du *Dialogue sur la façon de régir Florence*, un écrit majeur où il discute les thèses de Machiavel[1]. Par-delà leurs divergences politiques, ils sont en connivence de multiples manières : sur le terrain, ils partagent le souci de créer les conditions d'une action efficace. En pensée, ils se font écho : Guichardin dit chercher à ne pas se laisser aveugler par la splendeur des choses afin de considérer leur substance, et Machiavel ne pas se laisser tromper par les apparences pour considérer la nature des choses en vérité. Dans l'écriture, tous deux entendent trouver la formule juste pour rendre compte de la réalité.

Le sac de Rome ne signe pas la fin de leur action commune sur le territoire italien. En effet, Clément VII,

---

1. En français, on peut lire les *Ricordi* dans les éditions de J.-L. FOURNEL et J.-Cl. ZANCARINI, *Avertissements* politiques, Paris, Le Cerf, 1988, et de A. PONS, *Ricordi, conseils et avertissements en matière politique et privée*, Paris, Ivrea, 1998, le *Discours de Logroño* et le *Dialogue sur la façon de régir Florence* dans la traduction de J.-L. FOURNEL et J.-Cl. ZANCARINI, in *Écrits politiques*, Paris, PUF, 1997.

les cardinaux et la suite pontificale se sont réfugiés dans le château de Saint-Ange transformé pour l'occasion en forteresse. Rome s'est rendue. Mais la résistance s'organise tant bien que mal au château, où l'orfèvre Benvenuto Cellini prend les commandes de l'artillerie papale : « La nuit venue, les ennemis dans Rome, nous tous qui étions dans le château, mais surtout moi qui me suis toujours délecté de spectacles extraordinaires, nous contemplions les incendies et la panique indescriptible dans les rues [...] nous fûmes assiégés dans le château pendant un mois entier, durant lequel je continuais à faire marcher sans trêve mon artillerie[1]. » Le duc d'Urbin, Francesco Maria della Rovere, chef de l'armée vénitienne, que le pape a appelé à son secours, ne vient pas le libérer. Machiavel est alors envoyé par Guichardin à Civitavecchia auprès de l'amiral de la flotte papale, Andrea Doria, pour concevoir un plan de sauvetage de Clément VII. Celui-ci ne se concrétise pas : le pape reste en quelque sorte prisonnier dans le château pendant près de sept mois, avant de séjourner à Orvieto et Viterbe, sous l'autorité de Charles Quint.

---

1. CELLINI (B.), *La Vie de Benvenuto Cellini écrite par lui-même* (1500-1571), nouvelle trad. sous la dir. de A. CHASTEL, Milan, Éditions Scala, 1996, p. 66.

# Chapitre VII

# ÊTRES MACHIAVÉLIQUES, MACHIAVÉLISTES ET MACHIAVÉLIENS : QUELS SUCCESSEURS POUR MACHIAVEL ?

> « Montesquieu :
> Vous ne parlez point de vous, Machiavel ; c'est trop de modestie, quand on laisse après soi l'immense renommée de l'auteur du *Traité du Prince*.
>
> Machiavel :
> Je crois comprendre l'ironie qui se cache sous vos paroles. Le grand publiciste français me jugerait-il donc comme la foule qui ne connaît de moi que mon nom et un aveugle préjugé[1] ? »

## *Les derniers jours de Machiavel*

Le 26 avril, avant que la nouvelle du sac de Rome n'arrive à Florence, le pouvoir des Médicis avait été menacé par un rassemblement sur la place de la Sei-

---

1. Joly (M.), *Dialogue aux enfers entre Machiavel et Montesquieu ou La Politique du XIXe siècle par un contemporain*, Bruxelles, Imprimerie de A. Mertens & fils, 1864, p. 5. L'ouvrage valut à son auteur, juriste de formation, deux ans de prison pour « excitation à la haine et au mépris du gouvernement ».

gneurie. Mais ce « tumulte du vendredi » n'avait pas abouti. En revanche, au moment où Machiavel quitte Florence pour tenter de sauver le pape, la nouvelle du sac de Rome parvient à sa cité. Elle provoque, le 16 mai, le rétablissement de la république sous la direction de Niccolò Capponi. Le 17 mai, les Médicis quittent de nouveau précipitamment la cité. Compte tenu de ses relations ambivalentes avec cette famille, Machiavel a pu penser que c'était là l'occasion ou jamais de retrouver des responsabilités dans la chancellerie. Peu après son retour, il présente sa candidature. Mais il n'est pas élu. Le procès-verbal du Grand conseil de Florence du 10 juin 1527 témoigne qu'une telle candidature a suscité des réactions houleuses : certains ont souligné son rapprochement avec les Médicis au cours des années précédentes, d'autres ses médisances sur la cité florentine, ses habitants et leurs mœurs, d'autres encore son peu de foi. Le gouvernement élu en 1527, d'obédience savonarolienne, ne pouvait voir d'un œil favorable le retour d'un homme ouvertement critique à l'égard du frère dominicain, qui avait fait son entrée en politique au lendemain de son exécution et avait la réputation de mener une vie désordonnée et impie.

Pour Machiavel, ce sera le mot de la fin : il meurt quelques jours plus tard chez lui, le 22 juin, dans sa maison florentine de l'*Oltrarno*. Il a cinquante-huit ans. Une lettre de l'un de ses fils, peut-être apocryphe, indique qu'il « est mort de douleurs de ventre, causées par une médecine prise le 20[1] » et qu'il s'est laissé confesser

---

1. On a beaucoup spéculé sur le rôle éventuel dans ce décès d'un médicament que Machiavel recommande à François Guichardin dans une lettre du 17 août 1525 :

« mais revenons à la recette des pilules :
Recipe :

| | | |
|---|---|---|
| Aloès hépatique | Drachmes | I, 1/4 |
| Carman. Deos. [Cardamonum Dioscoridis] | | I |

« par frère Matteo ». Il est enterré dans le caveau familial. Son décès est enregistré dans le livre des morts de l'Art des médecins et apothicaires dans lequel il était inscrit.

Les affaires familiales sont, comme on dit, en ordre. « Nulle chose n'étant plus certaine que la mort, nulle plus incertaine que son heure[1] », il a établi son testament dès 1522 : ses fils Bernardo, Lodovico, Guido et Piero sont invités à s'occuper de leur mère et de leur sœur Bartolomea tant qu'elle ne serait pas mariée ; les terres et les maisons sont distribuées ; Marietta, son épouse, est assurée de la possibilité de vivre dans la maison familiale de *Sant'Andrea in Percussina* et de garder ses vêtements et ses bijoux ; sa fille est dotée d'un bois, de pièces de toile de lin et d'une somme d'argent placée au *Monte dei Doti*.

Ainsi s'achève, sur cette mort brutale et mystérieuse, l'existence de Machiavel. Il a vu l'Italie envahie par des seigneurs étrangers et su que la capitale de la chrétienté était dévastée, lui qui a déclaré aimer sa patrie plus que son âme[2]. Il a côtoyé de brillants *condottieri* et chefs d'armée, de César Borgia à Jean des Bandes Noires, mais aussi des gouvernants impuissants et des papes à l'ambition dévastatrice. Il a été le témoin du rétablissement de la république à Florence sans que lui soit donnée la possibilité de prendre part au gouvernement des

---

| | |
|---|---|
| Safran | 1/2 |
| Myrrhe choisie | 1/2 |
| Rétoine | 1/2 |
| Pipinelle | 1/2 |
| Bol d'Arménie | _ » |

(*Lettres familières*, II, *op. cit.*, p. 465. Mais l'on ignore en vérité ce qui a tué Machiavel.)

1. Testament de Machiavel, in *Lettres familières*, II, *op. cit.*, p. 551.
2. Lettre du 16 avril 1527 à Francesco Vettori, in *Lettres familières*, II, *op. cit.*, p. 547.

affaires publiques. De la descente de Charles VIII, qui marque l'arrivée des barbares sur le territoire italien en 1494, au sac de Rome en 1527, à l'origine d'une nouvelle réforme des institutions florentines, l'existence de Machiavel a été marquée par deux catastrophes politiques majeures, et la seconde, sans aucun doute, n'est pas moindre à ses yeux que la première : « je ne crois pas », déclare-t-il à Francesco Vettori trois semaines avant le sac de Rome, alors qu'il observe la progression des armées de Charles Quint, « que nous ayons subi une épreuve aussi cruciale que celle-ci », et cela « au nom d'une expérience de soixante années[1] ».

## *Florence, la Toscane et l'Italie après 1527*

Après son décès, le cours des événements continue à nouer ensemble les fils des histoires de Florence, de l'Italie et de l'Europe. La trame en est serrée et toujours dramatique.

Le traité de Cambrai, signé en 1529, stipule que François Ier renonce à la Bourgogne et à l'Italie au profit de Charles Quint.

Le traité de Barcelone établit la même année les conditions de la paix entre Charles Quint et le pape Clément VII : celui-ci échange Naples et Milan contre la promesse d'une aide pour rétablir la domination médicéenne sur Florence.

Dans la cité de Machiavel, le gouvernement lève des milices citadines ou mercenaires en vue du conflit avec le pape, jugé inéluctable après le traité de Barcelone. La République résiste presque une année, malgré la disette, la peste et les bombardements de l'artillerie ennemie.

1. *Ibid.*

Trente mille Florentins meurent au cours d'un siège qui s'achève avec la défaite de Gavinana le 12 août 1530. Les gouvernants républicains sont exécutés ou exilés. Le pouvoir des Médicis s'impose de nouveau, cette fois-ci sans cultiver des apparences républicaines. Un décret impérial de 1532 fait d'Alexandre de Médicis, futur époux de Marguerite d'Autriche, le duc de Toscane. Le « vivre libre » florentin tant souhaité par Machiavel n'est bientôt plus qu'un vieux rêve.

### *Machiavel après Machiavel*

« Le roi est mort, vive le roi ! » L'expression rend de manière extrêmement condensée un fait de civilisation et de politique majeur de l'histoire des royaumes occidentaux : si la personne du roi décédait, le pouvoir royal ne connaissait aucune interruption. La succession garantissait une continuité tout autant symbolique que physique. En un sens légèrement différent, on pourrait reprendre cette formule pour l'appliquer à Machiavel. Celui-ci est mort en 1527 mais il a été exproprié de lui-même pour devenir un guide, un modèle ou un repoussoir imaginaire de la réflexion politique. On y fait référence. On l'interprète. On glose ses propos. On en fait même un personnage de fiction, comme le malheureux juriste Maurice Joly qui, sous le règne de Napoléon III, invente au milieu du XIXe siècle un dialogue entre Machiavel et Montesquieu au royaume des ombres, en enfer. De quoi y parlent-ils ? De politique bien sûr. Montesquieu s'interroge, mélancolique : « Que peuvent avoir à échanger ceux qui ont franchi ces sombres rivages si ce n'est des angoisses et des regrets ! » Machiavel, lui, est tout à son aise : « Qu'importe la mort pour ceux qui ont vécu par la pensée, puisque la pensée ne meurt pas. Je ne connais pas, quant à moi, de condition plus tolérable que celle qui nous est faite ici jusqu'au jour du Jugement dernier. Être délivré des soins et des soucis de la vie matérielle, vivre dans le domaine de la raison pure, pouvoir s'entretenir avec les grands hommes qui ont rempli l'univers du bruit de leur nom ; suivre de loin les révolutions des États, la chute et la transformation des empires, méditer sur leurs constitutions nouvelles, sur les changements apportés dans les mœurs et dans les idées des peuples d'Europe, sur les progrès de leur civilisation, dans la politique, dans les arts, dans l'industrie, comme dans la sphère des idées philosophiques, quel théâtre pour la pensée[1]. » En écho à la lettre du 10 décembre 1513, Machiavel apparaît ici véritablement joyeux de pouvoir s'adonner à la méditation des affaires de l'État. Il faut bien le supposer tel pour lui donner ainsi la parole.

Le style de ses écrits n'est pas pour rien dans l'émergence, après 1527, du personnage de penseur politique qu'il en vient à incarner selon de multiples facettes. Son expression elliptique se prête à un mouvement infini d'interprétation, le caractère apparemment incohérent, voire contradictoire, de ses idées, suscite lui aussi une exégèse sans cesse renouvelée. La pensée est « soutenue, difficile, dure, dangereuse », elle se déroule à « un rythme galopant[2] » : sans répit, elle soulève des interrogations et des doutes. Cette dimension de la pensée machiavélienne n'a pas toujours été thématisée comme telle, ou si elle l'a été, ce fut longtemps assortie d'un jugement moral qui tranchait dans un sens ou dans un autre, fixait le sens du texte, affirmait « sa vérité ».

La pérennité de Machiavel a ainsi d'abord été garantie par la figure étrange, combinaison née des représen-

1. *Ibid.*, p. 2.

2. NIETZSCHE, *Par-delà le bien et le mal*, trad. de C. HEIM, Paris, Gallimard, 1971, I, 28, p. 48 (coll. « Folio essais »).

tations de la personne qu'a été Machiavel et de la fiction du prince. « Prince sans qualités », a dit avec une grande justesse l'un des exégètes contemporains de Machiavel[1] : dans cette absence de qualités, on a longtemps dénoncé l'absence de sens moral, notamment dans le contexte de la Contre-Réforme. Encore aujourd'hui, c'est souvent à cette figure que l'on pense lorsqu'on entend prononcer le nom de Machiavel. Celui-ci aurait donc engendré des monstres, les êtres « machiavéliques » ou encore les « machiavélistes », qui suivent, selon l'explication fournie par *L'Encyclopédie* de Diderot et d'Alembert, les principes de Machiavel « qui consistent à tendre à ses avantages particuliers par quelques voies que ce soit ». Ils incarnent le mal en politique et ils sont nombreux : *L'Encyclopédie* nous prévient qu'« il y a des *Machiavélistes* dans tous les États ».

Cette immortalité, Machiavel la tient enfin des batailles qui se sont livrées autour de ses écrits et singulièrement autour de cette figure du mal en politique. Car cette réduction de Machiavel au machiavélisme n'a pas été acceptée par tous. Elle a été combattue dès son apparition. Or cette polémique autour de la « véritable » pensée de Machiavel a fait couler beaucoup d'encre, assurant la diffusion de son œuvre, fût-ce au prix de nombreuses déformations et caricatures, et très tôt sa traduction partielle ou complète dans la plupart des langues vernaculaires de l'Europe.

De l'immense parcours que l'on peut faire du début du XVIe siècle à nos jours pour connaître ce devenir de la pensée machiavélienne, on peut prendre l'exemple de deux œuvres qui, parmi d'autres, illustrent avec clarté la complexité et la prolifération interprétative propre à ce devenir. Elles témoignent aussi des

1. SFEZ (G.), *Le Prince sans qualités*, Paris, Kimé, 1999.

approximations avec lesquelles la vie de Machiavel comme ses écrits ont longtemps été abordés. La cinquième édition du *Dictionnaire historique et critique*, revue, corrigée et augmentée de remarques critiques de Pierre Bayle est publiée en 1734 ; la première édition de *L'Encyclopédie* de d'Alembert et Diderot paraît en 1751. Le *Dictionnaire* a été composé à la toute fin du XVIIe siècle, entre 1696 et 1699, et on le présente souvent comme l'ouvrage qui a inauguré l'ère de l'esprit philosophique des Lumières dont *L'Encyclopédie* est le fleuron. Les deux ouvrages n'ignorent pas Machiavel : le *Dictionnaire* lui consacre un article à une entrée qui porte son nom, tandis que *L'Encyclopédie* présente le « Machiavélisme » comme une notion d'« histoire de la philosophie ».

Les éléments biographiques sont encore bien vagues : les deux ouvrages s'accordent sur le fait que sa mort est due à un remède qu'il s'est administré lui-même et tous deux spéculent sur l'impiété dont il fit preuve au moment de son décès : « Ses derniers discours, s'il est permis d'y ajouter foi, furent de la dernière impiété. Il disoit qu'il aimoit mieux être dans l'enfer avec Socrate, Alcibiade, César, Pompée, & les autres grands hommes de l'Antiquité, que dans le ciel avec les fondateurs du christianisme », affirme *L'Encyclopédie*. Pierre Bayle évoque aussi cette attitude, tout en ajoutant que l'autorité publique l'a peut-être contraint à « prendre les sacrements ». *L'Encyclopédie* le fait mourir en 1527, à l'âge de quarante-huit ans (alors qu'il en avait cinquante-huit), le *Dictionnaire* en 1530. On lui reconnaît dans les deux ouvrages l'esprit, voire le génie, et un certain talent littéraire, théâtral surtout, mais on se dispute sur son éducation : Machiavel ignorait le latin et c'est Marcello Adriano Virgilio qui lui a soufflé les plus beaux passages des auteurs latins selon le *Dictionnaire*, qui reprend sur ce point l'éloge de Paul Jove consacré au secrétaire florentin[1] ; il fut d'une « érudition très variée », connaissait « les langues anciennes & modernes » et l'histoire selon *L'Encyclopédie*. Dans l'un et l'autre article, on reconnaît à Machiavel le courage d'avoir résisté à la torture, on évoque les deux conjurations dans lesquelles il a été impliqué et son métier d'historiographe au service des Médicis, on soupçonne qu'il a travaillé pour le compte de César Borgia.

Enfin, on en vient à l'épineuse et essentielle question : qui était vraiment Machiavel ? Quelles idées a-t-il réellement promues ? Quelle pensée politique l'animait ? Sur ce point, un extraordinaire combat se livre. Du *Dictionnaire* à *L'Encyclopédie*, les variations interprétatives ont parfois une dimension polémique : contre ceux qui parlent de l'œuvre de Machiavel sans l'avoir lue, Bayle entend argumenter en connaissance de cause. Contre l'imagination délirante qu'elle suscite, il s'insurge : « Ceux qui disent que dans cet ouvrage-là [*Le Prince*] il avait dessein de représenter Charles Quint s'abusent grossièrement. On a débité que c'était un livre dont Catherine de Médicis faisait son étude particulière, et qu'elle mettait entre les mains de ses enfants. » Toutefois, contre ceux qui excusent Machiavel d'avoir avancé telle ou telle maxime au nom du fait qu'il se contente de décrire la pratique des princes, Bayle rétorque : « Cela ne disculpe point Machiavel ; il avance des maximes qu'il ne blâme pas. » Mais contre ceux qui nieraient son attachement à la république, Bayle affirme aussi : on peut douter de l'intention que certains lui prêtent d'avoir voulu éclairer le peuple sur la conduite des tyrans, mais l'on ne peut nier son amour de la liberté. À son tour, contre Bayle et bien d'autres, *L'Encyclopédie* affirme résolument une telle intention : « Lorsque Machiavel écrivit son *Traité du Prince*, c'est comme s'il eût dit à ses

1. Cf. en annexe la traduction de cet éloge.

concitoyens, “lisez bien cet ouvrage. Si vous acceptez jamais un maître, il sera tel que je vous le peins : voilà la bête féroce à laquelle vous vous abandonnerez”. Ainsi ce fut la faute de ses contemporains, s’ils méconnurent son but : ils prirent une satire pour un éloge. [...] Quoi qu’il en soit, on ne peut guère douter qu’au moins Machiavel n’ait pressenti que tôt ou tard il s’éleveroit un cri général contre son ouvrage, & que ses adversaires ne réussiroient jamais à démontrer que son prince n’étoit pas une image fidele de la plûpart de ceux qui ont commandé aux hommes avec le plus d’éclat. J’ai ouï dire qu’un philosophe interrogé par un grand prince sur une réfutation qu’il venoit de publier du *machiavelisme,* lui avoit répondu : “sire, je pense que la premiere leçon que Machiavel eût donnée à son disciple, c’eût été de réfuter son ouvrage[1]”. »

La lecture croisée de l’article « Machiavel » du *Dictionnaire* de P. Bayle et de l’entrée « Machiavelisme » de *L’Encyclopédie* donne une représentation vivante de la gigantomachie pluriséculaire des interprétations autour des écrits de Machiavel. Celle-ci, longtemps alimentée par l’ignorance ou la connaissance approximative de son existence et de l’histoire politique et culturelle de la Florence machiavélienne, n’a pas été sans conséquences : l’étude de la « fortune » de Machiavel et de la réception de ses écrits constitue, autant que l’analyse de ses idées, un champ de travail à part entière. Il est tout aussi légitime de s’intéresser aux usages théoriques ou pratiques des thèses de Machiavel qu’à l’écrivain politique lui-même et à sa pensée.

---

1. Bayle (P.), *Dictionnaire historique et critique*, 5e éd. rev., corr. et augm. de remarques critiques, t. IV, Amsterdam, Compagnie des Libraires, 1734, entrée « Machiavel » (orthographe modernisée). *L’Encyclopédie de Diderot et d’Alembert*, Redon (CD-Rom PC), 2002.

De ce point de vue, cependant, l'histoire intellectuelle de l'Europe ne montre pas un visage uniforme. Sans doute faut-il distinguer des phases : la première est celle où s'élaborent les interprétations les plus radicales de Machiavel, à l'ombre du *Prince* plus que des *Discours*, de *L'Histoire de Florence* ou de *L'Art de la guerre*, celle où Machiavel, tel Janus, a deux visages, précepteur des tyrans ou républicain sans concession. À la fin du XIXe siècle, grâce aux premières biographies érudites de Machiavel, un autre rapport à Machiavel et à ses écrits se met en place, qui soumet l'interprétation politique au critère de la connaissance historique, culturelle, linguistique, philologique. Ce travail d'érudition et la constitution d'un savoir positif sur Machiavel se poursuivent encore. Ce sont eux qui rendent possible une ligne de réflexion particulièrement vivante aujourd'hui, qui s'interroge sur l'actualité de Machiavel par rapport aux questions politiques qui sont les nôtres[1].

---

1. Nous reprenons ici une analyse de SENELLART (M.) et SFEZ (G.), in *L'Enjeu Machiavel*, Paris, PUF, 2001, pp. 2-3 (coll. « Collège international de philosophie »). Le lecteur trouvera par ailleurs en bibliographie des références relatives à l'étude de la réception de Machiavel et au travail biographique mené sur lui depuis la fin du XIXe siècle.

# Annexe

## PORTRAIT DE MACHIAVEL PAR PAOLO GIOVIO

Diplômé de médecine et probable inventeur du terme « musée » au sens où nous l'entendons aujourd'hui, Paolo Giovio naît en 1483 à Côme. Il s'établit à Rome comme médecin en 1516 et abandonna cette pratique lorsqu'il fut nommé, en 1527, évêque de Nocera de Pagoni. Il commence une collection de portraits vers 1521. La composition des *Éloges des hommes illustres* est étroitement liée à la création d'un musée destiné à exposer ces portraits d'hommes à Borgo Vico, dans la paroisse de San Marco, à Côme, sur la rive occidentale du lac. Ce musée fut achevé pour l'essentiel en 1539. L'édition *princeps*, dont l'auteur s'est lui-même occupé, date de 1546 : c'est celle de Michele Tramezzino à Venise.

Voici la traduction du « portrait » de Machiavel (dont le texte latin est retranscrit dans : Paolo Giovio, *Gli Elogi degli uomini illustri [letterati – artisti – uomini d'arme]*, éd. critique de R. Meregazzi, Istituto Poligrafico Dello Stato, Roma, 1972, pp. 162-163).

« Qui ne s'étonnerait que dans notre Machiavel la nature ait été si vigoureuse que sans connaître le latin, sinon médiocrement, il ait réussi à l'écrire avec une grande aisance ? Puisque grâce à son habile génie, vraiment admirable même, lorsqu'il y mettait toute son application, il parvenait à rédiger parfaitement tout ce qu'il voulait, qu'il s'agisse de textes sérieux ou légers.

Figure particulièrement imposante et rusée de l'histoire, il favorisa sa patrie de telle sorte que, dissimulant son zèle partisan, et mû par un désir caché, il passe pour avoir agi avec douceur autant qu'avec fermeté : son mérite fut vraiment remarquable, si ce n'est que, comme nous le voyons bien, informés que nous sommes au sujet de l'Italie, il répandit sur chacun de ses écrits les charmes d'une éloquence délicieuse, enduite d'un poison secret, notamment lorsqu'il composa l'excellent *Prince*, et instruisit le duc par des préceptes guerriers ; et enfin il dispensa des leçons de grande sagesse, lorsqu'il dépeignit le sénateur parfait en matière de délibération et d'arrêt.

Mais jugeons avec bienveillance les traits d'esprit italiens, à l'aune de la comédie ancienne d'Aristophane, notamment dans la pièce *Nicias*, où il fit rire si élégamment, même dans les passages moins drôles, que ses concitoyens mis en scène sous des personnages subtilement brossés, bien qu'ils fussent moqués brutalement, supportèrent avec une clémence courtoise l'outrage de cette offense injuste : la pièce fut jouée à Florence, et à cause de cette réputation de grâce admirable, le pape Léon, reprenant le spectacle pour en faire goûter le spectacle à toute la ville, avec tout le luxe de la scène, la fit venir à Rome pour la faire interpréter par des comédiens.

Il est bien connu que, comme il nous l'avouait lui-même, il apprit de Marcellus Virgilius, dont il fut le secrétaire et l'assistant dans sa charge publique, les ornements de la langue grecque et latine, qu'il insérait dans ses écrits. Lui-même d'un naturel très fin, toujours disposé à apprendre, et plein de spiritualité, avait assujetti le caractère prosaïque de sa langue maternelle, défaite par la postérité de son codificateur Boccace, à un nouveau rythme, tout à fait attique ; de telle sorte qu'aux yeux des esprits superficiels son style passait pour plus régulier, mais non plus pur ou plus austère.

Comme après l'exil de Soderino il avait été mis à la question par les Médicis, il obtint de ces derniers, au titre de compensation, un salaire annuel pour écrire l'*Histoire*, de telle sorte que, réprimant difficilement sa haine, alors que dans ses paroles et ses écrits il faisait l'éloge des Brutus et des Cassius, il passa pour avoir été l'instigateur de la conjuration, dans laquelle le poète Aiaceto et le chevalier léger Alamano de la garde prétorienne furent punis de la peine capitale pour avoir fomenté le complot.

Ensuite il fut constamment sans ressources, en tant que critique et athée ; et il trouva la mort, alors que, prenant à la légère un médicament, pour se prémunir contre les maladies, il badinait sur sa vie, peu de temps avant que Florence, soumise par les armes de César, ne fût contrainte à accueillir ses anciens maîtres, les Médicis. »

# CHRONOLOGIE

| Date | Art, littérature, sciences, philosophie | Pensée politique | Vie de Machiavel |
|---|---|---|---|
| **1280-1300** | | | |
| **1292** | | | |
| **1304** | Naissance de Pétrarque | | |
| **1305** | *De l'éloquence en langue vulgaire* de Dante | | |
| **1306** | Début de la rédaction de *La Divine Comédie* par Dante (œuvre qu'il poursuit jusqu'à sa mort en 1321) | | |
| **1309-1376** | | | |
| **1311 (?)** | | *La Monarchie* de Dante | |
| **1313** | Naissance de Boccace | | |
| **1318-1324** | | Rédaction du *Défenseur de la paix* par Marsile de Padoue, contre la thèse de la *plenitudo potestatis* papale | |

| Événements historiques hors d'Italie | Événements historiques dans le territoire italien et la papauté | Histoire de Florence |
|---|---|---|
| | | Début des discussions en vue de l'édification d'un nouvel édifice gouvernemental, le Pallatio novo, qui deviendra le Palazzo vecchio, futur lieu de travail de Machiavel<br>Édification de Santa Maria Novella, de Santa croce et de Santa Reparata<br>Construction de la troisième enceinte de la ville |
| | | Début des conflits entre guelfes blancs (opposés au pape) et guelfes noirs (favorables au pape) |
| | | |
| | | |
| | | |
| Avignon, capitale de la papauté | | |
| | | |
| | | Florence accepte d'être gouvernée par Robert d'Anjou, roi de Naples, pour résister aux gibelins favorables à l'empereur |
| | | |

| Date | Art, littérature, sciences, philosophie | Pensée politique | Vie de Machiavel |
|---|---|---|---|
| **1327** | | | |
| **1331** | | | |
| **1342-1343** | | | |
| **1347-1348** | | | |
| **1374** (circa) | | | |
| **1376-1378** | | | |
| **1377** | Naissance de Filippo Brunelleschi qui effectuera les premières expérimentations sur la perspective à Florence | | |
| **1378** | | | |
| **1385** | | | |
| **1392** | Naissance de Flavio Biondo, humaniste et historien | | |
| **1401** | Naissance de Nicolas de Cuse, philosophe qui développe une pensée néoplatonicienne | | |

| Événements historiques hors d'Italie | Événements historiques dans le territoire italien et la papauté | Histoire de Florence |
|---|---|---|
| | | Florence redevient indépendante |
| | | Naissance de Coluccio Salutati, lettré et futur chancelier de la cité, fonction qu'il assumera pendant trente ans |
| | | Dictature du duc d'Athènes chassé par une insurrection l'année suivante |
| Début de l'épidémie de peste noire | | Florence perd la moitié de sa population à cause de la peste |
| | | Naissance de Leonardo Bruni, humaniste, traducteur du grec et du latin, élève de Salutati et futur chancelier de la cité, fonction qu'il assumera pendant près de vingt ans |
| | | Guerre entre Florence et Grégoire XI, dite guerre des huit saints |
| | | |
| | | Tumulte des *Ciompi* débouchant sur la mise en place d'un gouvernement dominé par les arts mineurs, remis en cause dès l'année suivante au profit des grandes familles de l'aristocratie florentine |
| | | Début du conflit entre Florence et Milan |
| | | |
| | | |

| Date | Art, littérature, sciences, philosophie | Pensée politique | Vie de Machiavel |
|---|---|---|---|
| **1404** | Naissance de Leon Battista Alberti, humaniste, architecte et auteur d'un traité sur la perspective en peinture | | |
| **1406** | | Naissance de Matteo Palmieri, humaniste, auteur de *Della vita civile* | |
| **1407** | Naissance du philologue et humaniste Lorenzo Valla | | |
| **1434** | | | |
| **1444** | | | |
| **1445** | Naissance de Sandro Botticelli | | |
| **1452** | Naissance de Léonard de Vinci | | |
| **1453** | | | |
| **1454** | | | |
| **1454-1456** | Premier livre imprimé par Gutenberg | | |
| **1464** | | | |
| **1469** | | | Naissance de Machiavel |

| Événements historiques hors d'Italie | Événements historiques dans le territoire italien et la papauté | Histoire de Florence |
|---|---|---|
| | | |
| | | Conquête de Pise par Florence |
| | | |
| | | Cosme de Médicis affirme sa mainmise sur le gouvernement florentin |
| | | Construction du Palazzo Pitti pour la famille des Médicis sur les rives de l'Oltrarno |
| | | |
| | | |
| Fin de l'Empire romain d'Orient à l'occasion de la prise de Constantinople par les Turcs | | |
| | Traité de Lodi qui établit les conditions de la paix sur le territoire italien | |
| | | |
| | | Mort de Cosme de Médicis auquel succède son fils Pierre le Goutteux |
| Mariage de Ferdinand d'Aragon et d'Isabelle de Castille | | Mort de Pierre de Médicis, à qui succèdent ses fils Laurent et Julien |

| **Date** | **Art, littérature, sciences, philosophie** | **Pensée politique** | **Vie de Machiavel** |
|---|---|---|---|
| **1474** | Marsile Ficin écrit *De la religion chrétienne* en langue vulgaire puis en latin | | |
| **1475** | Naissance de Michel-Ange | | |
| **1478** | | | |
| **1479** | | | |
| **1482** | Marsile Ficin publie la *Théologie platonicienne* | | |
| **1483** | Naissance de Raphaël | | |
| **1486** | Publication des *Conclusiones* de Pic de La Mirandole, précédées d'une introduction, l'*Oratio de hominis dignitate* | | |
| **1487** | | | |
| **1489** | Marsile Ficin publie *De vita* | | |
| **1491** | | | |

| Événements historiques hors d'Italie | Événements historiques dans le territoire italien et la papauté | Histoire de Florence |
|---|---|---|
| Isabelle devient reine de Castille | | |
| | | |
| | | Conjuration des Pazzi contre les Médicis à Florence. Julien est assassiné dans la cathédrale pendant l'office de Pâques<br>Début du conflit entre Florence et le pape Sixte IV et Naples, qui s'achève deux ans plus tard |
| Ferdinand devient roi d'Aragon | | |
| | | Savonarole, frère dominicain, s'établit au couvent San Marco et commence à prêcher à Florence |
| Le dominicain Torquemada devient Grand Inquisiteur en Espagne<br>Louis XI roi de France meurt et Charles VIII lui succède | | |
| | | |
| Le cap de Bonne-Espérance est atteint par Barthélémy Diaz | | |
| | | |
| Mariage de Charles VIII et d'Anne de Bretagne (unité du royaume de France) | | |

| Date | Art, littérature, sciences, philosophie | Pensée politique | Vie de Machiavel |
|---|---|---|---|
| **1492** | Marsile Ficin publie ses *Epistolae* en douze livres | | |
| **1493** | | | |
| **1494** | | | |
| **1495** | | | |
| **1496** | | | Mort de sa mère |
| **1497** | | | |
| **1498** | | | Machiavel devient secrétaire de la deuxième chancellerie florentine (affaires internes), charge à laquelle s'ajoutent rapidement des responsabilités liées à la première chancellerie (affaires externes) et le secrétariat des Dix |

| Événements historiques hors d'Italie | Événements historiques dans le territoire italien et la papauté | Histoire de Florence |
| --- | --- | --- |
| Fin de la domination arabe en Espagne (prise de Grenade)<br>Arrivée de Christophe Colomb sur le continent américain | Rodrigo Borgia devient pape sous le nom d'Alexandre VI et nomme son fils César archevêque de Valence puis cardinal | Mort de Laurent de Médicis à qui succède son fils Pierre |
| Traité de Tordesillas (l'Espagne et le Portugal se partagent le monde connu) | | |
| | «Descente» de Charles VIII en Italie | Fuite de Pierre de Médicis et avènement de la république à Florence dominée par la figure de Savonarole<br>Pise demande à Charles VIII de la délivrer de la domination florentine et se rebelle |
| | Charles VIII quitte Naples et revient en France | |
| | | Florence tente en vain de reconquérir Pise |
| | | Excommunication de Savonarole |
| Vasco de Gama ouvre la voie du commerce maritime avec les Indes | César Borgia devient duc du Valentinois et renonce à ses charges ecclésiastiques | Savonarole est brûlé vif sur la piazza della Signoria à Florence |

| Date | Art, littérature, sciences, philosophie | Pensée politique | Vie de Machiavel |
|---|---|---|---|
| **1499** | | | Première mission importante en dehors du territoire toscan (en Romagne auprès de Caterina Sforza)<br>Rédaction des *Discours sur les affaires de Pise* |
| **1500** | | | Mort de son père<br>Mariage de ses deux sœurs<br>Première légation en France<br>*Ragguaglio delle cose fatte dalla Repubblica fiorentina per quietare le parti di Pistoia* |
| **1501** | | | Première légation auprès de César Borgia<br>Mariage avec Marietta Corsini |
| **1502** | | | Deuxième légation auprès de César Borgia<br>Rédaction de *De rebus pistoriensibus* |
| **1503** | | | Légation à Rome<br>*Parole sopra la provvisione del danaio, Descrizione del modo tenuto dal Duca Valentino nell'ammazzare Vitellozzo Vitelli, Oliverotto da Fermo, il signor Pagolo e il Duca di Gravina Orsini, Del modo di trattare i sudditi della Valdichiana ribellati*<br>Naissance de Bernardo, premier fils de Machiavel (après une fille morte en bas âge) |

| Événements historiques hors d'Italie | Événements historiques dans le territoire italien et la papauté | Histoire de Florence |
|---|---|---|
| La Suisse accède à l'indépendance | Louis XII conquiert le Milanais<br>Début des entreprises militaires de Borgia en Italie | Florence exécute son *condottiere* Paolo Vitelli |
| | Traité de Grenade (secret) entre Ferdinand d'Aragon et Louis XII pour se partager le royaume de Naples<br>Ludovic le More (Sforza) reprend Milan mais il est fait prisonnier (il mourra au château de Loches en 1508) | |
| | | Florence assiège Pise (en vain) |
| | Début des hostilités entre Français et Espagnols à Naples | Piero Soderini devient gonfalonier à vie à Florence |
| | Mort d'Alexandre VI remplacé par Pie III, qui décède rapidement et laisse la place à Jules II (Julien de la Rovère)<br>Les Français abandonnent le royaume de Naples aux Espagnols | |

| Date | Art, littérature, sciences, philosophie | Pensée politique | Vie de Machiavel |
|---|---|---|---|
| **1504** | | | Second séjour en France<br>Naissance de Lodovico, son second fils |
| **1506** | | | Publication de la *Première décennale* de Machiavel<br>Deuxième légation à Rome<br>*Discorso dell'ordinare lo stato di Firenze alle armi*<br>*Provvisione (prima) della repubblica di Firenze per istituire il magistrato de' Nove ufficiali dell'ordinanza e milizia fiorentina*<br>Nommé à la tête des Neuf de la milice dirigée par Machiavel |
| **1507** | | | Légation en Allemagne à la suite de laquelle il rédige le *Rapporto di cose della Magna* |
| **1508** | *L'Éloge de la folie* d'Érasme | | *Portrait des choses d'Allemagne* |
| **1509** | | | Deuxième légation à Rome<br>Rôle déterminant dans la reconquête de Pise<br>*Decennale Secondo*<br>*Provvedimenti per la riconquista di Pisa*<br>Dénonciation anonyme qui accuse le père de Machiavel de bâtardise et menace de ce fait Nicolas de la perte de ses droits civiques (sans effet)<br>*Capitolo dell'ambizione* |

| Événements historiques hors d'Italie | Événements historiques dans le territoire italien et la papauté | Histoire de Florence |
|---|---|---|
| | | Tentative (qui échoue) de détourner l'Arno afin de reconquérir Pise en la réduisant à la famine |
| | | |
| | | |
| | Ligue de Cambrai (papauté, France, Espagne, Empire allemand) contre les Vénitiens | |
| | Les Vénitiens battus à Agnadel par les armées de la ligue | Reconquête de Pise par Florence |

| Date | Art, littérature, sciences, philosophie | Pensée politique | Vie de Machiavel |
|---|---|---|---|
| **1510** | | | Troisième légation en France<br>*Portrait des choses de France* (?)<br>Machiavel en charge de recruter la cavalerie |
| **1511** | | | Machiavel établit son testament et fait de son épouse la curatrice de ses enfants et la gardienne de son patrimoine<br>Mission à la cour de France pour demander d'ajourner le concile |
| **1512** | | | Destitution de Machiavel, arrêté, torturé, libéré et assigné à résidence dans sa propriété de Sant' Andreà in Percussina<br>Début de la correspondance avec Francesco Vettori<br>*Provvisione (seconda) della repubblica di Firenze per istituire il magistrato de' Nove ufficiali dell'ordinanza e milizia fiorentina*, *Ritratto delle cose della Magna*, *Ai Palleschi*<br>*Rittrato delle cose di Francia* |
| **1513** | | | Début de la rédaction du *Prince* et des *Discours sur la première décade de Tite-Live* |
| **1514** | | | Naissance de son quatrième enfant, un fils, Piero, qui suit celle, non datée, de Baccina<br>*Scritto sul modo di ricostruire l'ordinanza* (?)<br>*Discorso o dialogo intorno alla nostra lingua* (?) |
| **1515** | | | |

| Événements historiques hors d'Italie | Événements historiques dans le territoire italien et la papauté | Histoire de Florence |
|---|---|---|
| | Jules II signe la paix avec Venise<br>Les Suisses s'allient aux papes | |
| | Sainte Ligue (alliance du pape, des Espagnols, de Venise) contre la France | Le clergé de France demande la convocation d'un concile général contre Jules II. Florence accepte qu'il ait lieu à Pise et est menacée par le pape d'être mise en interdit et de voir saisis les biens de ses marchands |
| | | Prato est envahie par les Espagnols<br>Chute du gouvernement républicain à Florence et retour des Médicis |
| | Jean de Médicis devient pape sous le nom de Léon X | |
| | | |
| Mort de Louis XII et avènement de François Ier | Bataille de Marignan | |

| Date | Art, littérature, sciences, philosophie | Pensée politique | Vie de Machiavel |
|---|---|---|---|
| **1516** | | Rédaction de *L'Utopie* par Thomas More, du *Courtisan* par Baldassare Castiglione et *L'Institution du prince chrétien* par Érasme | |
| **1517** | | | Machiavel fréquente les jardins Oricellari où il lit des passages des *Discours*<br>Rédaction de *L'Âne d'or* (?) et de *Belfagor arcidiavolo* (?) |
| **1518** | | | Publication de *La Man dragore*<br>Mission à Gênes pour le compte de marchands florentins |
| **1519** | | | |
| **1520** | | *À la noblesse chrétienne de la nation allemande*, de Luther | Première mission de Machiavel sous les Médicis (à Lucques)<br>*Discursus florentinarum rerum post mortem iunioris Laurentii Medices, Sommario delle cose pubbliche di Lucca, Vita di Castruccio Castracani*<br>Nommé historiographe officiel de Florence |

| Événements historiques hors d'Italie | Événements historiques dans le territoire italien et la papauté | Histoire de Florence |
|---|---|---|
| Mort de Ferdinand d'Aragon<br>Charles Quint lui succède | | Mort de Julien de Médicis, Laurent, son neveu et neveu du pape, devient capitaine général de Florence et s'empare du duché d'Urbino |
| | Début de la Réforme : Luther affiche ses thèses sur la porte de l'église du château de Wittenberg | |
| | | |
| Charles Quint élu empereur à la mort de Maximilien<br>Naissance de Catherine de Médicis, future reine de France | Magellan commence le premier tour du monde en bateau (qui s'achève deux ans plus tard, en 1521) | Mort de Laurent de Médicis, le cardinal Jules de Médicis prend la direction des affaires florentines |
| Début de la rébellion de l'Allemagne contre l'Église romaine | | |

| Date | Art, littérature, sciences, philosophie | Pensée politique | Vie de Machiavel |
|---|---|---|---|
| **1521** | | François Guichardin commence à rédiger le *Dialogue sur la façon de régir Florence* | Publication de *L'Art de la guerre* de Machiavel<br>Début de la correspondance et de l'amitié avec François Guichardin |
| **1522** | | | *Memoriale a Raffaello Girolami* |
| **1523** | | | |
| **1524** | | *De libero arbitrio* par Érasme | |
| **1525** | | Luther répond à Érasme : *De servo arbitrio* | Machiavel présente les huit livres de *L'Histoire florentine* au pape<br>La *Clizia*, seconde pièce de théâtre connue de Machiavel, est mise en scène<br>Machiavel en mission auprès de Guichardin, lieutenant général des troupes pontificales |
| **1526** | | | Machiavel élu secrétaire des provéditeurs (projet de fortification de Florence)<br>*Relazione di una visita fatta per fortificare Firenze*<br>*Provisione per la istituzione dell'ufficio de' cinque provveditori della mura della città di Firenze* |

| Événements historiques hors d'Italie | Événements historiques dans le territoire italien et la papauté | Histoire de Florence |
|---|---|---|
| | Alliance de Léon X avec Charles Quint<br>Mort de Léon X | |
| | Élection du pape Adrien VI | |
| | Jules de Médicis devient pape sous le nom de Clément VII à la mort d'Adrien VI | |
| | | |
| | Bataille de Pavie : François Ier est fait prisonnier par les armées de Charles Quint | |
| Conquête de la Hongrie par les Turcs | Ligue de Cognac (François Ier, le pape, Florence et les Vénitiens)<br>Traité de Madrid, Charles Quint rend sa liberté à François Ier<br>Trêve entre Clément VII et les Colonna et les Espagnols de Naples ; Clément VII renvoie ses troupes | |

| Date | Art, littérature, sciences, philosophie | Pensée politique | Vie de Machiavel |
|---|---|---|---|
| **1527** | | | Avec Guichardin, Machiavel est en charge de la surveillance des mouvements des troupes impériales sur le territoire italien<br><br>Machiavel meurt en juin |
| **1529** | Naissance de Francesco Patrizi, philosophe néoplatonicien défenseur du christianisme | | |
| **1530** | | François Guichardin entreprend la rédaction des *Considerazioni intorno ai Discorsi del Machiavelli sopra la prima deca di Tito-Livio* | |
| **1532** | | Publication conjointe du *Prince* à Rome (Blado) et à Florence (Giunta) ainsi que des *Discours* (Blado) | |
| **1534** | | Publication par Reginald Pole, disciple d'Érasme et futur cardinal, de la première attaque contre *Le Prince* de Machiavel (*Apologia ad Carolum V super quatuor libris a se scriptis de unitate ecclesiae*) | |

| Événements historiques hors d'Italie | Événements historiques dans le territoire italien et la papauté | Histoire de Florence |
|---|---|---|
| | Sac de Rome | Les Médicis chassés de Florence ; rétablissement du gouvernement républicain à Florence dominé par les enseignements de Savonarole |
| Les Turcs sont aux portes de Vienne | | |
| Diète d'Augsbourg | | |
| | | Alexandre de Médicis, fils de Laurent duc d'Urbin, nommé duc de Florence |
| Schisme anglican | | |

| Date | Art, littérature, sciences, philosophie | Pensée politique | Vie de Machiavel |
|---|---|---|---|
| **1535-1540** | | François Guichardin rédige son *Histoire d'Italie* | |
| **1536** | | Publication par Calvin de *L'Institution de la religion chrétienne* | |
| **1537** | | | |
| **1541** | | | |
| **1542** | | Première réfutation des *Discours sur la première décade de Tite-Live* : le *De nobilitate christiana* de l'évêque portugais Jérôme Osorio | |
| **1543** | Publication de *La Fabrique du corps humain* par Vésale et des *Révolutions des orbites célestes* par Copernic | | |
| **1544** | Naissance de Torquato Tasso | Première traduction française du premier livre des *Discours* (anonyme) | |
| **1545** | | | |

| Événements historiques hors d'Italie | Événements historiques dans le territoire italien et la papauté | Histoire de Florence |
|---|---|---|
| | | |
| | | |
| | | Alexandre de Médicis duc de Florence est assassiné par son cousin Laurent (Lorenzaccio). Le fils du *condottiere* Jean des Bandes Noires, Cosme de Médicis, lui succède durablement. Il deviendra grand-duc de Toscane (1570) |
| Calvin établit un régime théocratique et communautaire à Genève | | |
| | | |
| | | |
| Traité de Crécy qui met fin au conflit entre Charles Quint et François Ier | | |
| Début du concile de Trente | | |

| Date | Art, littérature, sciences, philosophie | Pensée politique | Vie de Machiavel |
|---|---|---|---|
| **1547** | | Naissance de Juste Lipse, théoricien de la raison d'État | |
| **1548** | Naissance de Giordano Bruno | Traduction complète en français (anonyme) des *Discours* et du *Prince* | |
| **1549** | | | |
| **1552** | | Texte polémique contre Machiavel *Quam execrandi Machiavelli discursus et institutio sui Principis* de Ambroise Catarino Politi, figure importante du concile de Trente | |
| **1553** | | Traduction en français du *Prince* par Guillaume Cappel et par Gaspard d'Auvergne | |
| **1559** | | Entrée des œuvres de Machiavel dans l'Index des livres interdits (décision de Paul IV) | |
| **1571** | | Édition augmentée et corrigée de la traduction en français du *Prince* et des *Discours*, signée Gohory | |
| **1572** | | Publication d'extraits de *L'Histoire de Florence* par Belleforest | |
| **1576** | | *Discours sur la façon de bien régner et de conserver en paix un royaume ou une autre principauté, contre Nicolas Machiavel* ou *Antimachiavellus*, de I. Gentillet. Publication de *La République* par Bodin | |

| Événements historiques hors d'Italie | Événements historiques dans le territoire italien et la papauté | Histoire de Florence |
|---|---|---|
| | | |
| | | |
| François Saverio découvre le Japon | | |
| | | |
| | | |
| | | |
| | | |
| Massacre de la Saint-Barthélemy | | |
| | | |

| Date | Art, littérature, sciences, philosophie | Pensée politique | Vie de Machiavel |
|---|---|---|---|
| **1577** | | Traduction en français de *L'Histoire de Florence* par Yves de Brinon | |
| **1582** | | Giovanni Botéro prend position contre Machiavel dans le *De regia sapientia* | |
| **1588** | *Les Essais* de Michel de Montaigne | | |
| **1589** | | *De la raison d'État*, de Giovanni Botéro | |
| **1594** | | Nouveau texte polémique contre Machiavel : le *De antiquo et novo statu Italiae. Libri quatuor adversus Machiavellus* du prêtre oratorien Thomas Bozio da Gubbio | |
| **1600** | | Rédaction de la *Monarchie d'Espagne* par Tommaso Campanella | |
| **1601** | | *De la sagesse* par Pierre Charron (théorisation de la raison d'État) | |
| **1602** | | Rédaction de la *Cité du soleil* par Tommaso Campanella | |
| **1603** | | Publication de la *Politica methodice digesta* par Althusius | |
| **1606** | | Rédaction des *Aphorismes politiques* et de l'*Antiveneti* par Tommaso Campanella | |
| **1609** | Invention de la lunette astronomique par Galilée, né en 1564 Publication de *L'Astronomie nouvelle* par Kepler | | |

| **Événements historiques hors d'Italie** | **Événements historiques dans le territoire italien et la papauté** | **Histoire de Florence** |
|---|---|---|
| | | |
| | | |
| | | |
| | | |
| Entrée de Henri IV à Paris, un an après avoir abjuré le protestantisme | | |
| | | |
| | | |
| | | |
| | | |
| | | |
| | | |

| Date | Art, littérature, sciences, philosophie | Pensée politique | Vie de Machiavel |
|---|---|---|---|
| **1610** | | Première édition des œuvres complètes de Machiavel, dite la *Testina* (portant la date de 1550) | |
| **1616** | | Alvia de Castro, la *Verdadera razon de Estado. Discurso politico* (conception chrétienne de la raison d'État) | |
| **1620** | *Novum organum* de Francis Bacon | | |
| **1621** | | *Considérations politiques et morales sur cent oracles d'illustres personnages antiques*, de Ludovico Zuccolo | |
| **1623** | *De augmentis scientiarum* de Francis Bacon (œuvre dans laquelle figure la première partie de la *Nouvelle Atlantide*) | | |
| **1628** | Découverte par Harvey du principe de la circulation du sang | | |
| **1639** | | *Considérations politiques sur les coups d'État* de Gabriel Naudé | |
| **1646** | | Échange épistolaire entre Descartes et la reine Élisabeth sur le machiavélisme | |

# BIBLIOGRAPHIE

Cette bibliographie ne prétend nullement à l'exhaustivité. Elle se borne à mentionner les textes et les travaux qui se sont montrés utiles à un moment ou un autre de l'écriture de la biographie. L'absence d'un titre, en particulier en ce qui concerne l'interprétation de la pensée de Machiavel, n'indique aucun jugement.

## ÉCRITS DE MACHIAVEL (* datation incertaine)

### Présentation chronologique

*Discorso fatto al magistrato dei dieci sopra le cose di Pisa*, 1499.

*Ragguaglio delle cose fatte dalla Repubblica fiorentina per quietare le parti di Pistoia*, 1500.

*De rebus Pistoriensibus*, 1500.

*Descrizione del modo tenuto dal Duca Valentino nell'ammazzare Vitellozzo Vitelli, Oliverotto da Fermo, il signor Pagolo e il Duca di Gravina Orsini*, 1503.

*Parole sopra la provvisione del danaio*, 1503.

*Del modo di trattare i sudditi della Valdichiana ribellati*, 1503.

*Decennale Primo*, 1504.

*Discorso dell'ordinare lo stato di Firenze alle armi*, 1506.

*Provvisione (prima) della repubblica di Firenze per istituire il magistrato de' Nove ufficiali dell'ordinanza e milizia fiorentina*, 1506.
*Rapporto delle cose dell'Alemagna*, 1508.
*Discorso sopra le cose della Magna e sopra lo imperatore*, 1509.
*Decennale Secondo*, 1509*.
*Provvedimenti per la riconquista di Pisa*, 1509.
*De natura gallorum*, 1510 ou 1511*.
*Consulto per l'elezione del capitano delle fanterie di ordinanza fiorentina*, 1511.
*Provvisione (seconda) della repubblica di Firenze per istituire il magistrato de' Nove ufficiali dell'ordinanza e milizia fiorentina*, 1512.
*Ritratto delle cose della Magna*, 1512*.
*Ai Palleschi*, 1512.
*Rittrato delle cose di Francia*, 1512 ou 1513*.
*Il Principe*, 1513-1514.
*Discorsi sopra la prima deca di Tito-Livio*, 1513-1517.
*Scritto sul modo di ricostruire l'ordinanza*, 1514*.
*Discorso o dialogo intorno alla nostra lingua*, 1514*.
*L'Asino d'Oro*, 1517 ou 1518*.
*La Mandragola*, 1518*.
*Belfagor*, 1515-1520*.
*Dell'Arte della Guerra*, 1519-1520.
*Sommario delle cose della città di Lucca*, 1520.
*La vita di Castrucci Castraccani da Lucca*, 1520.
*Discorso delle cose fiorentine dopo la morte di Lorenzo*, 1519 ou 1520.
*Istorie fiorentine*, 1520-1525.
*Memoriale a Raffaello Girolami*, 1522.
*Clizia*, 1524-1525*.
*Relazione di una visita fatta per fortificare Firenze*, 1526.
*Provvisione per la istituzione dell'ufficio de' cinque provveditori della mura della città di Firenze*, 1526.

## Éditions en italien

(ne sont indiquées ici que les éditions utilisées dans cette biographie)

*Le grandi opere politiche, Discorsi sopra la prima Deca di Tito-Livio*, éd. dir. par G. ANSELMI et C. VAROTTI, Turin, Bollati Boringhieri, 1993.

*De principatibus*, éd. de G. INGLESE, Rome, Istituto storico italiano per il medio evo, 1994 ; édition de poche légèrement modifiée : *Il Principe*, « Einaudi Tascabili », 1995.

*Edizione nazionale delle Opere di Niccolò Machiavelli*, Rome, Salerno Editrice. Volumes parus :

– *Discorsi sopra la prima deca di Tito-Livio*, éd. de F. BAUSI, 2 tomes, 2001.

– *Arte della guerra. Scritti politici minori*, éd. de J.-J. MARCHAND, D. FACHART et G. MASI, 2001.

– *Legazioni, commissarie, scritti di governo*, tome I : 1498-1501, éd. de J.-J. MARCHAND, 2002.

– *Legazioni, commissarie, scritti di governo*, tome II : 1501-1503, éd. de D. FACHARD, avec une introd. de E. CUTINELLI-RENDINA, 2003.

*Istorie fiorentine e altre opere storiche e politiche*, éd. de A. MONTEVECCHI, Turin, UTET, 1986.

*Niccolò Machiavelli Francesco Guicciardini Carteggio 1521-1527*, éd. M. FUSETTI, Quaderni italo-svizzeri, 4, faculté des lettres, université de Lausanne, 1997.

*Niccolò Machiavelli, Lettere a Francesco Vettori e a Francesco Guicciardini*, éd. de G. INGLESE, Milan, Rizzoli, Classici della BUR, 1996 [1989].

*Teatro Andria Mandragola Clizia*, éd. G. DAVICO BONINO, Turin, Einaudi, 1979.

## Éditions en français

(ne sont indiquées ici que les éditions utilisées dans cette biographie)

*Le Prince*, trad, introd. et notes de M. GAILLE-NIKODIMOV, Paris, Le Livre de Poche, 2000 (coll. « Classiques de la philosophie »).

*Le Prince*, trad. et comm. de J.-L. FOURNEL et J.-Cl. ZANCARINI, texte italien établi par G. INGLESE, Paris, PUF, 2000 (coll. « Fondements de la politique »).

*Le Prince*, trad. de Y. Lévy, Paris, Flammarion, 1980 (coll. « GF »).

*Discours sur la première décade de Tite-Live*, trad. et prés. de A. Fontana et X. Tabet, Paris, Gallimard, 2004.

*Machiavel, Œuvres*, trad. dir. par Ch. Bec, Paris, Laffont, 1996.

*Lettres familières*, vol. I et II, trad. de E. Barincou, Paris, Gallimard, 1955.

## MACHIAVEL LES A LUS, ENTENDUS OU COTÔYÉS

Ariosto (Lodovico), *Roland furieux*, trad. de M. Orcel, Paris, Seuil, 2000.

Bandello (Matteo),

– *Novelle*, 4 vol., Turin, Edizioni dell'Orso : pour les références à Machiavel, voir la *novella* 40, vol. 1 (1992), pp. 365 sqq. et la *novella* 55, vol. 3 (1995), pp. 250 sqq.

– *Nouvelles*, éd. de A.-Ch. Fiorato, M.-J. Leroy et C. Paul, Paris, Imprimerie nationale Éditions, 2002.

Brucioli (Antonio), *Della republica*, dialogo VI, éd. A. Landi, Naples, Prismi Editrice & Chicago, The Newberry Library, 1982.

Burckard (Johannes), *Dans le secret des Borgia 1492-1503, Journal du cérémoniaire du Vatican*, trad. de J. Turmel, rev., augm. et prés. par V. Castiglione Minischetti et I. Cloulas, Paris, Tallandier, 2003.

Cellini (Benvenuto), *La Vie de Benvenuto Cellini écrite par lui-même* (1500-1571), nouvelle trad. sous la dir. de A. Chastel, Milan, Éditions Scala, 1996.

Cerretani (Bartolomeo),

– *Dialogo della mutatione di Firenze*, éd. de R. Mordenti, Rome, Edizioni di storia e letteratura, temi e testi, Nuova serie, 34, 1990 [1520].

– *Ricordi*, éd. de G. Berti, Florence, Leo S. Olschki editore, 1993.

– *Storia fiorentina*, éd. de G. Berti, Florence, Leo S. Olschki editore, 1994.

COMMYNES (Philippe de),

– *Charles VIII en Italie, fin du règne, 1492-1498*, extraits publiés par B. ZELLER, Paris, Hachette, 1899.

– *Choix de chroniques et mémoires de l'histoire de France, avec notices biographiques* par J. A. C. BUCHON, Paris, A. Desrez Librairie-éditeur, 1836 (contenant *Mémoires sur les règnes de Louis XI et Charles VIII*).

*Consulte e pratiche della repubblica fiorentina*, éd. de D. FACHARD, vol. I et II : 1498-1505, Genève, Droz, 1993.

DEI (Benedetto), *Cronaca Fiorentina,* in ROMBY (G. C.), *Descrizioni e rappresentazione della città di Firenze nel XV secolo, con la trascrizione inedita dei manoscritti di Benedetto Dei e un indice ragionato dei manoscritti utili per la storia di Firenze*, Florence, 1976.

FICINO (Marsilio), *Epistolae*, lettre du 28 avril 1490, traduite en langue vulgaire par F. FIGLIUCCI, in *Divine lettere del gran Marsilio Ficino*, Venise, 1546-1548, t. II, p. 144.

GIANNOTTI (Donato), *Lettere italiane*

– *Della repubblica de' Veneziani*

– *Discorso sopra il fermare il Governo di Firenze l'anno 1527*

– *Della repubblica fiorentina,* in *Opere politiche*

– éd. de F. DIAZ, Milan, Marzorati editore, 1974.

GUICHARDIN (François) ou GUICCIARDINI (Francesco),

– *Considérations à propos des Discours de Machiavel*, trad. de L. DE LOS SANTOS, Paris, L'Harmattan, 1997.

– *Discours de Logroño* in *Écrits politiques*, trad. et prés. de J.-L. FOURNEL et J.-C. ZANCARINI, Paris, PUF, 1997 (coll. « Fondements de la politique »).

– *Dialogue sur la façon de régir Florence*, in *Écrits politiques*, trad. et prés. de J.-L. FOURNEL et J.-C. ZANCARINI, Paris, PUF, 1997 (coll. « Fondements de la politique »).

– *Histoire d'Italie*, trad. par l'atelier de traduction du CERPPI, dir. J.-L. FOURNEL et J.-Cl. ZANCARINI, prés., notes, index, annexes par J.-L. FOURNEL et J.-Cl. ZANCARINI, Paris, Robert Laffont, 2 vol., 1996 (coll. « Bouquins »).

– *Avertissements politiques (Ricordi*), trad. de J.-L. FOURNEL et J.-Cl. ZANCARINI, Paris, Éditions du Cerf, 1988, ou *Ricordi*, trad. de A. PONS, Paris, Ivrea, 1998.

– *La novella del Grasso legnaiuolo*, éd. de P. PROCACCIOLI et prés. de G. MANGANELLI, Parme, Fondazione P. Bembo/U. Guanda, 1990.

LÉONARD DE VINCI,

– *Prophéties facétieuses*, in : ALBERTI (Leon Battista), *Fables sans morale*, trad. et préface de P. LAURENS, Paris, Les Belles Lettres, 1997 (coll. « Le Corps fabuleux »).

– *Le Codex Leicester, l'art de la science*, catalogue établi à partir de la traduction de Carlo Pedretti, Paris, Musée du Luxembourg, 1997.

– *Il Codice Atlantico*, édition fac-similé du volume conservé à la bibliothèque Ambrosiana de Milan, Florence, Giunti, 1973.

MACHIAVELLI (Bernardo), *Libro di ricordi di Bernardo Machiavelli*, éd. de C. OLSCHKI, Florence, F. Le Monnier, 1954, 9 r° et 14 r° [1476].

LORENZO DE' MEDICIS,

– *Canzionere*, Milano, Mondadori, Oscar Classici, 1990 [1984].

– *Canzionere*, trad. de Ch. BEC, Paris, Imprimerie nationale Éditions, 1990.

– *Tutte le opere*, t. I et II, éd. par P. ORVIETO, Rome, Salerno Editrice, 1992.

– *Lettere*, éd. par R. FURBINI, Istituto Nazionale di Studi sul Rinascimento, Florence, Giunti-Barberà, 1977, en 4 tomes.

– *Ambra, Chansons de carnaval, L'Altercation, et Lettre à Frédéric d'Aragon*, trad. de A. CHASTEL, Paris, La Colombe, 1947.

SAVONAROLA (Girolamo),

– *Edizione nazionale delle opere di Girolamo Savonarola*, Rome, Belardetti [la publication des différents volumes s'étale sur plusieurs années].

– *Sermons, écrits politiques et pièces du procès*, trad. de J.-L. FOURNEL et J.-Cl ZANCARINI, Paris, Seuil, 1993 (coll. « Libre examen »).

VARCHI (Benedetto), *Storia fiorentina*, éd. G. MILANESI, Florence, Le Monnier, 1857.

VASARI (Giorgio), *Vies des peintres*, t. I et II, choix et notes de C. MEYER, trad. de L. LECLANCHÉ revue par Ch. WEISS, Paris, Les Belles Lettres, 2001.

VETTORI, Francesco, Scritti storici e politici, éd. de E. NICCOLINI, Bari, Laterza, 1972.

VILLANI (Giovanni), *Cronica*, 2 vol., Florence, Per il Magheri, 1823.

## ILS ONT ÉCRIT DES BIOGRAPHIES DE MACHIAVEL

BARINCOU (Edmond), *Machiavel par lui-même*, Paris, Seuil, 1978 [1957] (coll. « Écrivains de toujours »).

BEC (Christian), *Machiavel*, Paris, Balland, 1985.

BERTELLI (Sergio), « Machiavelli and Soderini », in *Renaissance Quarterly*, vol. 2s8, n° 1, 1975, pp. 1-16.

HALE (John R.), *Machiavelli and Renaissance Italy*, Londres, The English Universities Press ltd, 1961.

HEERS (Jacques), *Machiavel*, Paris, Fayard, 1985.

MOUNIN (Georges),
– *Machiavel*, Paris, Seuil, 1958.
– *Machiavel*, Paris, PUF, 1964 (coll. « Philosophes »).

PREZZOLINI (Giuseppe), *Machiavel*, Paris, Payot, 1985 [1re éd., Milan, Mondadori, 1927].

RIDOLFI (Roberto),
– *Machiavel – vie de Niccolò Machiavel*, trad. de F. HAYWARD, Paris, Fayard, 1960, (coll. « Les Temps et les destins ») [*Vita di Niccolò Machiavelli*, Rome, A. Belardetti, 1954]*.
– « Il salario del Machiavelli per le 'Istorie Fiorentine », in *Opuscoli di storia letteraria e di erudizione Savonarola-Machiavelli-Guicciardini-Giannotti*, Florence, Bibliopolis, 1942.

RUBINSTEIN (Nicolaï), « The Beginnings of Niccolò Machiavelli's Career in the Florentine Chancery », in *Italian Studies*, vol. XI, 1956, pp. 72-91.

TOMMASINI (Oreste), *La vita e gli scritti di Niccolo Machiavelli nella loro relazione col machiavellismo*, Bologne, Società editrice Il Mulino, 1994 [éd. fac-similé de l'édition de 1940-1942, Rome, P. Maglione, succ. de E. Loescher, qui reprend elle-même l'ouvrage publié par E. LOESCHER, Turin, 1883-1911][1].

VILLARI (Pasquale), *Niccolò machiavelli e i suoi tempi*, vol. 1 et 2, 4e éd. posthume par M. SCHERILLO, Milan, Ilrico Hoepli, 1927 [1916]*.

WEIBEL (Ernest), *Machiavel – biographie politique*, Fribourg, Éditions universitaires Fribourg Suisse, 1988.

## ILS ONT INTERPRÉTÉ L'ŒUVRE DE MACHIAVEL ET ÉTUDIÉ SA FORTUNE

ANSELMI (Gian-Mario), *Studi sul Machiavelli storico*, Pise, Pacini, 1979.

BARBERI-SQUAROTTI (G.), *La Forma tragica del « Principe » e altri saggi sul Machiavelli*, Florence, Olschki, 1966.

BERNS (Thomas), *Violence de la loi à la Renaissance : l'originaire du politique chez Machiavel et Montaigne*, Paris, Kimé, 2000.

BORSELLINO (Nino),

– *Rozzi e intronati – Esperienze e forme di teatro dal Decameron al Candelaio*, Bulzoni Editore, Rome, 1974.

– *Niccolò Machiavelli*, Roma-Bari, Editori Laterza, 1989 [1973].

– *Cultura e scrittura di Machiavelli*, atti del Convegno di Firenze-Pisa, 27-30 ottobre 1997, Rome, Salerno Editrice, 1999.

CAVALLINI (Giorgio), *Interpretazione della Mandragola*, Milan, Marzorati, 1973.

CHIAPPELLI (Federico),

– *Studi sul linguaggio del Machiavelli*, Florence, Le Monnier, 1952.

– *Nuovi studi sul linguaggio*, Florence, Le Monnier, 1969.

– *Machiavelli e la « lingua fiorentina »*, Bologne, M. Boni, 1974.

---

1. Ces biographies constituent encore aujourd'hui les études de référence sur la vie de Machiavel.

CUTINELLI-RENDINA (Emanuele),
– *Chiesa e religione in Machiavelli*, Pise-Rome, Istituti editoriali e poligrafici internazionali, 1988.
– *Introduzione a Machiavelli*, Rome & Bari, Laterza, 1999.

CHABOD (Federico), *Scritti su Machiavelli*, Turin, Einaudi, 1964.

DE SANCTIS (Francesco), « Machiavelli », chap. XV, in *Storia della letteratura italiana*, éd. de N. GALLO, introd. de G. FICARA, Turin, Einaudi, 1958 ; Einaudi-Gallimard, 1996 [1870-1871].

DIONISOTTI (Carlo), *Machiavellerie. Storia e fortuna di Machiavelli*, Torino, Einaudi Paperbacks 113, 1980.

ESPOSITO (R.), *Ordine e conflitto, Machiavelli e la letteratura politica del Rinascimento italiano*, Naples, Liguori Editore, 1984.

GAILLE (Marie),
– *Liberté et conflit civil. La politique machiavélienne entre histoire et médecine*, Paris, Champion, 2004 (coll. « Travaux de philosophie »).
– *Machiavel* (en codirection avec Thierry Ménissier), Paris, Ellipses, 2006.
– *Machiavel et la tradition philosophique*, Paris, PUF, 2007.

GARIN (Eugenio), *Machiavelli fra politica e storia*, Turin, Piccola Biblioteca Einaudi, 1993.

GERBIER (Laurent), « La Composition de la langue civile. Sources, enjeux et construction de l'écriture machiavélienne », in *Machiavel*, dir. M. GAILLE et Th. MÉNISSIER, Paris, Ellipses, 2006.

GILBERT (Felix),
– « The Humanist Concept of the Prince and the Prince of Machiavelli », in *The Journal of Modern History*, déc. 1939, vol. XI, n° 4, pp. 449-483 [trad. en français par M. GAILLE, in *Cahiers philosophiques*, n° 97, avril 2004].
– « Machiavel : la renaissance de l'art de la guerre », in MEAD EARLE (E.) éd., *Les Maîtres de la stratégie*, vol. 1, préf. de R. ARON, Paris, Bibliothèque Berger-Levrault, 1980 [1943], pp. 13-37.
– *Machiavelli e il suo tempo*, Bologne, Il Mulino, 1964, 1977 [recueil d'articles : « Bernardo Rucellai e gli Orti Oricellari. Studio sull'origine del pensiero politico moderne » ; « Le

idee politiche a Firenze al tempo di Savonarola e Soderini » ; « La costituzione veneziana nel pensiero politico Fiorentino » ; « Il concetto umanistico di principe e Il *Principe* di Machiavelli » ; « L'idea di nazionalismo nel *Principe* » ; « Composizione e struttura dei *Discorsi* » ; « L'Arte della guerra » ; « Le Istorie fiorentine di Machiavelli. Saggio interpretativo » ; « Machiavelli e Venezia »].

– *Machiavel et Guichardin, Politique et histoire à Florence au XVI^e siècle,* de J. VIVIÈS, avec la coll. de P. ABBRUGIATII, Paris, Seuil, 1996 (coll. « L'univers historique »).

GILMORE (Myron P.), *Studies on Machiavelli*, Florence, Sansoni, 1972.

LEFORT (Claude), *Le Travail de l'œuvre Machiavel*, Paris, Gallimard, 1972 (coll. « Tel »).

*Machiavelli nel quinto centenario della nascita*, Bologne, Massimilanio Boni Editore, 1973.

MARCHAND (Jean-Jacques), *Niccolò Machiavelli. Politico. Storico. Letterato*, actes du colloque de Lausanne, Rome, Salerne, 1996.

MATUCCI (Andrea), *Machiavelli nella storiografia fiorentina. Per la storia di un genere letterario*, Florence, Olschki, 1978.

MÉNISSIER (Th.), *Machiavel, la politique et l'histoire – enjeux philosophiques*, Paris, PUF, 2001.

MERLEAU-PONTY (M.), « Note sur Machiavel », in *Signes*, Paris, Gallimard, 1960, pp. 343-362.

*Niccolò Machiavelli. Politico, storico, letterato*, actes du colloque de Lausanne, 27-30 septembre, 1995, Rome, Salerno Editrice, 1996.

PHILLIPS (Mark), *Francesco Guicciardini, the Historian's Craft*, The University of Toronto Press, 1977.

POCOCK (John G. A.), *The Machiavellian Moment : Florentine Political Thought and the Atlantic Tradition*, Princeton, Princeton University Press, 1975 [éd. en français, préface inédite de l'auteur, trad. de L. BOROT, Paris, PUF, 1996].

PONTREMOLI (Alessandro), *La lingua e le lingue di Machiavelli,* atti del Convegno internazionale di studi, Turino, 2-4 dicembre 1999, Florence, Olschki, 2001.

PROCACCI (Giuliano), *Machiavelli nella cultura europea dell'età moderna*, Rome & Bari, Laterza, 1995 [édition augmentée des *Studi sulla fortuna del Machiavelli*, 1965].

RAIMONDI (Ezio), *Politica e teatro*, Bologne, Il Mulino, 1972.

RIDOLFI (Roberto), *Studi sulle commedie del Machiavelli*, Pise, Nistri-Lischi, 1968.

RUSSO (Luigi), *Machiavelli*, Rome-Bari, Laterza, 1975.

SASSO (Gennaro), *Niccolò Machiavelli*, I : *Storia del suo pensiero politico*, Bologne, Il Mulino, 1980 [1re éd., Istituto per gli Studi Sotrici di Napoli, 1958] et II : *La Storiografia*, Bologne, Il Mulino, 1993.

SCARPA (Emanuela), *Intorno a Machiavelli*, Vérone, Fiorini, 2000.

SENELLART (Michel),
– *Machiavélisme et raison d'État* (XIIe-XVIIIe siècles), Paris, PUF, 1989.
– *Les Arts de gouverner – du régime médiéval au concept de gouvernement*, Paris, Seuil, 1995.

SFEZ (Gérald),
– *Leo Strauss, lecteur de Machiavel : la modernité du mal*, Paris, Ellipses, 2003.
– *Machiavel, Le Prince sans qualités*, Paris, Kimé, 1998.
– *Machiavel, La politique du moindre mal*, Paris, PUF, 1999.

SORELLA (Antonio), *Magia, lingua e commedia nel Machiavelli*, Florence, Olschki, 1990.

SKINNER (Quentin), *Les fondements de la pensée politique moderne*, trad. de J. GROSSMAN et J-Y. POUILLOUX, Paris, Albin Michel, 2001 [1re éd., *The Foundations of Modern Political Thought*, Cambridge, Cambridge University Press, 1979].

VAROTTI (Carlo), « Une écriture fondée sur l'expérience », in *Machiavel*, dir. M. GAILLE et Th. MÉNISSIER, Paris, Ellipses, 2006.

VATTER (Miguel), *Between form and event : Machiavelli's theory of political freedom*, Dordrecht, Kluwer academic publishers, 2000.

## FLORENCE : HISTOIRE, POLITIQUE, CULTURE

### Ouvrages à caractère introductif

AA. VV., *Florence au temps des Médicis*, Paris, Hachette, 1965.

ANTONETTI (Pierre), *Histoire de Florence*, Paris, PUF, 1983 (coll. « Que sais-je ? »).

BEC (Christian), *Le Siècle des Médicis*, Paris, PUF, 1977 (coll. « Que sais-je ? »).

HAY (Denys) et LAW (John), *Italy in the Age of the Renaissance*, Londres et New York, 1989.

MARIETTI (Marina), *Savonarole*, Paris, PUF, 1997 (coll. « Que sais-je ? »).

PULLAN (Brian), *A History of the Early-Renaissance Italy*, Londres, Allen Lane, 1973.

TENENTI (Alberto), *Florence à l'époque des Médicis, de la cité à l'État*, Paris, Flammarion, 1968 (coll. « Questions d'histoire »).

RENOUART (Yves), *Histoire de Florence*, Paris, PUF, 1964 (coll. « Que sais-je ? »).

### Études spécialisées (ouvrages)

ALBERTINI (Rudolf von), *Firenze dalla repubblica al principato – storia e coscienza politica*, trad. de C. CRISTOFOLINI, Turin, Einaudi, 1995 [1re éd. en all : *Das florentinische Staatsbewusstsein im Übergang von der Republik zum Prinzipat*, Bern, A. Francke AG. Verlag, Bern, 1955].

ANZILOTTI (Antonio), *La crisi costituzionale della Repubblica fiorentina*, Rome, Multigrafica Editrice, 1969.

ATTOLINI (Giovanni), *Teatro e spettacolo nel Rinascimento*, Rome & Bari, Laterza, 1988.

BARBUTO (Gennaro Maria), *La politica dopo la tempesta – ordine e crisi nel pensiero di Francesco Guicciardini,* Naples, Liguori editore, 2002.

BARON (Hans),

– *The Crisis of the Early Italian Renaissance*, t. I, Princeton University Press, 1955.

– *In Search of Florentine Civic Humanism, Essays on the Transition from Medieval to Modern Thought*, t. I et II, Princeton University Press, 1988.

BAYLEY (Charles C.), *War and Society in Florence, the « De Militia » of Leonardo Bruni*, University of Toronto Press, 1961.

BEC (Christian),

– *Les Marchands écrivains. Affaires et humanisme à Florence, 1375-1434*, Paris – La Haye, Mouton, 1967 (coll. « Civilisations et sociétés »).

– *Cultura e società a Firenze nell'età della Rinascenza*, Rome, Salerno Editrice, 1981.

– *Florence, 1300-1600 : histoire et culture*, Presses universitaires de Nancy, 1986.

BERTELLI (Sergio), éd., *Per Federico Chabod, 1901-1960 : atti del seminario internazionale, 1. Lo Stato e il potere nel Rinascimento*, Annali della Facoltà di scienza politiche, 17, Materiali di storia, 5, 1980-1981.

BERTELLI (Sergio), RUBINSTEIN (Nicolaï) et SMYTH (Craig H.), éd., *Florence and Venice Comparisons and Relations*, vol. I et II, Florence, La Nuova Italia, 1979.

BOLGAR (Robert R.), *The Classical Heritage and its Beneficiaries : from the Carolingian Age to the End of the Renaissance*, Cambridge University Press, 1958.

BROWN (Alison),

– *Bartolomeo Scala 1430-1497, Chancellor of Florence – The Humanist as Bureaucrat*, Princeton, New Jersey, Princeton University Press, 1979.

– *The Medici in Florence, the Exercise and Language of Power*, Florence, L. S. Olschki, & University of W. Australia, Press. Perth, Italian Medieval and Renaissance Studies, 3, 1992.

BURCKHARDT (Jacob), *Civilisation de la Renaissance en Italie*, trad. de H. SCHMITT, revue et corrigée par R. KLEIN, préf. de R. KLEIN, Le Livre de Poche, 1958 [t. I : *L'État considéré comme création d'art – Développement de l'individu* ; t. II : *La Résurrection de l'Antiquité – La découverte du monde et de l'homme – La sociabilité et les fêtes* ; t. III : *Mœurs et religion*].

BUTTERS (H. C.), *Governors and Government in Early Sixteenth Century Florence*, Oxford, Clarendon Press, 1985.

CADONI (Giorgio),

– *Crisi della mediazione politica nel penserio di Niccolò Machiavelli, Francesco Guicciardini e Donato Giannotti*, Rome, Jouvence, 1994.

– *Provvisoni concernenti l'ordinamento della repubblica fiorentina 1494-1512*, Rome, Istituto storico italiano per il medio evo, 1994.

– *Lotte politiche e riforme istituzionali a Firenze tra il 1494 e il 1512*, Rome, Istituto storico per il medio evo, 1999.

CHABOD (Federico), *Scritti sul Rinascimento*, Turin, Einaudi, 1967.

CHASTEL (André),

– *Art et humanisme à Florence au temps de Laurent le Magnifique*, Paris, PUF, 1982 [1959].

– *Le Grand Atelier d'Italie*, Paris, Gallimard, 1965.

– *Le Sac de Rome, 1527, du premier maniérisme à la Contre-Réforme*, Paris, Gallimard, 1983.

CLOULAS (Ivan),

– *Les Borgia*, Paris, Fayard, 1987.

– *Charles VIII et le mirage italien*, Paris, Albin Michel, 1986.

– *Savonarole ou la révolution de Dieu*, Paris, Fayard, 1994.

DELUMEAU (Jean), *L'Italie de Botticelli à Bonaparte*, Paris, Armand Colin, 1974.

DENIS (Anne), *Charles VIII et les Italiens : Histoire et mythe*, Genève, Droz, 1979.

DUPONT (Florence), *L'Acteur roi ou le théâtre dans la Rome antique*, Paris, Les Belles Lettres, 1985 (coll. « Realia »).

DUPRÉ THESEIDER (Eugenio), *Niccolò Machiavelli diplomatico*, I, *L'arte della diplomazia nel Quattrocento*, Côme, Marzorati, 1945.

FIORATO (Charles-Adelin),

– éd., « Italie 1494 », in *Cahiers de la Renaissance italienne*, 3, Paris, Presses de la Sorbonne nouvelle, 1994.

– *La Cité heureuse – L'utopie italienne de la Renaissance à l'âge baroque*, Paris, Quai Voltaire, 1992.

*Firenze*, éd. G. FANELLI, Rome, Laterza, La città nella storia d'Italia, 1980.

FOURNEL (Jean-Louis) et ZANCARINI (Jean-Claude), *La politique de l'expérience – Savonarole, Guicciardini et le républicanisme florentin*, Turin, Edizioni dell'Orso, 2002.

FURBINI (Riccardo), *Italia Quattrocentesca. Politica e diplomazia nell'età di Lorenzo il Magnifico*, Milan, FrancoAngeli, 1994.

GUGLIELMINETTI (Marziano), *Memoria e scrittura. L'autobiografia da Dante a Cellini*, Turin, Einaudi, 1977.

GUIDOBALDO (Guidi),

– *Ciò che accadde al tempo della Signoria di novembre-dicembre in Firenze l'anno 1494*, Florence, Olschki, 1988.

– *Lotte, pensiero e istituzioni politiche nella repubblica fiorentina dal 1494 al 1512*, 3 vol., Florence, Olschki, 1992.

HAUVETTE (Henri), *Un exilé florentin à la cour de France au XVI^e siècle – Luigi Alamanni (1495-1556) sa vie et son œuvre*, Paris, Hachette, 1903.

MARTINES (Lauro),

– *April blood : Florence and the plot against the Medici*, Londres, Pimlico, 2004.

– *Lawyers and statecraft in Renaissance Florence*, Princeton University Press, 1968.

– *Power and Imagination : city-states in Renaissance Italy*, New York, Vintage Book, 1980.

– *The social world of Florentine Humanists, 1390-1460*, Londres, Routledge & Keegan Paul, 1963.

MATTINGLY (Garrett), *Renaissance diplomacy*, The Bedford Historical Series, 1955.

MAZZONE (Umberto), *« El buon governo » : un progetto di riforma nella Firenze savonarolia*, Florence, Olschki, 1978.

MONTEVECCHI (Alessandro), *Storici di Firenze, Studi su nardi, Nerli e Varchi*, Bologne, Pàtron Editore, 1989.

*Nel Segno del Masaccio – L'invenzione della prospettiva*, éd. de F. CAMEROTA, Florence, Giunti, 2001 [catalogue de l'exposition].

PADOAN (Giorgio), *L'avventura della commedia rinascimentale*, Padoue, Piccin Nuova Libraria, 1996.

PIERI (Piero),

– *Guerra e politica negli scrittorie italiani, Milan-Naples*, Ricciardi Editore, 1955.

– *La crisi militare italiana nel Rinascimento, nelle sue relazioni con la crisi politica ed economica*, Naples, Riccardo Ricciardi editore, 1934.

POLIZZOTTO (Lorenzo), *The Elect nation – The Savonarolan Movement in Florence 1494-1545*, Oxford, Clarendon Press, 1994 (coll. « Oxford-Warburg studies »).

RICO (Francisco), *Le Rêve de l'humanisme : de Pétrarque à Érasme*, trad. de J. TELLEZ, rev. par A.-Ph. SEGONDS, Paris, Les Belles Lettres, 2002.

RIDOLFI (Roberto),

– *Le Lettere di Girolamo Savonarola – nuovi contributi con un'appendice sulla questione dello pseudo-burlamachi e della « Vita latina »*, Florence, Leo S. Olschki, 1936.

– *Savonarole*, trad. de F. HAYWARD, Paris, Fayard, 1957 (coll. « Les Temps et les destins ») [1re éd. italienne, *Vita di Girolamo Savonarola*, Rome, Belardetti, 1952].

– *Studi savonaroliani*, Florence, Leo S. Olschki, 1935.

RUBINSTEIN (Nicolaï),

– *The Government of Florence under the Medici (1434 to 1494)*, Oxford, Clarendon Press, 1966.

– éd., *Florentine Studies Politics and Society in Renaissance Florence*, Londres, Faber & Faber, 1968.

– *The Palazzo vecchio 1298-1532 Government, Architecture, and Imagery in the Civic Palace of the Florentine Republic*, Oxford, Clarendon Press, 1995.

SILVANO (Giovani), *« Vivere civile » e « governo misto » a Firenze nel primo Cinquecento*, Bologne, Patron, 1985.

STÄUBLE (Antonio), *La Commedia umanistica del Quattrocento*, Florence, Istituto Nazionale di Studi sul Rinascimento, 1968.

ULLMANN (Bertold L.) et STADTER (Philip A.), *The Public Library of Renaissance Florence, Niccolò Nicoli, Cosimo de'Medici and the Library of San Marco*, Padoue, Editrice Antenore, 1972.

VERRIER (Frédérique), *Les Armes de Minerve – l'humanisme militaire dans l'Italie du XVIe siècle*, Paris, Presses de l'université de Paris-Sorbonne, 1997.

WEINSTEIN (Daniel), *Savonarole et Florence, prophétie et patriotisme à la Renaissance*, trad. de M-Fr. de PALOMÉRA, Paris, Calmann-Lévy, 1973 [1re éd. en anglais, *Savonarola and Florence – Prophecy and Patriotism in the Renaissance*, Princeton University Press, 1970].

## Études spécialisées (articles)

BLACK (R.), « Florentine political traditions and Machiavelli's election to the chancery », in *Italian Studies*, XL, 1985, pp. 1-17.

BOUWSMA (Willima J.), « Three Types of Historiography in post-Renaissance Italy », in *History and Theory*, 1964-1965, pp. 303-314.

CANTIMORI (Delio), « Rhetorics and Politics in Italian Humanism », in *Journal of the Warburg Institute*, I, 1937, pp. 93-102.

FOURNEL (Jean-Louis), « Le Modèle politique vénitien », in *Revue de synthèse*, n° 2-3, avril-septembre 1997, pp. 209-219.

FOURNEL (Jean-Louis) et FONTANA (Alessandro), « Le "Meilleur gouvernement" : de la constitution d'un mythe à la "terreur de l'avenir" », in *Venise 1297-1797. La République des castors*, ENS Éditions, 1997, pp. 13-35.

GARIN (Eugenio), « La cultura filosofica nell'età medicea », in *Idee, istituzione, scienza ed arti nella Firenze dei Medici*, Florence, Giunti Martello, 1980, pp. 83-113.

GILBERT (Felix),

– « Biondo, Sabellico and the Beginnings of Venetian Official Historiography », in ROWE (J. G.), STOCKDALE (W.) éd., *Florilegium Historiale : Essays Presented to Wallace K. Ferguson*, Toronto, Toronto University Press, 1970, pp. 276-293.

– « The Venetian Constitution in Florentine Political Thought », in RUBINSTEIN (Nicolaï) éd., *Florentine Studies and Society in Renaissance Florence*, Londres, Faber & Faber, 1968.

PLAISANCE (Michel), « Florence : le carnaval à l'époque de Savonarole », in *Les Fêtes urbaines en Italie à l'époque de la Renaissance – Vérone, Florence, Sienne, Naples*, Paris, Presses de la Sorbonne-Nouvelle, 1993, pp. 9-30.

PECCHIOLI (Renzo), « Il "mito" di Venezia e la crisi fiorentina intorno al 1500 », in *Studi storici*.

RUBINSTEIN (Nicolaï),
– « The Beginnings of Political thought in Florence, a Study in Medieval Historiography », in *Journal of the Warburg and Courtauld Institute*, 1942, vol. 5, pp. 198-227.
– « Notes on the Word Stato in Florence before Machiavelli », in *Per Federico Chabod, I, Lo stato e il potere nel Rinascimento*, *Annali della Facoltà di Scienze politiche, Università di Perugia*, 1980-1981, Materiali di Storia, 5, pp. 137-146 ; ou in *Florilegium Historiale : Essays Presented to Wallace K. Ferguson*, Rowe, J. G & Stockdale, W. H (eds), Toronto ; Toronto University Press, 1971, pp. 314-326.

SHAW (Christine), « Ce que révèle l'exil sur les relations entre les États italiens », in *Laboratoire italien*, dossier : « La République en exil (XV^e^-XVI^e^ siècles), 3-2002, pp. 13-32.

SOLMI (Edmondo), « Leonardo e Machiavelli », in *Scritti Vinciani*, Florence, La Nuova Italian, 1976, pp. 535-571 [article initialement paru dans l'*Archivio storico lombardo*, Milano, vol. XVII, 1912, pp. 209-244].

TENENTI (Alberto), « La storiografia in Europa dal Quattro al Seicento », in AA. VV., *Nuove questioni di Storia moderna*, Milan, Marzorati, 1970.

# INDEX DES TEXTES ET DES ŒUVRES CITÉS (OUVRAGES ET ARTICLES, HORS BIBLIOGRAPHIE)

# INDEX DES NOMS DE PERSONNES

# INDEX DES NOMS DE LIEUX

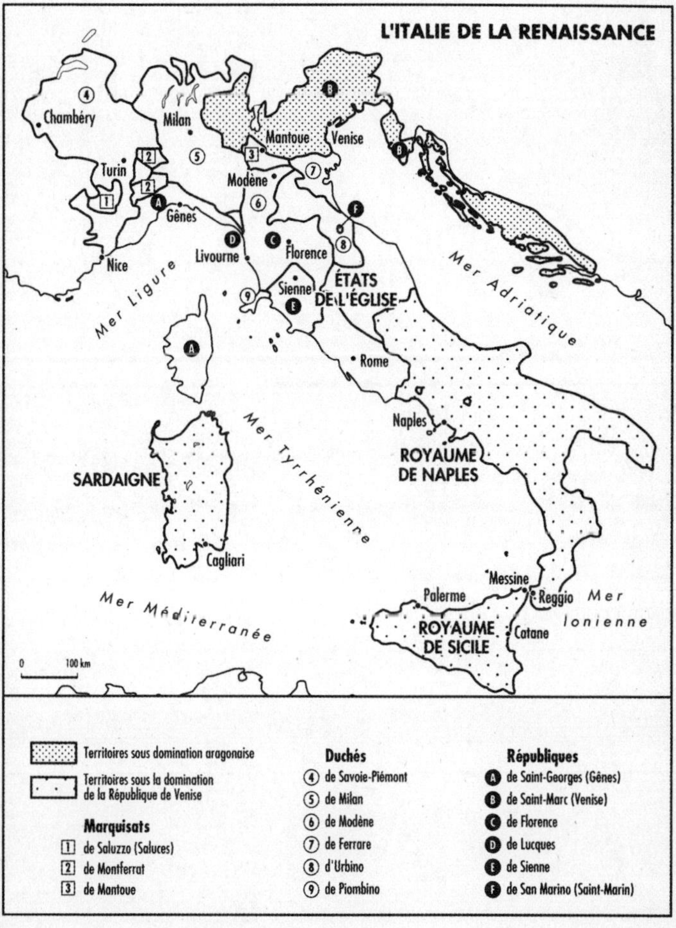
L'ITALIE DE LA RENAISSANCE
Chambéry
Milan
Turin
Gênes
Nice
Mantoue
Venise
Modène
Livourne
Florence
Sienne
ÉTATS DE L'ÉGLISE
Rome
Naples
ROYAUME DE NAPLES
SARDAIGNE
Cagliari
Palerme
Messine
Reggio
Catane
ROYAUME DE SICILE
Mer Ligure
Mer Tyrrhénienne
Mer Adriatique
Mer Méditerranée
Mer Ionienne
0
100 km
Territoires sous domination aragonaise
Territoires sous la domination de la République de Venise
Marquisats
1 de Saluzzo (Saluces)
2 de Montferrat
3 de Mantoue
Duchés
4 de Savoie-Piémont
5 de Milan
6 de Modène
7 de Ferrare
8 d'Urbino
9 de Piombino
Républiques
A de Saint-Georges (Gênes)
B de Saint-Marc (Venise)
C de Florence
D de Lucques
E de Sienne
F de San Marino (Saint-Marin)

LA TOSCANE EN 1494

Du même auteur

LE CITOYEN, Paris, Flammarion, 1998, coll. « GF Corpus ».

LE PRINCE de Machiavel, tr., prés. et notes, Paris, Le Livre de Poche, 2000, coll. « Les classiques de la philosophie ».

LIBERTÉ ET CONFLIT CIVIL. LA POLITIQUE MACHIAVÉLIENNE ENTRE HISTOIRE ET MÉDECINE, Paris, Champion, 2000, coll. « Travaux de philosophie ».

À QUI APPARTIENT LE CORPS HUMAIN ? MÉDECINE, POLITIQUE ET DROIT, avec Cl. Crignon-De Oliveira, Paris, Les Belles Lettres, 2004, coll. « Médecine et sciences humaines ».

LE GOUVERNEMENT MIXTE, DE L'IDÉAL POLITIQUE AU MONSTRE CONSTITUTIONNEL EN EUROPE (XIII$^{e}$-XVII$^{e}$ SIÈCLES), actes de colloque, Presses universitaires de Saint-Étienne, 2005.

MACHIAVEL (en co-direction avec Thierry Ménissier), Paris, Ellipses, 2006.

MACHIAVEL ET LA TRADITION PHILOSOPHIQUE, Paris, PUF, coll. « Philosophie », 2007.

L'ÉTHIQUE CLINIQUE À L'HÔPITAL COCHIN. UNE MÉTHODE À L'ÉPREUVE DE L'EXPÉRIENCE (coordonné avec V. Fournier), Centre d'éthique clinique, 2007.

www.livredepoche.com

- le **catalogue** en ligne et les dernières parutions
- des **suggestions de lecture** par des libraires
- une **actualité éditoriale permanente** : interviews d'auteurs, extraits audio et vidéo, dépêches…
- **votre carnet de lecture** personnalisable
- des **espaces professionnels** dédiés aux journalistes, aux enseignants et aux documentalistes

Composition réalisée par NORD COMPO

Achevé d'imprimer en juin 2009, en France sur Presse Offset par
Maury-Imprimeur - 45330 Malesherbes
N° d'imprimeur : 146769
Dépôt légal 1re publication : juillet 2009
LIBRAIRIE GÉNÉRALE FRANÇAISE - 31, rue de Fleurus - 75278 Paris Cedex

31/2756/0